D1398350

PLACE IN RETURN BOX
to remove ~~s~~ checkout from your record.
~~AV~~

Fábula de Polyfemo y Galathea
y
Las Soledades

Textos y Concordancia

Alfonso Callejo
María Teresa Pajares

Madison, 1985

Spanish Series, No. 25
Copyright © 1985 by
The Hispanic Seminary of
Medieval Studies, Ltd.

ISBN 0-942260-67-8

Introducción

Presentamos aquí una transcripción de la versión de la *Fabula de Polyphemo y Galathea* y de las *Soledades* que da el manuscrito preparado por Antonio Chacón (Vol. I de las *Obras de don Lvis de Góngora y Argote*. Fechado el 12 de diciembre de 1628. Biblioteca Nacional de Madrid: vol. I en vitrina, vols. II y III, Res. 45-46).[1] Estos manuscritos son la fuente más autorizada para la lectura de Góngora, y han servido de base para todas las ediciones modernas de sus obras, con frecuencia a través de la edición de Raymond Foulché-Delbosc (*Obras Poéticas de Don Luis de Góngora*. New York: The Hispanic Society of America, 1921; rpt. 1970);[2] el texto preparado por Foulché-Delbosc, con la ayuda de Alfonso Reyes, ofrece muchas variantes con respeto al de Chacón. En nuestra edición respetamos rigurosamente la ortografía y la puntación del manuscrito, así como la disposición gráfica de las estrofas, con el mismo propósito que guió la edición de los *Sonetos* de Biruté Ciplijauskaité (Madison: The Hispanic Seminary of Medieval Studies, 1981); esto es, presentar la *Fabula de Polyphemo* y las *Soledades* tal y como eran conocidos a la muerte de Góngora. Hemos separado algunas palabras de acuerdo con el criterio actual, para evitar confusiones ("a un" por "aun", "si no" por "sino"); los pocos añadidos que hemos hecho van entre ángulos, y las supresiones entre corchetes.

Se editan aquí también unas *Concordancias* de las dos obras, cuyo uso parece indispensable no sólo para un mejor conocimiento del vocabulario y la sintaxis gongorinos, sino también para el estudio de las fuentes de Góngora y de la influencia del escritor en autores españoles e hispanoamericanos. Todas la palabras aparecen en las *Concordancias* tal cual lo hacen en la edición, por lo que el lector deberá prestar atención a las variantes gráficas de cada vocablo (p.e.: "hoy" y "oi").

Por razones de espacio dejan de incluirse en las *Concordancias* los siguientes términos: a, á, à, ai, al, con, de, del, dél, el, en, entre, era, eran, es, fue, fuera, fueran, fueron, ha, hà, han, la, las, los, mas, por, que, se, ser, sin, su, sus, un, vn.

Dedicamos este trabajo a John Beverly y a Pablo Jauralde, por su apoyo y aliento a través de los años. Mención especial merecen John Nitti y Ruth Richards, sin cuyo trabajo y buen hacer esta obra no hubiera sido posible. Es nuestra intención publicar las *Concordancias* de las obras completas de Góngora, en microficha, en 1986.

Notas

[1]Para una descripción de los manuscritos, véase R. Foulché-Delbosc, "Note sur trois manuscrits des œuvres poétiques de Góngora." *Revue Hispanique* 7 (1900): 454-504.

[2]De todas las ediciones de las *Soledades*, sólo dos se destacan: la de Dámaso Alonso (Madrid: Revista de Occidente, 1927; 2ª ed. Madrid: Cruz y Raya, 1936; 3ª ed. Madrid: Sociedad de Estudios y Publicaciones, 1956; reed. en Madrid: Alianza Editorial, 1982), y la de John Beverly (Madrid: Cátedra, 1980). En cuanto a la *Fábula de Polyphemo y Galathea*, hay que mencionar la edición de Alfonso Reyes (Madrid: Rivadeneyra, 1923), y la de Dámaso Alonso, incluida en su imprescindible obra *Góngora y el Polifemo* (6ª ed. ampliada, Madrid: Gredos: 1974).

Abreviaturas

SD = *Soledadaes*. [Dedicatoria] *Al Duqve de Béjar*
S1 = *Soledad primera*
S2 = *Soledad segunda*
P = *Fabula de Polyphemo y Galathea*

Alfonso Callejo
María Teresa Pajares

Textos

FABVLA DE POLIPHEMO Y GALATHEA

AL CONDE DE NIEBLA

I.   ESTAS, que me dictò, Rimas sonoras,
      Culta si, aunque bucolica Thalia,
      O Excelso CONDE, en las purpureas horas
      Que es rosas la Alua, i rosicler el dia.
5   Ahora que de luz tu NIEBLA doras,
      Escucha al son de la çampoña mia:
      Si ya los muros no te ven de Huelua
      Peinar el viento, fatigar la selua.

II.   Templado pula en la maestra mano
10   El generoso paxaro su pluma,
      O tan mudo en la alcandara, que en vano
      Aun desmentir al cascauel presuma.
      Tascando haga el freno de oro cano
      De'l cauallo Andaluz la ociosa espuma.
15   Gima el lebrel en el cordon de seda;
      I al cuerno al fin la cythara suceda.

III.   Treguas al exercicio, sean, robusto,
      Ocio attento, silencio dulce, en quanto
      Debaxo escuchas de dosel Augusto
20   De'l musico Iayan, el fiero canto.
      Alterna con las Musas oi el gusto,
      Que si la mia puede offrecer tanto,
      Clarin, i de la Fama no segundo,
      Tu nombre oiran los terminos de'l mundo.

IV. 25 Donde espumoso el mar Siciliàno
      El pie argenta de plata al Lilybeo,
      Bobeda, o de la fraguas de Vulcano,
      O tumba de los huessos de Tipheo;
      Pallidas señas ceniçoso vn llano,
30   Quando no de el sacrilego desseo,
      De el duro officio da. Alli vna alta roca
      Mordaça es à vna gruta de su boca.

V.   Guarnicion tosca de este escollo duro
      Troncos robustos son, á cuya greña
35   Menos luz deue, menos aire puro
      La cauerna profunda, que á la peña:
      Caliginoso lecho el seno obscuro
      Ser de la negra noche, nos lo enseña
      Infame turba de nocturnas aues,
40   Gimiendo tristes, i bolando graues.

VI.   De este pues formidable de la tierra
           Bosteço el melancolico vazio
           A POLIPHEMO (horror de aquella sierra)
           Barbara choça es, aluergue vmbrio:
45   I redil espacioso, donde encierra
           Quanto las cumbres asperas cabrio
           De los montes esconde, copia bella,
           Que vn siluo junta, i vn peñasco sella.

VII.   Vn monte era de miembros eminente
50   Este, que (de Neptuno hijo fiero)
           De vn ojo illustra el orbe de su frente,
           Emulo casi de el mayor luzero:
           Cyclope, à quien el pino mas valiente
           Baston le obedecia tan ligero,
55   I al graue peso junco tan delgado,
           Que vn dia era baston, i otro cayado.

VIII.   Negro el cabello, imitador vndoso
           De las obscuras aguas de el Leteo,
           Al viento que le peina proceloso
60   Vuela sin orden, pende sin asseo:
           Vn torrente es su barba impetúòso,
           Que adusto hijo de este Pyrineo
           Su pecho inunda, o tarde, o mal, o en vano,
           Surcada avn de los dedos de su mano.

IX. 65 No la Trinacria en sus montañas fiera
           Armò de crueldad, calzò de viento,
           Que redima feroz, salue ligera
           Su piel manchada de colores ciento:
           Pellico es ia la que en los bosques era
70   Mortal horror, al que con passo lento
           Los bueies a su aluergue reducia,
           Pisando la dudosa luz de el dia.

X.   Cercado es, quanto mas capaz, mas lleno
           De la fruta el zurron casi abortada,
75   Que el tardo Otoño dexa al blando seno
           De la piadosa ierba encomendada:
           La serua, a quien le da rugas el heno;
           La pera, de quien fue cuna dorada
           La rubia paja; i palida tutora
80   La niega avara, i prodiga la dora.

XI.   Erizo es el zurron de la castaña;
     I entre el membrillo, o verde, o datilado,
     De la manzana hypocrita, que engaña
     A lo palido no, a lo arrebolado;
85   I de la encina, honor de la montaña,
     Que pauellon al siglo fue dorado,
     El tributo, alimento, aunque grossero,
     De el mejor mundo, de el candor primero.

XII.   Cera i cañamo vnio (que no debiera)
90   Cient cañas; cuio barbaro rúido,
     De mas echos, que vniò cañamo i cera,
     Albogues, duramente es repetido;
     La selua se confunde, el mar se altera,
     Rompe Triton su caracol torcido,
95   Sordo huie el baxel a vela, i remo;
     Tal la musica es de Polyphemo.

XIII.   Nympha, de Doris hija, la mas bella
     Adora, que vió el Reino de la espuma;
     Galathea es su nombre, i dulce en ella
100   El terno Venus de sus gracias summa:
     Son vna, i otra luminosa estrella
     Lucientes ojos de su blanca pluma,
     Si roca de crystal no es de Neptuno,
     Pauon de Venus es, cisne de Iuno.

XIV. 105 Purpureas rosas sobre GALATHEA
     La Alua entre lilios candidos deshoja:
     Duda el Amor qual mas su color sea,
     O purpura neuada, o nieue roja:
     De su frente la perla es Erithrea
110   Emula vana; el ciego Dios se enoja,
     I condenado su esplendor, la deja
     Pender en oro al nacar de su oreja.

XV.   Inuidia de las Nymphas, i cuidado
     De quantas honra el mar Deidades era;
115   Pompa de el marinero niño alado,
     Que sin fanal conduce su venera:
     Verde el cabello, el pecho no escamado,
     Ronco si, escucha a Glauco la ribera,
     Inducir a pisar la bella ingrata
120   En carro de crystal campos de plata.

XVI.   Marino jouen las ceruleas sienes
                     De el mas tierno coral ciñe Palemo,
                     Rico de quantos la agua engendra bienes
                     De el Pharo odioso, al Promontorio extremo:
125   Mas en la gracia igual, si en los desdenes
                     Perdonado algo mas que Polyphemo
                     De la que aun no le oiò, i calzada plumas
                     Tantas flores pisò, como el espumas.

XVII.   Huie la Nimpha bella, i el marino
130   Amante nadador ser bien quisiera
                     Ia que no aspid a su pie diuino,
                     Dorado pomo a su veloz carrera.
                     Mas qual diente mortal, qual metal fino
                     La fuga suspender podra ligera,
135   Que el desden solicìta? Ô quanto ierra
                     Delphin, que sigue en agua Corza en tierra!

XVIII.   Sicilia en quanto occulta, en quanto offrece
                     Copa es de Baccho, huerto de Pomona:
                     Tanto de frutas esta la enriquece,
140   Quanto aquel de racimos la corona.
                     En carro que estiual trillo parece
                     A sus campañas Ceres no perdona:
                     De cuias siempre fertiles espigas
                     Las Prouincias de Europa son hormigas.

XIX.   145   A Pales su viciosa cumbre deue
                     Lo que a Ceres, i aun mas, su vega llana;
                     Pues si en la vna granos de oro llueue,
                     Copos nieua en la otra mill de lana:
                     De quantos siegan oro, esquilan nieue,
150   O en pipas guardan la exprimida grana
                     (Bien sea religion, bien Amor sea)
                     Deidad, aunque sin templo, es Galathea:

XX.   Sin aras no; que el margen donde para
                     De'l espumoso mar su pie ligero,
155   Al Labrador de sus primicias ara,
                     De sus esquilmos es al ganadero.
                     De la copia á la tierra poco auara
                     El cuerno vierte el hortelano entero
                     Sobre la mimbre, que texio prolixa,
160   Si artificiosa no, su honesta hija.

XXI.   Arde la juuentud, i los arados
               Peinan las tierras que surcaron antes,
               Mal conducidos, quando no arrastrados
               De tardos bueyes, qual su dueño, errantes;
165   Sin pastor que los silue, los ganados
               Los cruxidos ignoran resonantes
               De las hondas; si en vez de'l pastor pobre,
               El Zephiro no silua, o cruxe el Robre.

XXII.   Mudo la noche el can, el dia dormido,
170   De cerro en cerro, i sombra en sombra iace;
               Bala el ganado, al misero valido
               Nocturno el lobo de las sombras nace;
               Ceuase, i fiero dexa humedecido
               En sangre de vna lo que la otra pace:
175   Reuoca, Amor, los siluos; o á su dueño
               El silencio de'l can sigan, i el sueño.

XXIII.   La fugitiua Nimpha en tanto, donde
               Hurta vn laurel su tronco al Sol ardiente,
               Tantos jazmines, quanta ierba esconde
180   La nieue de sus miembros, da á vna fuente.
               Dulce se quexa, dulce le responde
               Vn ruiseñor à otro; i dulcemente
               Al sueño da sus ojos la armonia,
               Por no abrasar con tres Soles al dia.

XXIV. 185   Salamandria de'l Sol, vestido estrellas,
               Latiendo el can de'l cielo estaua, quando,
               Poluo el cabello, humidas centellas,
               Si no ardientes aljofares sudando,
               Llegò Acis, i de ambas luzes bellas
190   Dulce Occidente viendo al sueño blando;
               Su boca diò, i sus ojos quanto pudo
               Al sonoro cristal, al cristal mudo.

XXV.   Era Acis vn benablo de Cupido,
               De vn Fauno medio hombre, medio fiera,
195   En Simetis, hermosa Nimpha, auido,
               Gloria de'l mar, honor de su ribera.
               El bello iman, el idolo dormido,
               Que acero sigue, idolatra venera,
               Rico de quanto el huerto offrece pobre,
200   Rinden las bacas, i fomenta el robre,

XXVI.   El celestial humor recien quaxado,
                Que la almendra guardò entre verde, i seca
                En blanca mimbre se lo puso al lado,
                I vn copo en verdes juncos de manteca:
205   En breue corcho, pero bien labrado,
                Vn rubio hijo de vna encina hueca,
                Dulcissimo panal; a cuya cera
                Su nectar vinculò la Primauera.

XXVII.   Caluroso al arroyo dà a las manos,
210   I con ellas las ondas á su frente,
                Entre dos myrthos que de espuma canos
                Dos verdes garças son de la corriente.
                Vagas cortinas de volantes vanos
                Corrio Fabonio lisongeramente
215   A la de viento quando no sea cama,
                De frescas sombras, de menuda gramma.

XXVIII.   La Nympha pues la sonorosa plata
                Bullir sintiò de el arroiuelo apenas;
                Quando, a los verdes margenes ingrata,
220   Seguir se hizo de sus azucenas:
                Huiera, mas tan frio se desata
                Vn temor perezoso por sus venas,
                Que a la precisa fuga, al presto vuelo,
                Grillos de nieue fue, plumas de ielo.

XXIX. 225   Fruta en mimbres hallò, leche exprimida
                En juncos, miel en corcho, mas sin dueño;
                Si bien al dueño debe agredecida
                Su deidad culta, venerado el sueño.
                A la ausencia mil veces offrecida,
230   Este de cortesia no pequeño
                Indicio la dexò, aunque estatua elada,
                Mas discursiua, i menos alterada.

XXX.   No al Cyclòpe attribuie, no, la offrenda,
                No a Satyro lasciuo, ni a otro feo
235   Morador de las seluas; cuia rienda
                El sueño afflija, que affloxò el deseo.
                El niño Dios entonces de la venda
                Ostentacion gloriosa, alto tropheo
                Quiere que al arbol de su madre sea
240   El desden hasta alli de Galathea.

XXXI.　Entre las ramas de el que mas se laua
　　　En el arroio myrtho leuantado,
　　　Carcax de cristal hizo, si no aljaua
　　　Su blanco pecho de vn harpon dorado:
245　El mo<n>stro de rigor, la fiera braba
　　　Mira la offrenda ia con mas cuidado,
　　　I aun siente, que a su dueño sea devoto,
　　　Confuso alcaide mas el verde soto.

XXXII.　Llamárale, aunque muda, mas no sàbe
250　El nombre articular, que mas querria:
　　　Ni le ha visto, si bien pincel súàue
　　　Le ha vosquexado ia en su fantasia;
　　　Al pie, no tanto ia de el temor graue,
　　　Fia su intento; i timida, en la vmbria
255　Cama de campo, i campo de batalla,
　　　Fingiendo sueño al cauto garzon halla.

XXXIII.　El vulto vió, i haciendole dormido
　　　Librada en vn pie toda sobre el pende,
　　　Vrbana al sueño, barbara al mentido
260　Rhetorico silencio, que no entiende:
　　　No el aue Reina assi el fragoso nido
　　　Corona immobil, mientras no desciende,
　　　Rayo con plumas, al milano pollo,
　　　Que la eminencia abriga de vn escollo:

XXXIV.　265　Como la Ninpha bella compitiendo
　　　Con el garçon dormido en cortesia,
　　　No solo para, mas el dulce estruendo
　　　De el lento arroio emmudecer querria.
　　　A pesar luego de las ramas, viendo
270　Colorido el bosquexo, que ia auia
　　　En su imaginacion Cupido hecho
　　　Con el pincel, q<ue> le clauò su pecho,

XXXV.　De sitio mejorada, attenta mira
　　　En la disposicion robusta aquello,
275　Que si por lo súàue no la admira,
　　　Es fuerça, que la admire por lo bello:
　　　De el casi tramontado Sol aspira
　　　A los confusos rayos, su cabello:
　　　Flores su bozo es, cuias colores
280　Como duerme la luz niegan las flores.

XXXVI. En la rustica greña iace occulto
El aspid de el intonso prado ameno,
Antes que de el peinado jardin culto
En el lasciuo regado seno:
285 En lo viril desata de su vulto
Lo mas dulce el Amor de su veneno:
Bebelo Galathea; i da otro passo
Por apurarle la ponzoña al vasso.

XXXVII. Acis, aun mas de aquello que piensa
290 La bruxula de el sueño vigilante,
Alterada la Nympha esté, o suspensa,
Argos es siempre attento a su semblante:
Lince penetrador de lo que piensa,
Ciñalo bronce, o murelo diamante:
295 Que en sus Palladiones Amor ciego,
Sin romper muros, introduce fuego.

XXXVIII. El sueño de sus miembros sacudido,
Gallardo el jouen la persona ostenta;
I al marfil luego de sus pies rendido,
300 El cothurno besar dorado intenta:
Menos offende el rayo preuenido,
Al marinero menos la tormenta
Preuista le turbò, o prognosticada:
Galathea lo diga salteada.

XXXIX. 305 Mas agradable, i menos zahareña,
Al mancebo leuanta venturoso;
Dulce ia concediendole, i risueña
Paces no al sueño, treguas si al reposo:
Lo concauo hacia de vna peña
310 A vn fresco sitiàl dosel vmbroso;
I verdes celosias vnas iedras,
Trepando troncos, i abrazando piedras.

XL. Sobre vna alfombra, que imitàra en vano
El Tyrio sus matices, si bien era
315 De quantas sedas ia hiló gusano,
I artifice texió la Primauera,
Reclinados: al myrtho mas lozano
Vna, i otra lasciua, si ligera
Paloma se caló, cuios gemidos
320 (Trompas de Amor) alteran sus oidos.

XLI. El ronco arrullo al jouen solicita;
  Mas con desuios Galathea súàues
  A su audacia los terminos limita,
  I el applauso al concento de las aues:
325 Entre las ondas, i la fruta, imita
  Acis al siempre aiuno en penas graues;
  Que en tanta gloria infierno son no breue
  Fugitiuo cristal, pomos de nieue.

XLII. No à las palomas concedió Cupido
330 Iuntar de sus dos picos los rubies:
  Quando al clauel el jouen atreuido
  Las dos ojas le chupa carmesies.
  Quantas produce Papho, engendra Gnido,
  Negras violas, blancos alhelies,
335 Llueuen sobre el que Amor quiere que sea
  Talamo de Acis ya, i de Galathea.

XLIII. Su aliento humo, sus relinchos fuego,
  Si bien su freno espumas, illustraua
  Las columnas Ethon, que erigió el Griego,
340 Dó el carro de la luz sus ruedas laua:
  Quando de Amor el fiero jaian ciego
  La ceruiz le opprimiò a vna roca braua,
  Que a la playa de escollos no desnuda
  Linterna es ciega, i atalaya muda.

XLIV. 345 Arbitro de montañas, i ribera,
  Aliento diò en la cumbre de la roca,
  A los Albogues, que aggregò la cera,
  El prodigioso fuelle de su voca.
  La Nimpha los oyó, i ser mas quisiera
350 Breue flor, ierba humilde, i tierra poca,
  Que de su nueuo tronco vid lasciua,
  Muerta de amor, i de temor no viua.

XLV. Mas (cristalinos pampanos) sus braços
  Amor la implica, si el temor la anuda
355 Al infelice olmo, que pedazos
  La segur de los zelos hará aguda.
  Las cauernas en tanto, los ribazos,
  Que ha preuenido la zampoña ruda
  El trueno de la voz fulminó luego:
360 Referidlo, Píèrides, os ruego.

XLVI.   Ô bella Galathea mas súàue,
            Que los claueles, que tronchó la Aurora;
            Blanca, mas que las plumas de aquel aue,
            Que dulce muere, i en las aguas mora:
365   Igual en pompa al paxaro, que graue
            Su manto azul de tantos ojos dora,
            Quantas el celestial zaphiro estrellas.
            Ô tu, que en dos incluies las mas bellas.

XLVII.   Dexa las ondas, dexa el rubio choro
370   De las hijas de Tetys, i el mar vea,
            Quando niega la luz vn carro de oro,
            Que en dos la restituie Galathea.
            Pisa la arena, que en la arena adoro
            Quantas el blanco pie conchas platea,
375   Cuyo bello contacto puede hacerlas
            Sin concebir rocío parir perlas.

XLVIII.   Sorda hija de el mar, cuias orejas
            A mis gemidos son rocas al viento,
            O dormida te hurten a mis quexas
380   Purpureos troncos de corales ciento,
            O al dissonante numero de almejas,
            Marino, si agradable no, instrumento,
            Choros texiendo estés, escucha vn dia
            Mi voz por dulce, quando no por mia.

XLIX. 385   Pastor soy, mas tan rico de ganados,
            Que los valles impido mas vacios,
            Los cerros desparezco leuantados,
            I los caudales seco de los rios:
            No los que de sus vbres desatados,
390   O deribados de los ojos mios,
            Leche corren i lagrimas; que iguales
            En numero a mis bienes son mis males.

L.   Sudando nectar, lambicando olores,
            Senos que ignora aun la golosa cabra,
395   Corchos me guardan, mas que aueja flores
            Liba inquièta, ingeniòsa labra.
            Troncos me offrecen arboles maiores,
            Cuios enxambres, o el Abril los abra,
            O los desate el Maio, ambar destilan,
400   I en ruecas de oro raios de el Sol hilan.

LI.   De el Iuppiter soi híjo de las ondas,
          Aunque pastor. Si tu desden no espera
          A que el Monarcha de esas grutas hondas
          En throno de cristal te abrace nuera,
405   Polyphemo te llama: No te escondas,
          Que tanto esposo admira la ribera,
          Qual otro no uió Phebo mas robusto
          Dél perezoso Bolga al Indo adusto.

LII.   Sentado, a la alta palma no perdona
410   Su dulce fruto mi robusta mano;
          En pie, sombra capaz es mi persona
          De innumerables cabras el verano.
          Que mucho, si de nubes se corona
          Por igualarme la montaña en vano;
415   I en los cielos desde esta roca puedo
          Escribir mis desdichas con el dedo?

LIII.   Maritimo Alcion, roca eminente
          Sobre tus huebos coronaba el dia,
          Que espejo de zaphiro fue luciente
420   La playa azul de la persona mia.
          Miréme, i lucir vi vn sol en mi frente,
          Quando en el cielo vn ojo se vèía.
          Neutra el agua dudaba a qual fee preste,
          O al cielo humano, o al Cyclope celeste.

LIV. 425   Registra en otras puertas el venado
          Sus años, su cabeza colmilluda
          La fiera, cuyo cerro leuantado
          De Helvecias picas es muralla aguda:
          La humana suya el caminante errado
430   Dió ia a mi cueua, de piedad desnuda;
          Aluergue oy por tu causa al peregrino,
          Do hallò reparo, si perdió camino.

LV.   En tablas diuidida rica naue
          Besó la plaia miserablemente,
435   De quantas vomitó riqueças graue
          Por las vocas de el Nilo el Orìènte.
          Iugo aquel dia, i iugo bien súàue
          De el fiero mar a la sañuda frente
          Imponiendole estaua, si no al viento
440   Dulcissimas coiundas mi instrumento:

LVI.   Quando entre globos de agua, entregar veo
      A las arenas Ligurina haya
      En caxas los aromas de el Sabeo,
      En cofres las riquezas de Cambaya.
445   Delicias de aquel mundo, ya tropheo
      De Scila, que ostentando en nuestra playa,
      Lastimoso despojo fue dos dias
      A las que esta montaña engendra Harpyas.

LVII.   Segunda tabla a vn Ginoues mi gruta
450   De su persona fue, de su hazienda,
      La vna reparada, la otra enjuta
      Relacion de el naufragio hiço horrenda.
      Luciente paga de la mejor fruta
      Que en yerbas se recline, o en hilos penda,
455   Colmillo fue de el animal, que el Ganges
      Sufrir muros le vió, romper Phalanges.

LVIII.   Arco digo gentil, bruñida aljaua,
      Obras ambas de artifice prolixo,
      I de Mala/co Rey, a Deidad laua
460   Alto don, segun ya mi huesped dixo
      De aquel la mano, de esta el hombro agraua:
      Conuencida la madre, imita al hijo,
      Seras a vn tiempo en estos Orizontes
      Venus de el mar, Cupido de los montes.

LIX. 465 Su horrenda voz, no su dolor interno
      Cabras aqui le interrumpieron, quantas
      Vagas el pie, sacrilegas el cuerno,
      A Baccho se atreuieron en sus plantas.
      Mas conculcado el pampano mas tierno
470   Viendo el fiero pastor, vozes el tantas,
      I tantas despidió la honda piedras,
      Que el muro penetraron de las yedras.

LX.   De los nudos, q<ue> honestos, mas suaues
      Los dulces dos amantes desatados,
475   Por duras guijas, por espinas graues
      Solicitan el mar con pies alados.
      Tal redimiendo de importunas aues
      Incauto messeguero sus sembrados,
      De liebres dirimiò copia assi amiga,
480   Que vario sexo unió, y vn surco abriga.

LXI.   Viendo el fiero jayan con passo mudo
              Correr al mar la fugitiua nieue,
              (Que a tanta vista el Lybico desnudo
              Registra el campo de su adarga breue.)
485   I al garçon viendo, quantas mouer pudo
              Zeloso trueno antiguas ayas mueue:
              Tal antes que la opaca nube rompa
              Preuiene rayo fulminante trompa.

LXII.   Con víolencia desgajó infinita
490   La maior punta de la excelsa roca;
              Que al jouen sobre quien la precipita
              Vrna es mucha, pyramide no poca.
              Con lagrimas la Nympha solicita
              Las Deidades de el mar, que Acis inuoca:
495   Concurren todas, i el peñasco duro
              La sangre, que exprimió, cristal fue puro.

LXIII.   Sus miembros lastimosamente oppresos
              De'l escollo fatal fueron apenas,
              Que los pies de los arboles mas gruesos
500   Calçò el liquido aljofar de sus venas.
              Corriente plata al fin sus blancos huesos,
              Lamiendo flores, i argentando arenas,
              A Doris llega, que con llanto pio
              Ierno le saludó, le aclamó rio.

SOLEDADES.

AL DVQVE DE BEJAR.

PASOS de vn peregrino son errante
  Quantos me dictò versos dulce Musa
  En soledad confusa,
  Perdidos vnos, otros inspirados.
5 Ô tu, que de venablos impedido,
  Muros de abeto, almenas de diamante
  Bates los montes, que de nieue armados
  Gigantes de cristal los teme el cielo;
  Donde el cuerno, de'l Echo repetido,
10 Fieras te expone, que al teñido suelo
  Muertas pidiendo terminos disformes,
  Espumoso coral le dan al Tormes:
  Arrima a vn frexno el frexno, cuio acero
  (Sangre sudando) en tiempo harà breue
15 Purpuréàr la nieue:
  I en quanto dà el solicito montero
  Al duro robre, al pino leuantado
  (Emulos viuidores de las peñas)
  Las formidables señas
20 De'l osso, que aun besaua atrauesado
  La hasta de tu luciente jaualina;
  O lo sagrado supla de la encina
  Lo Augusto del dosel, ó de la fuente
  La alta cenefa lo magestúòso
25 Del sitíàl a tu Deidad deuido,
  Ô DVQVE esclarecido!
  Templa en sus ondas tu fatiga ardiente:
  I entregados tus miembros al reposo
  Sobre el de grama cesped no desnudo,
30 Dexate vn rato hallar de'l pie acertado,
  Que sus errantes passos ha votado
  A la Réàl cadena de tu escudo:
  Honrre súàue generoso nudo
  Libertad de Fortuna perseguida;
35 Que à tu piedad Euterpe agradecida,
  Su canoro darà dulce instrumento,
  Quando la Fama no su trompa a'l viento.

PRIMERA

    ERA de el año la estacion florida,
        En que el mentido robador de Europa,
        (Media luna las armas de su frente,
        Y el Sol todos los rayos de su pelo)
5   Luciente honor del cielo,
        En campos de zaphiro pasce estrellas:
        Quando el que ministrar podia la copa
        A Iupiter, mejor que el garçon de Ida,
        Naufrago, i desdeñado sobre ausente,
10   Lagrimosas de amor dulces querellas
        Da al mar; que condolido,
        Fue à las ondas, fue al viento
        El misero gemido
        Segundo de Arion dulce instrumento.
15   De el siempre en la montaña oppuesto pino
        Al enemigo Noto
        Piadoso miembro roto,
        Breue tabla delphin no fue pequeño
        Al inconsiderado peregrino,
20   Que á vna Libia de ondas su camino
        Fiò, i su vida à vn leño.
        De'l Oceano pues antes sorbido,
        Y luego vomitado
        No lejos de vn escollo coronado
25   De secos juncos, de calientes plumas
        (Alga todo, i espumas)
        Hallò hospitalidad donde hallò nido
        De Iupiter el aue.
    Besa la arena, i de la rota naue
30   Aquella parte poca,
        Que le expuso en la playa, dio á la roca;
        Que aun se dexan las peñas
        Lisongéàr de agradecidas señas.
        Desnudo el jouen, quanto ya el vestido
35   Oceano ha beuido,
        Restituir le haze á las arenas;
        Y al Sol le estiende luego,
        Que lamièndole apenas
        Su dulce lengua de templado fuego,
40   Lento le enviste, i con súàue estilo
        La menor onda chupa al menor hilo.
    No bien pues de su luz los orizontes,
        Que hazian desigual, confusamente
        Montes de agua, y pielagos de montes,
45   Desdorados los siente:
        Quando entregado el misero estrangero
        En lo que ya de el mar redimio fiero,
        Entre espinas crepusculos pisando,
        Riscos, que aun igualàra mal bolando
50   Veloz intrepida ala,

Menos cansado, que confuso escala.
Vencida al fin la cumbre
De'l mar siempre sonante,
De la muda campaña
55   Arbitro igual, è inexpugnable muro;
Con pie ya mas seguro
Declina al vacilante
Breue esplendor de mal distinta lumbre,
Farol de vna cauaña,
60   Que sobre el ferro està en aquel incierto
Golfo de sombras annunciando el puerto.
Rayos, les dize, ya que no de Leda
Tremulos hijos, sed de mi fortuna
Termino luminoso. Y recelando
65   De inuidíòsa barbara arboleda
Interposicion, quando
De vientos no conjuracion alguna:
Qual, haziendo el villano
La fragosa montaña facil llano,
70   Attento sigue aquella
(Aun à pesar de las tinieblas bella,
aun à pesar de las estrellas clara)
Piedra, indigna Thiara
(Si tradicion appocripha no miente)
75   De animal tenebroso, cuya frente
Carro es brillante de nocturno dia:
Tal diligente, el passo
El Iouen apressura,
Midiendo la espesura
80   Con igual pie, que el raso;
Fixò (á despecho de la niebla fria)
En el carbunclo, Norte de su aguja
O el Austro brame, ó la arboleda cruja.
El can ia vigilante
85   Convoca despidiendo al caminante
Y la que desuiada
Luz poca parecio, tanta es vezina
Que iaze en ella la robusta encina,
Mariposa en cenizas desatada.
90 Llegò pues el mancebo, i saludado
Sin ambicion, sin pompa de palabras,
De los conduzidores fue de cabras,
Que á Vulcano tenian coronado.
O bienauenturado
95   Aluergue à qualquier hora,
Templo de Pales, alqueria de Flora.
No moderno artificio
Borrò designios, bosquejò modelos,
Al concauo ajustando de los cielos
100   El sublime edificio:
Retamas sobre robre
Tu fabrica son pobre

Do guarda en vez de azero
La innocencia al cabrero,
105   Mas que el siluo al ganado.
O bienauenturado
Aluergue à qualquier hora!
No en ti la ambicion mora
Hydropica de viento,
110   Ni la que su alimento
El aspid es gitano:
No la que en bulto començando humano,
Acaba en mortal fiera;
Esphinge bachillera,
115   Que haze oy á Narciso
Echos solicitar, desdeñar fuentes:
Ni la que en saluas gasta impertinentes
La poluora de el tiempo mas preciso;
Ceremonia profana,
120   Que la sinceridad burla villana
Sobre el corbo cayado.
O bienauenturado
Aluergue, à cualquier hora!
Tus vmbrales ignora
125   La adulacion, Sirena
De Réàles Palacios, cuya arena
Besò ia tanto leño:
Tropheos dulces de vn canoro sueño.
No à la soberuia està aqui la mentira
130   Dorandole los pies, en quanto gyra
La esphera de sus plumas,
Ni de los rayos baja à las espumas
Fauor de cera alado.
O bienauenturado
135   Aluergue à cualquier hora!
No pues de aquella sierra engendradora
Mas de fierezas, que de cortesia,
La gente parecia,
Que hospedò al forastero
140   Con pecho igual de aquel candor primero,
Que en las seluas contento
Tienda el frexno le dio, el robre alimento.
Limpio saial (en vez de blanco lino)
Cubriò el quadrado pino,
145   Y en box, aunque rebelde, à quien el torno
Forma elegante dio sin culto adorno,
Leche, que exprimir vio la Alua aquel dia,
Mientras perdian con ella
Los blancos lilios de su frente bella,
150   Gruessa le dan, i fria,
Impenetrable casi à la cuchara
De'l viejo Alcimedon inuencion rara.
El que de cabras fue dos vezes ciento
Esposo casi vn lustro (cuyo diente

155 No perdonò a razimo, aun en la frente
     De Baccho quanto mas en su sarmiento:
     Triunphador siempre de zelosas lides
     Le coronò el Amor, mas ribal tierno,
     Breue de barba, i duro no de cuerno,
160 Redimio con su muerte tantas vides)
     Seruido ia en cecina,
     Purpureos hilos es de grana fina.
     Sobre corchos, despues, mas regalado
     Sueño le solicitan pieles blandas,
165 Que al Principe entre olandas
     Purpura Tyria, o Milanes brocado.
     No de humosos vinos agrauado
     Es Sisifo en la cuesta, si en la cumbre
     De ponderosa vana pesadumbre
170 Es quanto mas despierto, mas burlado.
     De trompa militar no, o de templado
     Son de caxas fue el sueño interrumpido,
     De can si, embrauecido
     Contra la seca hoja
175 Que'l viento repelò a alguna coscoja:
     Durmio, i recuerda al fin, quando las aues
     (Esquilas dulces de sonora pluma)
     Señas dieron súàves
     De'l Alua a'l Sol, que el pauellon de espuma
180 Dexò, i en su carroça
     Raiò el verde obelisco de la choça.
       Agradecido pues el peregrino
     Dexa el aluergue, i sale acompañado
     De quien le lleua donde leuantado,
185 Distante pocos passos de'l camino,
     Imperíòso mira la campaña
     Vn escollo, apazible galeria,
     Que festiuo theatro fue algun dia
     De quantos pisan Faunos la montaña.
190 Llegò, i a vista tanta
     Obedeciendo la dudosa planta,
     Immobil se quedò sobre vn lentisco,
     Verde balcon de'l agradable risco.
     Si mucho poco mappa les despliega,
195 Mucho es mas lo que (nieblas desatando)
     Confunde el Sol, i la distancia niega.
     Muda la admiracion habla callando,
     Y ciega vn rio sigue, que luciente
     De aquellos montes hijo,
200 Con torcido discurso, aunque prolijo,
     Tiranniza los campos vtilmente:
     Orladas sus orillas de frutales,
     Quiere la Copia que su cuerno sea;
     Si al animal armaron de Amalthea
205 Diaphanos cristales:
     Enga < r > zando edificios en su plata,

De muros se corona,
Rocas abraça, islas apprisiona
De la alta gruta, donde se desata,
210 Hasta los jaspes liquidos, adonde
Su orgullo pierde, i su memoria esconde.
Aquellas, que los arboles apenas
Dexan ser torres oi (dixo el cabrero,
Con muestras de dolor extraordinarias)
215 Las estrellas nocturnas luminarias
Eran de sus almenas,
Quando el que ves sayal fue limpio azero:
Iazen ahora, i sus desnudas piedras
Visten piadosas yedras:
220 Que á rúinas, i a estragos
Sabe el tiempo hazer verdes halagos.
Con gusto el jouen i attencion le oìa,
Quando torrente de armas, i de perros,
(Que si precipitados no los cerros,
225 Las personas tras de vn lobo traìa)
Tierno discurso, i dulce compañia
Dexar hizo al serrano,
Que del sublime espacíoso llano
Al huesped al camino reduziendo,
230 Al venatorio estruendo
(Pasos dando velozes)
Numero crece, i multiplica vozes.
Baxaua (entre sì) el jouen admirando
Armado à Pan, o semicapro à Marte
235 En el pastor mentidos, que con arte
Culto principio dio al discurso; quando
Remora de sus pasos fue su oído,
Dulcemente impedido
De canoro instrumento, que pulsado
240 Era de vna serrana junto á vn tronco,
Sobre vn arroyo de quexarse ronco,
Mudo sus ondas, quando no enfrenado:
Otra con ella montaraz zagala
Iuntaua el cristal liquido al humano
245 Por el arcaduz bello de vna mano,
Que al vno menosprecia, al otro iguala:
De el verde margen otra las mejores
Rosas traslada, i lilios al cabello,
O por lo matizado, o por lo bello,
250 Si Aurora no con rayos, Sol con flores:
Negras piçarras entre blancos dedos
Ingeníòsa hiere otra, que dudo,
Que aun los peñascos la escuchàran quedos.
Al son pues deste rudo
255 Sonoroso instrumento
Lasciua el mouimiento,
Mas los ojos honesta,
Altera otra bailando la floresta.

Tantas al fin el arroiuelo, i tantas
260   Montañesas da el prado, que dirias
Ser menos las que verdes Hamadrias
Abortaron las plantas:
Inundacion hermosa,
Que la montaña hizo populosa
265   De sus aldeas todas
A pastorales bodas.
De una encina embeuido
En lo concauo el jouen mantenia
La vista de hermosura, i el oido
270   De metrica harmonia.
El Sileno buscaua
De aquellas, que la sierra dio Bacchantes,
Ya que Nymphas las niega ser errantes
El hombro sin aljaua:
275   Ô si de'l Termodonte
Emulo el arroiuelo, desatado
De aquel fragoso monte,
Esquadron de Amazonas desarmado
Tremola en sus riberas
280   Pacificas banderas.
   Vulgo lasciuo erraua,
Al voto de'l mancebo;
(El iugo de ambos sexos sacudido)
Al tiempo, que de flores impedido
285   El que ya serenaua
La region de su frente raio nueuo
Purpurea terneruela, conducida
De su madre, no menos enramada
Entre Albogues se ofrece, acompañada
290   De juuentud florida.
Qual dellos las pendientes summas graues
De negras baja, de crestadas aues,
Cuio lasciuo esposo vigilante
Domestico es de'l Sol nuncio canoro,
295   I de coral barbado, no de oro
Ciñe, sino de purpura turbante:
Quien la ceruiz opprime
Con la manchada copia
De los cabritos mas retoçadores,
300   Tan golosos, que gime
El que menos peinar puede las flores
De su guirnalda propia:
No el sitio, no, fragoso
No el torcido taladro de la tierra
305   Priuilegiò en la sierra
La paz de'l conejuelo temeroso;
Tropheo ia su numero es a un hombro,
Si carga no, i assombro:
Tu, aue peregrina,
310   Arrogante esplendor, ia que no bello,

De'l vltimo Occidente,
Penda el rugoso nacar de tu frente
Sobre el crespo zaphiro de tu cuello,
Que Hymeneo à sus mesas te destina:
315 Sobre dos hombros larga vara ostenta
En cient aues cient picos de rubies,
Tafiletes calçadas carmesies,
Emulacion, i afrenta
Aun de los Berberiscos
320 En la inculta region de aquellos riscos:
Lo que llorò la Aurora
(si es nectar lo que llora)
I antes que el Sol enjuga
La aueja que madruga
325 A libar flores, i á chupar crystales,
En celdas de oro liquido, en panales
La orça contenia
Que un montañes traìa:
No excedia la oreja
330 El pululante ramo
De'l ternezuelo gamo,
Que mal lleuar se dexa:
I con razon, que el thalamo desdeña
La sombra aun de lisonja tan pequeña.
335 El arco de'l camino pues torcido,
Que auian con trabajo
Por la fragosa cuerda de'l atajo
Las gallardas serranas desmentido,
De la cansada juuentud vencido,
340 (Los fuertes hombros con las cargas graues
Treguas hechas súàues)
Sueño le ofrece á quien buscò descanso
El ia sañudo arroio, ahora manso;
Merced de la hermosura que ha hospedado:
345 Efectos si no dulces de'l concento,
Que en las lucientes de marfil clauijas
Las duras cuerdas de las negras guijas
Hizieron á su curso acelerado,
En quanto á su furor perdonò el viento.
350 Menos en renuciar tardò la encina
El estrangero errante
Que en reclinarse el menos fatigado
Sobre la grana que se viste fina.
Su bella amada, deponiendo amante
355 En las vestidas rosas su cuidado.
Saludolos á todos cortesmente,
I admirado no menos
De los serranos, que correspondido,
Las sombras solicita de unas peñas.
360 De lagrimas los tiernos ojos llenos,
Reconociendo el mar en el vestido,
(Que beuerse no pudo el Sol ardiente

Las que siempre darà ceruleas señas)
Politico serrano,
365 De canas graue, hablò desta manera.
Qual tigre, la mas fiera,
Que clima infamò Hircano,
Dio el primer alimento
Al que ia de'ste, o de aquel mar primero
370 Surcò labrador fiero
El campo undoso en mal nacido pino?
Vaga Clicie de'l viento
En telas hecho antes que en flor el lino.
Mas armas introduxo este marino
375 Monstro escamado de robustas haias
A las que tanto mar diuide plaias,
Que confusion, i fuego
Al Phrigio muro el otro leño Griego.
Nautica industria inuestigò tal piedra,
380 Que qual abraça iedra
Escollo, el metal ella fulminante
De que Marte se viste, i lisongera
Solicita el que mas brilla diamante
En la nocturna capa de la esphera,
385 Estrella á nuestro polo mas vezina:
I con virtud no poca
Distante la reuoca
Eleuada la inclina
Ia de la Aurora bella
390 Al rosado balcon, ia á la que sella
Cerulea tumba fria
Las cenizas de'l dia.
En esta pues fiandose attractiua
De'l Norte amante dura, alado roble
395 No ai tormentoso cabo que no doble,
Ni isla oi á su buelo fugitiua.
Tiphis el primer leño mal seguro
Conduxo, muchos luego Palinuro;
Si bien por vn mar ambos, que la tierra
400 Estanque dexò hecho,
Cuio famoso estrecho
Vna i otra de Alcides llaue cierra.
Piloto oi la cudicia, no de errantes
Arboles, mas de seluas inconstantes,
405 Al padre de las aguas Oceàno
(De cuia monarchia
El Sol, que cada dia
Nace en sus ondas, i en sus ondas muere,
Los terminos saber todos no quiere)
410 Dexò primero de su espuma cano,
Sin admitir segundo
En inculcar sus limites al mundo:
Abetos suyos tres aquel tridente
Violaron à Neptuno

415　Conculcado hasta alli de otro ninguno,
　　　Besando las que al Sol el Occidente
　　　Le corre en lecho azul de aguas marinas
　　　Turquesadas cortinas:
　　　A pesar luego de aspides volantes,
420　Sombra de'l Sol, i tossigo de'l viento,
　　　De Caribes flechados, sus banderas
　　　Siempre gloriosas, siempre tremolantes,
　　　Rompieron los que armó de plumas ciento
　　　Lestrigones el Isthmo, aladas fieras:
425　El Isthmo que al Oceàno diuide,
　　　I sierpe de cristal, juntar le impide
　　　La cabeça de'l Norte coronada
　　　Con la que illustra el Sur cola escamada
　　　De Antharticas estrellas.
430　Segundos leños dio á segundo Polo
　　　En nueuo mar, que le rindio no solo
　　　Las blancas hijas de sus conchas bellas,
　　　Mas los que lograr bien no supo Midas
　　　Metales homicidas.
435　No le bastò despues á este elemento
　　　Conducir orcas, alistar Vallenas,
　　　Murarse de montañas espumosas,
　　　Infamar blanquèãndo sus arenas
　　　Con tantas de'l primer atreuimiento
440　Señas, aun a los bueytres lastimosas,
　　　Para con estas lastimosas señas
　　　Temeridades enfrenar segundas.
　　　Tu, cudicia, tu pues, de las profundas
　　　Estigias aguas torpe marinero,
445　Quantos abre sepulchros el mar fiero
　　　A tus huessos desdeñas.
　　　El Promontorio que Eolo sus rocas
　　　Candados hizo de otras nueuas grutas,
　　　Para el Austro de alas nunca enjutas,
450　Para el Zierço espirante por cien bocas,
　　　Doblaste alegre; i tu obstinada entena
　　　Cabo le hizo de Esperança buena.
　　　Tantos luego Astronomicos presagios
　　　Frustrados, tanta Nautica doctrina,
455　Debajo aun de la Zona mas vezina
　　　Al Sol, calmas vencidas, i naufragios;
　　　Los Reinos de la Aurora al fin besaste;
　　　Cuyos purpureos senos perlas netas,
　　　Cuyas minas secretas
460　Oi te guardan su mas precioso engaste.
　　　La aromatica selua penetraste,
　　　Que al paxaro de Arabia (cuio buelo
　　　Arco alado es de'l cielo
　　　No corbo, mas tendido)
465　Pyra le erige, i le construie nido.
　　　Zodiaco despues fue cristalino

A gloríoso pino,
Emulo vago de'l ardiente coche
De'l Sol, este elemento,
470   Que quatro vezes auia sido ciento
Dosel al dia, i thalamo á la noche:
Quando hallò de fugitiua plata
La bisagra (aunque estrecha) abraçadora
De vn Oceano, i otro, siempre vno,
475   O las colunas bese, o la escarlata,
Tapete de la Aurora.
Esta pues naue ahora
En el humido templo de Neptuno
Varada pende á la immortal memoria
480   Con nombre de Victoria.
De firmes islas no la immobil flota
En aquel mar del Alua te descriuo,
Cuio numero, ia que no lasciuo,
Por lo bello agradable, i por lo vario
485   La dulce confusion hazer podia,
Que en los blancos estanques de'l Eurota
La virginal desnuda monteria;
Haziendo escollos, o de marmol Pario,
O de terso marfil sus miembros bellos,
490   Que pudo bien Acteon perderse en ellos.
El bosque diuidido en islas pocas,
Fragrante productor de aquel aroma,
Que traduzido mal por el Egypto
Tarde le encomendo el Nilo à sus bocas,
495   I ellas mas tarde á la gulosa Grecia,
Clauo no, espuela si de'l apetito,
Que quanto en conocelle tardò Roma
Fue templado Caton, casta Lucrecia;
Quedese amigo, en tan inciertos mares,
500   Donde con mi hazienda
De'l alma se quedò la mejor prenda,
Cuia memoria es bueytre de pesares.
En suspiros con esto,
I en mas anegò lagrimas el resto
505   De su discurso el montañes prolixo,
Que'l viento su caudal, el mar su hijo.
Consolalle pudiera el peregrino
Con las de su edad corta historias largas,
Si (vinculados todos á sus cargas,
510   Qual prouidas hormigas á sus miesses)
No començàran ia los montañeses
A esconder con el numero el camino,
I el cielo con el poluo. Enxugò el viejo
De'l tierno humor las venerables canas,
515   I leuantando al forastero, dixo.
Cabo me han hecho, hijo,
De este hermoso tercio de serranas:
Si tu neutralidad sufre consejo,

I no te fuerça obligacion precisa,
520 La piedad que en mi alma ia te hospeda
Oi te conuida al que nos guarda sueño
Politica alameda,
Verde muro de aquel lugar pequeño,
Que á pesar de esos frexnos se diuisa:
525 Sigue la femenil tropa commigo,
Veràs curioso, i honrraràs testigo
El thalamo de nuestros labradores:
Que de tu calidad señas maiores
Me dan, que de el Ocèano tus paños,
530 O razon falta donde sobran años.
Mal pudo el estrangero agradecido
En tercio tal negar tal compañia,
I en tan noble occasion tal hospedage.
Alegres pisan la que si no era
535 De chopos calle, i de alamos carrera,
El fresco de los zephiros ruìdo,
El denso de los arboles celage,
En duda ponen qual maior hazìa,
Guerra al calor, ó resistencia al dia.
540 Choros texiendo, vozes alternando,
Sigue la dulce esquadra montañesa
De'l perezoso arroio el paso lento,
En quanto el hurta blando
(Entre los olmos, que robustos besa)
545 Pedaços de cristal, que el mouimiento
Libra en la falda, en el cothurno ella,
De la columna bella,
Ya que zelosa bassa
Dispensadora de'l crital no escasa.
550 Sirenas de los montes su concento,
A la que menos de el sañudo viento
Pudiera antigua planta
Temer ruìna, ó recelar fracasso
Passos hiziera dar el menor passo
555 De su pie, o su garganta.
Pintadas aues, Citharas de pluma
Coronauan la barbara capilla,
Mientras el arroiuelo para oìlla
Haze de blanca espuma
560 Tantas orejas, quantas guijas laua
De donde es fuente á donde arroio acaba.
Vencedores se arrogan los serranos
Los consignados premios otro dia,
Ya al formidable salto, ia á la ardiente
565 Lucha, ia á la carrera poluorosa.
El menos agil quantos comarcanos
Conuoca el caso, el solo desafia,
Consagrando los pallios á su esposa;
Que à mucha fresca rosa
570 Beuer el sudor haze de su frente,

Maior aun de el que espera
En la lucha, en el salto, en la carrera.
Centro apazible vn circulo espacioso
A mas caminos, que vna estrella raios,
575 Hazìa bien de pobos, bien de alisos
Donde la Primauera
Calçada Abriles, i vestida Maios,
Centellas saca de cristal vndoso
A un pedernal orlado de Narcisos.
580 Este pues centro era
Meta vmbrosa al vaquero conuecino,
I delicioso termino al distante,
Donde, aun cansàdo mas que el caminante,
Concurria el camino.
585 Al concento se abaten cristalino
Sedientas las serranas,
Qual simples codornices al reclamo,
Que les miente la voz, i verde cela
Entre la no espigada mies la tela.
590 Musicas hojas viste el menor ramo
De'l alamo, que peina verdes canas.
No zephiros en el, no ruiseñores
Lisongear pudieron breue rato
Al montañes, que ingrato
595 Al fresco, á la armonia, i á las flores,
De el sitio pisa ameno
La fresca yerba qual la arena ardiente
De la Lybia: i à quantas dà la fuente
Sierpes de aljofar, aun maior veneno,
600 Que á las de el Ponto timido atribuie;
Segun el pie, segun los labios huie.
Passaron todos pues, i regulados,
Qual en los Equinoccios surcar vemos
Los pielagos de el aire libre algunas
605 Volantes no galeras,
Sino grullas veleras,
Tal vez creciendo, tal menguando lunas
Sus distantes extremos,
Caracteres tal vez formando alados
610 En el papel diaphano del cielo
Las plumas de su buelo.
Ellas en tanto en bobedas de sombras
(Pintadas siempre al fresco)
Cubren las que Sydon telar Turquesco
615 No ha sabido imitar verdes alfombras.
Apenas reclinaron la cabeça,
Quando en numero iguales, i en belleza
Los margenes matiça de las fuentes
Segunda primauera de villanas,
620 Que parientas de el nouio aun mas cercanas,
Que vezinos sus pueblos, de presentes
Preuenidas concurren á las bodas.

    Mezcladas hazen todas
    Theatro dulce, no de scena muda,
625 El apazible sitio: Espacio breue,
    En que à pesar de'l Sol quajada nieue,
    Y nieue de colores mill vestida,
    La sombra vio florida
    En la ierba menuda.
630 Viendo pues que igualmente les quedaua
    Para el lugar á ellas de camino,
    Lo que al Sol para el lobrego Occidente:
    Qual de aues se calò turba canora
    A robusto nogal que azequia laba
635 En cercado vezino,
    Quando á nuestros Antípodas la Aurora
    Las rosas gozar dexa de su frente;
    Tal sale aquella que sin alas buela,
    Hermosa esquadra con ligero passo,
640 Haziendole atalaias de el Occaso
    Quantos humèros quenta la aldehuela.
   El lento esquadron luego
    Alcançan de serranos;
    I dissoluiendo alli la compañia,
645 Al pueblo llegan con la luz, que el dia
    Cedio al sacro Bolcan de errante fuego:
    A la torre de luzes coronada,
    Que el templo illustra, i á los aires vanos
    Artificiosamente da exhalada
650 Luminosas de poluora saetas,
    Purpureos no cometas.
    Los fuegos pues el jouen solemniza,
    Mientras el viejo tanta accusa tèa
    Al de las bodas Dios, no alguna sea
655 De nocturno Phaeton carroça ardiente,
    I miserablemente
    Campo amanezca esteril de ceniza
    La que anochecio aldea.
   De Alcides le lleuò luego à las plantas,
660 Que estauan no muy lexos
    Trençandose el cabello verde à quantas
    Da el fuego luzes, i el arroyo espejos.
    Tanto garçon robusto,
    Tanta offrecen los alamos Zagala,
665 Que abreuíàra el Sol en vna estrella,
    Por veerla menos bella,
    Quantos saluda raios el Bengala;
    De el Ganges cisne adusto.
    La gaita al baile solicita el gusto,
670 A la voz el psalterio;
    Cruza el Trion mas fixo el Emispherio,
    Y el tronco mayor dança en la ribera;
    El Echo (voz ia entera)
    No ai silencio à que prompto no responda,

675   Fanal es del arroyo cada honda,
       Lux el reflexo, la agua vidriera.
       Terminos le da el sueño al regozijo,
       Mas el cansancio no, que'l mouimiento
       Verdugo de las fuerças es prolixo.

680   Los fuegos (cuias lenguas ciento á ciento,
       Desmintieron la noche algunas horas,
       Cuias luzes (de el Sol competidoras)
       Fingieron dia en la tiniebla obscura)
       Murieron, i en si mismos sepultados

685   Sus miembros en cenizas desatados
       Piedras son de su misma sepultura.
       Vence la noche al fin, i triumpha mudo
       El silencio, aunque breue, de el ruìdo,
       Solo gime ofendido

690   El sagrado Laurel de el hierro agudo:
       Dexa de su esplendor, dexa desnudo
       De su frondosa pompa al verde aliso
       El golpe no remisso
       De el villano membrudo:

695   El que resistir pudo
       A'l animoso Austro, a'l Euro ronco,
       Chopo gallardo, cuio liso tronco
       Papel fue de pastores, aunque rudo,
       A reuelar secretos va à la aldea,

700   Que impide Amor que aun otro chopo lea.
       Estos arboles pues vee la mañana
       Mentir florestas, i emular viàles,
       Quantos murò de liquidos cristales
       Agricultura vrbana.

705 Recordò al Sol no de su espuma cana,
       La dulce de las aues armonia,
       Sino los dos topazios, que batia,
       Orientales aldauas, Hymeneo.
       De el carro pues Phebeo

710   El luminoso tiro
       Mordiendo oro, el ecliptico saphiro
       Pisar queria, quando el populoso
       Lugarillo el serrano
       Con su huesped, que admira cortesano,

715   A pesar de el estambre, i de la seda,
       El que tapiz frondoso
       Texio de verdes hojas la arboleda,
       Y los que por las calles espaciosas
       Fabrican arcos rosas,

720   Obliquos nueuos, pensiles jardines,
       De tantos como vìolas jazmines.
    Al galan nouio el montañes presenta
       Su forastero, luego al venerable
       Padre de la que en si bella se esconde:

725   Con ceño dulce, i con silencio afable
       Beldad parlera, gracia muda ostenta;

Qual de el rizado verde boton, donde
Abreuia su hermosura virgen rosa,
Las cissuras cairèla
730 Vn color, que la purpura que cela
Por bruxula concede vergonçosa.
Digna la juzga esposa
de vn Heroe, si no Augusto, esclarecido
El jouen; al instante arrebatado
735 A la que naufragante, i desterrado
Le condenò á su oluido.
Este pues Sol, que á olvido le condena,
Ceniças hizo las que su memoria
Negras plumas vistio, que infelizmente
740 Sordo engendran gusano, cuio diente,
Minador antes lento de su gloria,
Immortal arador fue de su pena:
I en la sombra no mas de la açucena,
Que de'l clauel procura acompañada
745 Imitar en la bella labradora
El templado color de la que adora.
Viuora pisa tal el pensamiento,
Que el alma por los ojos desatada
Señas diera de su arrebatamiento:
750 Si, de çampoñas ciento,
I de otros, aunque barbaros, sonoros
Instrumentos, no, en dos festiuos choros,
Virgenes bellas, jouenes lucidos,
Llegaran conducidos.
755 El numeroso al fin de labradores
Concurso impacìènte
Los nouios saca: El de años floreciente,
I de caudal mas floreciente que ellos:
Ella, la misma pompa de las flores,
760 La esphera misma de los raios bellos.
El lazo de ambos cuellos
Entre vn lascìuo enxambre iba de amores
Hymeneo añudando,
Mientras inuocan su Deidad la alterna
765 De zagalejas candidas voz tierna
I de garçones este accento blando:
Choro 1. Ven, Hymeneo, ven, donde te espera
Con ojos, i sin alas vn Cupido,
Cuio cabello intonso dulcemente
770 Niega el bello, que el vulto ha colorido:
El bello, flores de su Primauera,
I raios, el cabello, de su frente.
Niño amò la que adora adolescente
Villana Psyches, Nympha labradora
775 De la tostada Ceres. Esta ahora
En los inciertos de su edad segunda
Crepusculos, vincule tu coiunda
A su ardiente desseo.

Ven, Hymeneo, ven; ven, Hymeneo.
780 **Coro 2.** Ven, Hymeneo, donde entre arreboles
De honesto rosicler, preuiene el dia
(Aurora de sus ojos soberanos)
Virgen tan bella, que hazer podria
Torrida la Noruega con dos Soles,
785 I blanca la Etyopia con dos manos.
Claueles de el Abril, rubies tempranos
Quantos engasta el oro de el cabello:
Quantas (de el vno ia, i de el otro cuello
Cadenas) la concordia enga < r > ça rosas,
790 De sus mexillas siempre vergonçosas
Purpureo son tropheo.
Ven, Hymeneo, ven; ven, Hymeneo.
Coro 1. Ven, Hymeneo, i plumas no vulgares
Al aire los hijuelos den alados
795 De las que el bosque bellas Nymphas cela.
De sus carcaxes, estos, argentados,
Flechen mosquetas, nieven azahares;
Vigilantes, aquellos, la aldehuela
Rediman, de el que mas, ó tardo buela,
800 O infausto gime paxaro nocturno;
Mudos coronen, otros, por su turno
El dulce lecho conyugal, en quanto
Lasciua aueja al virginal acantho
Nectar le chupa Hibléo.
805 Ven Hymeneo, ven; ven Hymeneo.
Choro 2. Ven, Hymeneo, i las volantes pias,
Que azules ojos con pestañas de oro
Sus plumas son, conduzgan alta Diosa,
Gloria mayor de el soberano choro:
810 Fie tus nudos ella, que los dias
Dissueluan tarde en senectud dichosa:
I la que Iuno es oi á nuestra esposa,
Casta Lucina en Lunas desiguales
Tantas vezes repita sus vmbrales,
815 Que Níobe immortal la admire el mundo,
No en blanco marmol, por su mal fecundo,
Escollo oi de el Letheo:
Ven, Hymeneo, ven; ven Hymeneo.
Choro 1. Ven Hymeneo, i nuestra agricultura
820 De copia tal a estrellas deua amigas
Progenie tan robusta, que su mano
Toros dome: y de vn rubio mar de espigas
Inunde liberal la tierra dura;
Y al verde, jouen, floreciente llano
825 Blancas ouejas suias hagan cano,
En breues horas caducar la yerba.
Oro le expriman liquido à Minerua,
I los olmos casando con las vides,
Mientras coronan pampanos á Alcides,
830 Claua empuñe Lièo.

Ven, Hymeneo, ven; ven, Hymeneo.
Choro 2. Ven Hymeneo, i tantas le dè á Pales,
Quantas á Pallas dulces prendas esta,
Apenas hija oi, madre mañana.

835 De errantes lilios, vnas, la floresta
Cubran, corderos mil, que los cristales
Vistan de el rio en breue vndosa lana:
De Arachnes, otras, la arrogancia vana
Modestas accusando en blancas telas,

840 No los hurtos de Amor, no las cautelas
De Iupiter compulsen; que aun en lino
Ni á la pluuia luciente de oro fino,
Ni al blanco Cisne creo.
Ven Hymeneo, ven; ven Hymeneo.

845 El dulce alterno canto
A sus vmbrales reuocò felices
Los nouios de el vezino templo santo:
De el iugo aun no domadas las ceruices,
Nouillos (breue termino surcado)

850 Restituien assi el pendiente arado
Al que pagizo alvergue los aguarda.
Llegaron todos pues, i con gallarda
Ciuil magnificencia el suegro anciano
Quantos la sierra dio, quantos dio el llano

855 Labradores combida
A la prolixa rustica comida,
Que sin rumor preuino en mesas grandes.
Ostente crespas, blancas esculpturas
Artifice gentil de dobladuras

860 En los que damascò manteles Flandes;
Mientras casero lino Ceres tanta
Ofrece ahora, quantos guardò el heno
Dulces pomos, que al curso de Atalanta
Fueran dorado freno.

865 Manjares, que el veneno,
I el appetito ignoran igualmente
Les siruieron; i en oro no luciente,
Confuso Baccho; ni en bruñida plata
Su nectar les desata;

870 Sino en vidrio topacios carmesìës,
I palidos rubies.
Sellar (de el fuego quiso regalado)
Los gulosos estomagos el rubio,
Imitador súàve de la cera,

875 Quessillo, dulcemente apremíàdo
De rustica, vaquera,
Blanca, hermosa mano, cuias venas
La distinguieron de la leche apenas.
Mas ni la encarcelada nuez esquiua,

880 Ni el membrillo pudieran anudado,
Si la sabrosa oliua
No serenàra el Baccanal diluuio.

Leuantadas las mesas, al canoro
   Son de la Nympha vn tiempo, ahora caña,
885 Seis de los montes, seis de la campaña,
   (Sus espaldas raiando el sutil oro
   Que negò al viento el nacar bien texido)
   Terno de gracias bello repetido
   Quatro vezes en doze labradoras,
890 Entró bailando numerosamente:
   I dulce Musa entre ellas (si consiente
   Barbaras el Parnaso moradoras)
Viuid felices, dixo,
   Largo curso de edad nunca prolixo;
895 I si prolixo, en nudos amorosos
   Siempre viuid Esposos.
   Vença no solo en su candor la nieue,
   Mas plata en su esplendor sea cardada
   Quanto estambre vital Cloto os traslada
900 De la alta fatal rueca al huso breue.
   Sean de la fortuna
   Aplausos, la respuesta
   De vuestras grangerias.
   A la reja importuna,
905 A la açada molesta,
   Fecundo os rinda (en desiguales dias)
   El campo agradecido
   Oro trillado, i nectar exprimido.
   Sus morados cantuessos, sus copadas
910 Encinas la montaña contar antes
   Dexe, que vuestras cabras siempre errantes,
   Que vuestras bacas tarde, o nunca herradas.
   Corderillos os brote la ribera,
   Que la yerba menuda,
915 I las perlas exceda de'l rocio
   Su numero, i de'l rio
   La blanca espuma, quantos la tixera
   Vellones les desnuda.
   Tantos de breue fabrica, aunque ruda,
920 Albergues vuestros las auejas moren,
   I Primaueras tantas os desfloren,
   Que qual la Arabia, madre vee de aromas
   Sacros troncos sudar fragantes gomas,
   Vuestros corchos por uno, i otro poro
925 En dulce se desaten liquido oro.
   Prospera al fin, mas no espumosa tanto
   Vuestra fortuna sea,
   Que alimenten la inuidia en nuestra aldea
   Aspides mas que en la region de'l llanto:
930 Entre opulencias, i necessidades
   Medianias vinculen competentes
   A vuestros descendientes
   (Preuiniendo ambos daños) las edades:
   Ilustren obeliscos las ciudades,

935   A los raios de Iupiter expuesta
        Aun mas que à los de Phebo su corona,
        Quando á la choça pastoral perdona
        El cielo, fulminando la floresta.
        Cisnes pues una i otra pluma, en esta
940   Tranquilidad os halle labradora,
        La postrimera hora;
        Cuia lamina cifre desengaños
        Que en letras pocas lean muchos años.
    De el Hy<m>no culto dio el vltimo accento
945   Fin mudo al baile, al tiempo que seguida
        La nouia sale de villanas ciento
        A la verde florida palizada:
        Qual nueua Phenix en flammantes plumas,
        Matutinos de el Sol raios vestida,
950   De quanta surca el aire acompañada
        Monarchia canora,
        I vadéàndo nubes, las espumas
        De el Rei corona de los otros rios;
        En cuia orilla el viento hereda ahora
955   Pequeños no vazìos
        De funerales barbaros tropheos,
        Que el Egypto erigiò á sus Ptolomeos.
    Los arboles, que el bosque auian fingido,
        Vmbroso Coliseo ia formando,
960   Despejan el egido,
        Olympica palestra
        De valientes desnudos labradores.
        Llegò la desposada apenas, quando
        Feroz ardiente muestra
965   Hizieron dos robustos luchadores
        De sus musculos, menos defendidos
        De el blanco lino, que de el bello obscuro.
        Abraçaronse pues los dos, i luego
        Humo anhelando, el que no suda fuego,
970   De reciprocos nudos impedidos,
        Qual duros olmos de implicantes vides,
        Yedra el uno es tenaz de el otro muro:
        Mañosos, al fin hijos de la tierra,
        Quando fuertes no Alcides,
975   Procuran derribarse, i derribados,
        Qual pinos se leuantan arraigados
        En los profundos senos de la sierra.
        Premio los honrra igual, i de otros quatro
        Ciñe las sienes glorìòsa rama,
980   Con que se puso termino á la lucha.
    Las dos partes raiaua del theatro
        El Sol, quando arrogante jouen llama
        Al expedido salto
        La barbara corona que le escucha.
985   Arras de el animoso desafio
        Vn pardo gauan fue en el verde suelo;

A quien se abaten ocho, o diez soberuios
Montañeses, qual suele de lo alto
Calarse turba de inuidiosas aues
990 A los ojos de Ascalapho, vestido
De perezosas plumas. Quien de graues
Piedras las duras manos impedido,
Su agilidad pondera. Quien sus neruios
Desata estremeciendose gallardo.
995 Besò la raia pues el pie desnudo
De el suelto moço, i con airoso buelo
Pisò de el viento lo que de el egido
Tres vezes ocupar pudiera vn dardo.
La admiracion, vestida un marmol frio,
1000 Apenas arquear las cejas pudo,
La emulacion, calçada vn duro ielo,
Torpe se arraiga. Bien que impulso noble
De gloria, aunque villano, solicita
A vn vaquero de aquellos montes gruesso,
1005 Membrudo, fuerte roble,
Que agil, á pesar de lo robusto,
Al aire se arrebata, violentando
Lo graue tanto, que le precipita,
Icaro montañes, su mismo peso;
1010 De la menuda ierua el seno blando
Pielago duro hecho á su rúìna.
Si no tan corpulento, mas adusto
Serrano le succede,
Que iguala, i aun excede
1015 Al aiuno Leopardo,
Al Corcillo trauiesso, al Muflon Sardo,
Que de las rocas trepa à la marina,
Sin dexar ni aun pequeña
De el pie ligero bipartida seña.
1020 Con mas felicidad que el precedente
Pisò las huellas casi de el primero
El adusto vaquero.
Passos otro dio al aire, al suelo cozes.
Y premíàdos gradúàdamente,
1025 Aduocaron á si toda la gente
Cierços de el llano, i Austros de la sierra
Mancebos tan velozes,
Que quando Ceres mas dora la tierra
I argenta el mar desde sus gruttas hondas
1030 Neptuno, sin fatiga
Su vago pie de pluma
Surcar pudiera miesses, pisar ondas,
Sin inclinar espiga,
Sin víòlar espuma.
1035 Dos vezes eran diez, i dirigidos
A dos olmos, que quieren abraçados
Ser pallios verdes, ser frondosas metas,
Salen qual de torcidos

Arcos, ó neruíòsos, o azerados,
1040 Con siluo igual, dos vezes diez saetas.
No el poluo desparece
El campo, que no pisan alas hierua:
Es el mas torpe vna herida cierua,
El mas tardo la vista desuanece,
1045 I siguiendo al mas lento
Coxèa el pensamiento:
El tercio casi de una milla era
La prolixa carrera,
Que los Herculeos troncos haze breues:
1050 Pero las plantas leues
De tres sueltos zagales
La distancia syncòpan tan iguales,
Que la attencion confunden judiciosa:
De la Peneida virgen desdeñosa
1055 Los dulces fugitiuos miembros bellos
En la corteza no abraçò reciente
Mas firme Apolo, mas estrechamente,
Que de vna i de otra meta glorìòsa
Las duras bassas abraçaron ellos
1060 Con triplicado nudo.
Arbitro Alcides en sus ramas dudo,
Que el caso decidiera;
Bien que su menor hoja vn ojo fuera
De el lince mas agudo.
1065 En tanto pues que el pallio neutro pende,
I la carroça de la luz desciende
A templarse en las ondas; Hymeneo,
Por templar en los braços el desseo
De el galan nouio, de la esposa bella,
1070 Los raios anticipa de la estrella,
Cerulea ahora, ia purpurea guia
De los dudosos terminos de el dia.
El juìzio, al de todos, indeciso
De el concurso ligero,
1075 El padrino con tres de limpio azero
Cuchillos corbos absoluelle quiso.
Solicita Iunon, Amor no omisso,
Al son de otra çampoña, que conduce
Nymphas bellas, i Satyros lasciuos,
1080 Los desposados á su casa bueluen;
Que coronada luze
De estrellas fijas, de Astros fugitiuos,
Que en sonoroso humo se resueluen.
Llegò todo el lugar, i despedido,
1085 Casta Venus, que el lecho ha preuenido
De las plumas que baten mas súàues
En su bolante carro blancas aues,
Los nouios entra en dura no estacada:
Que siendo Amor vna Deidad alada,
1090 Bien preuino la hija de la espuma
A batallas de amor campo de pluma.

SOLEDAD SEGVNDA.

ENTRASE el mar por vn arroio breue,
 Que á recebille con sediento passo
 De su roca natal se precipita:
 I mucha sal no solo en poco vaso,
5 Mas su rúìna bebe,
 Y su fin (cristalina mariposa,
 No alada, sino ondosa)
 En el Farol de Thetis solicita.
 Muros desmantelando pues de arena
10 Centauro ya espumoso el Occéàno,
 Medio mar, medio ria,
 Dos vezes huella la campaña al dia,
 Escalar pretendiendo el monte en vano,
 De quien es dulce vena
15 El tarde ya torrente
 Arrepentido, i aun retrocedente.
 Eral loçano assi novillo tierno
 De bien nacido cuerno
 Mal lunada la frente
20 Retrogrado cediò en desigual lucha
 A duro toro, aun contra el viento armado:
 No pues de otra manera
 A la violencia mucha
 De el Padre de las aguas coronado
25 De blancas ouas, i de espuma verde
 Resiste obedeciendo, i tierra pierde.
 En la incierta ribera
 (Guarnicion desigual á tanto espejo)
 Descubrio la Alua á nuestro peregrino
30 Con todo el villanage vltramarino,
 Que á la fiesta nupcial de verde tejo
 Toldado ia capaz traduxo pino.
 Los escollos el Sol raiaua, quando
 Con remos gemidores,
35 Dos pobres se aparecen pescadores,
 Nudos al mar de cañamo fiando.
 Ruiseñor en los bosques, no, mas blando
 El verde robre, que es barquillo ahora,
 Saludar vio la Aurora,
40 Que al vno en dulces quexas, i no pocas,
 Ondas endurecer, liquidar rocas.
 Señas mudas la dulce voz doliente
 Permitio solamente
 A la turba, que dar quisiera vozes
45 A la que de vn Ancon segunda haia
 (Cristal pisando azul con pies veloces)
 Salio improuisa de vna, i de otra plaia
 Vinculo desatado, instable puente.
 La prora diligente
50 No solo dirigio á la opuesta orilla,

Mas reduxo la musica barquilla,
Que en dos cuernos de el mar calo no breues
Sus plomos graues, i sus corchos leues.
Los senos occupò de'l maior leño
55 La maritima tropa,
Vsando al entrar todos
Quantos les enseñò corteses modos
En la lengua de'l agua ruda escuela,
Con nuestro forastero, que la popa
60 De el canoro escogio baxel pequeño.
Aquel las ondas escarchando buela,
Este con perezoso mouimiento
El mar encuentra, cuia espuma cana
Su parda aguda prora
65 Resplandeciente cuello
Haze de Augusta Coia Peruana,
A quien hilos el Sol tributò ciento
De perlas cada hora.
Lagrimas no enxugò mas de la Aurora
70 Sobre vìolas negras la mañana,
Que arrollò su espolon con pompa vana
Caduco aljofar, pero aljofar bello.
Dando el huesped licencia para ello,
Recurren, no á las redes, que maiores
75 Mucho Oceàno, i pocas aguas prenden,
Sino á las que ambiciosas menos penden,
Laberintho nudoso de marino
Dedalo, si de leño no, de lino
Fabrica escrupulosa, i aunque incierta,
80 Siempre murada, pero siempre abierta.
Liberalmente de los pescadores
Al desseo el estero corresponde,
Sin valelle al lasciuo ostion el justo
Arnes de huesso, donde
85 Lisonja breue al gusto,
Mas incentiua esconde:
Contagio original quiçà de aquella,
Que (siempre hija bella
De los cristales) vna
90 Venera fue su cuna.
Mallas visten de cañamo al lenguado,
Mientras en su piel lubrica fiado
El congrio, que biscosamente liso
Las telas burlar quiso,
95 Texido en ellas se quedò burlado.
Las redes califica menos gruessas
Sin romper hilo alguno
Pompa el salmon de las Réàles mesas,
Quando no de los campos de Neptuno:
100 I el trauiesso robàlo,
Guloso de los Consules regalo.
Estos, i muchos mas, vnos desnudos,

Otros de escamas faciles armados
Dio la ria pescados,
105 Que nadando en un pielago de nudos,
No agrauan poco el negligente robre,
Espacíòsamente dirigido
Al bienauenturado aluergue pobre,
Que de carriços fragiles texido,
110 Si fabricado no de gruessas cañas,
Bobedas lo coronan de espadañas.
El peregrino pues, haziendo en tanto
Instrumento el baxel, cuerdas los remos,
Al Zephiro encomienda los extremos
115 Deste metrico llanto.
Si de aire articulado
No son dolientes lagrimas súàues
Estas mis quexas graues,
Vozes de sangre, i sangre son del' alma;
120 Fíelas de tu calma,
O mar, quien otra vez las ha fiado
De tu fortuna, aun mas que de su hado.
O mar! O tu supremo
Moderador piadoso de mis daños!
125 Tuyos seran mis años
En tabla redimidos poco fuerte
De la bebida muerte,
Que ser quiso en aquel peligro extremo
Ella el forçado, i su guadaña el remo.
130 Regiones pise agenas,
O clima proprio planta mia perdida,
Tuya serà mi vida:
Si vida me ha dexado que sea tuia
Quien me fuerça á que huya
135 De su prision, dexando mis cadenas
Rastro en tus ondas, mas que en tus arenas.
Audaz mi pensamiento
El Cenith escalò, plumas vestido,
Cuio buelo atreuido
140 Si no ha dado su nombre á tus espumas,
De sus vestidas plumas
Conseruaràn el desuanecimiento
Los annales diaphanos del viento.
Esta pues culpa mia
145 El timon alternar menos seguro,
Y el baculo mas duro
Vn lustro ha hecho á mi dudosa mano,
Solicitando en vano
Las alas sepultar de mi osadia
150 Donde el Sol nace, o donde muere el dia.
Muera (enemiga amada)
Muera mi culpa, i tu desden le guarde
Arrepentido tarde
Suspiro, que mi muerte haga leda,

155 Quando no le suceda,
    O por breue, o por tibia, o por cansada,
    Lagrima antes enxuta, que llorada.
    Naufragio ya segundo,
    O filos ponga<n> de homicida hierro
160 Fin duro a mi destierro:
    Tan generosa fe, no facil honda,
    No poca tierra esconda:
    Vrna suya el Occèano profundo,
    I Obeliscos los montes sean de'l mundo.
165 Thumulo tanto debe
    Agradecido Amor á mi pie errante:
    Liquido pues diamante
    Calle mis huessos, i eleuada cima
    Selle si, mas no opprima
170 Esta que le fiarè ceniza breue,
    Si ai ondas mudas, i si ai tierra leue.
    No es sordo el mar, (la erudicion engaña)
    Bien que tal vez sañudo
    No oya al piloto, ó le responda fiero:
175 Sereno dissimula mas orejas,
    Que sembrò dulces quexas,
    Canoro labrador, el forastero
    En su vndosa campaña.
    Espongíòso pues se bebio, i mudo
180 El lagrimoso reconocimiento:
    De cuios dulces numeros no poca
    Concetúòsa summa
    En los dos gyros de inuisible pluma,
    Que fingen sus dos alas, hurtó el viento.
185 Echo vestida vna cauada roca,
    Solicitò curiosa, i guardò auara
    La mas dulce, si no la menos clara
    Syllaba, siendo en tanto
    La vista de las choças fin del canto.
190 Iace en el mar, si no continúàda
    Isla, mal de la tierra diuidida,
    Cuya forma tortuga es perezosa.
    Diganlo quantos siglos ha que nada
    Sin besar de la plaia espacíòsa
195 La arena de las ondas repetida.
    A pesar pues de el agua que la occulta,
    Concha, si mucha no, capaz ostenta
    De aluergues, donde la humildad contenta
    Mora, y Pomona se venera culta.
200 Dos son las choças, pobre su artificio,
    Mas áùnque caduca su materia:
    De los mancebos dos la mayor cuna,
    De las redes la otra, i su exercicio
    Competente officina.
205 Lo que agradable mas se determina
    De el breue islote occupa su fortuna,

Los estremos de fausto, i de miseria
Moderando. En la plancha los recibe
El padre de los dos, emulo cano
210 De el sagrado Nereo, no ia tanto
Porque á la par de los escollos viue,
Porque en el mar preside comarcano
Al exercicio piscatorio; quanto
Por seis hijas, por seis deidades bellas,
215 De el cielo espumas, i de el mar estrellas.
  Acogio al huesped con vrbano estilo,
I á su voz, que los juncos obedecen,
Tres hijas suyas candidas le ofrecen,
Que engaños construyendo estan de hilo.
220 El huerto le da esotras, á quien debe
Si purpura la rosa, el lilio nieue.
De jardin culto assi en fingida gruta
Salteò al labrador pluuia improuisa
De cristales inciertos á la seña,
225 O à la que torcio llaue el fontanero;
Vrna de Aquario la imitada peña
Le enuiste incauto; i si con pie grossero
Para la fuga appella, nubes pisa,
Burlandole aun la parte mas enjuta:
230 La vista saltearon poco menos
De el huesped admirado
Las no liquidas perlas, que al momento
A los corteses juncos (porque el viento
Nudos les halle vn dia, bien que agenos)
235 El cañamo remiten anudado,
Y de Berthumno al termino labrado
El breue hierro, cuio corbo diente
Las plantas le mordia cultamente.
  Ponderador saluda affectúòso
240 Del esplendor que admira el estrangero
Al Sol en seis luzeros diuidido;
Y honestamente al fin correspondido
De el choro vergonçoso,
Al viejo sigue, que prudente ordena
245 Los terminos confunda de la cena
La comida prolixa de pescados
Raros, muchos, i todos no comprados.
Impidiendole el dia al forastero
Con dilaciones sordas, le diuierte
250 Entre vnos verdes carrizales, donde
Harmoníòso numero se esconde
De blancos cisnes, de la misma suerte
Que gallinas domesticas al grano,
A la voz concurrientes del anciano.
255 En la mas seca, en la mas limpia anea
Viuificando estan muchos sus hueuos,
Y mientras dulce aquel su muerte annuncia
Entre la verde juncia,

Sus pollos este al mar conduze nueuos,
260   De Espio, i de Nerea
(Quando mas escurecen las espumas)
Neuada inuidia sus neuadas plumas.
Hermana de Phaeton, verde el cabello,
Les ofrece el que jouen ia gallardo
265   De flexúòsas mimbres garbin pardo
Tosco le à encordonado, pero bello.
Lo mas liso trepò, lo mas sublime
Vencio su agilidad, i artificiosa
Texio en sus ramas inconstantes nidos,
270   Donde zelosa arrulla, i ronca gime
La aue lasciua de la Cypria Diosa:
Mastiles coronò menos crecidos
Gauia no tan capaz, estraño todo
El designio, la fabrica, i el modo.
275   A pocos passos le admirò no menos
Montecillo, las sienes lauréàdo,
Trauiessos despidiendo moradores
De sus confusos senos,
Conejuelos, que (el viento consultado)
280   Salieron retoçando á pisar flores,
El mas timido al fin mas ignorante
De el plomo fulminante.
Concauo frexno, á quien gracioso indulto
De su caduco natural, permite
285   Que á la encina viuaz robusto imite,
Y hueco exceda al alcornoque inculto,
Verde era pompa de vn vallete oculto,
Quando frondoso alcaçar no, de aquella,
Que sin corona buela, i sin espada,
290   Susurrante Amazona, Dido alada,
De exercito mas casto, de mas bella
Republica ceñida, en vez de muros,
De cortezas: En esta pues Carthago
Reina la aueja, oro brillando vago,
295   O el xugo beua de los aires puros,
O el sudor de los cielos, quando liba
De las mudas estrellas la saliua:
Burgo eran suyo, el tronco informe, el breue
Corcho, i moradas pobres sus vacìos
300   Del que mas solicìta los desuios
De la isla plebeyo enxambre leue.
Llegaron luego donde al mar se atreue,
Si Promontorio no, vn cerro eleuado
De cabras estrellado,
305   Iguales, aunque pocas,
A la que imagen decima de'l cielo
Flores su cuerno es, rayos su pelo.
Estas, dixo el isleño venerable,
Y aquellas que pendientes de las rocas
310   Tres, o quatro dessean para ciento

(Redil las ondas, i pastor el viento)
Libres discurren, su nociuo diente
Paz hecha con las plantas inuiolable.
Estimando seguia el peregrino
315 Al venerable isleño
De muchos pocos numeroso dueño,
Quando los suyos enfreno de un pino
El pie villano, que grosseramente
Los cristales pisaua de una fuente:
320 Ella pues sierpe, i sierpe al fin pisada,
(Aljofar vomitando fugitiuo
En lugar de veneno)
Torcida esconde, ia que no enroscada
Las flores, que de vn parto dio lasciuo
325 Aura fecunda al matizado seno
De'l huerto, en cuios troncos se desata
De las escamas que vistio de plata.
Seis chopos de seis iedras abraçados
Thyrsos eran del Griego Dios nacido
330 Segunda vez, que en pampanos desmiente
Los cuernos de su frente:
Y qual mancebos texen anudados
Festiuos corros en alegre egido,
Coronan ellos el encanecido
335 Suelo de lilios, que en fraga < n > tes copos
Neuo el Mayo à pesar de los seis chopos.
Este sitio las bellas seis hermanas
Escogen, agrauiando
En breue espacio mucha Primauera
340 Con las mesas, cortezas ia liuianas
De el arbol que ofrecio à la edad primera
Duro alimento, pero sueño blando.
Nieue hilada, i por sus manos bellas
Caseramente á telas reduzida,
345 Manteles blancos fueron:
Sentados pues sin ceremonias, ellas
En tornéàdo frexno la comida
Con silencio siruieron:
Rompida el agua en las menudas piedras
350 Cristalina sonante era thiorba,
I las confusamente acordes aues
Entre las verdes roscas de las iedras
Muchas eran, i muchas vezes nueue
Aladas Musas, que de pluma leue
355 Engañada su oculta lyra corba,
Metros inciertos si pero súaues
En idíòmas cantan differentes,
Mientras cenando en porfidos lucientes
Lisongéàn apenas
360 Al Iuppiter marino tres Syrenas.
Comieron pues, i rudamente dadas
Gracias el pescador á la Diuina

Prouida mano, ô bien viuidos años,
Ô canas, dixo el huesped, no peinadas
365 Con box dentado, o con raiada espina,
Sino con verdaderos desengaños;
Pisad dichoso esta esmeralda bruta
En marmol engastada siempre vndoso,
Iubilando la red en los que os restan
370 Felices años; i la humedecida,
O poco rato enjuta
Proxima arena de esa oppuesta playa,
La remota Cambaia
Sea de oi mas a vuestro leño ocioso;
375 Y el mar que os la diuide quanto cuestan
Océano importuno
A las Quinas (de'l viento aun veneradas)
Sus ardientes veneros,
Su esphera lapidosa de luzeros;
380 De'l pobre aluergue á la barquilla pobre
Geometra prudente el orbe mida
Vuestra planta impedida
Si de purpureas conchas no histriádas,
De tragicas rúinas de alto robre,
385 Que (el tridente accusando de Neptuno)
Menos quizà dio astillas
Que exemplos de dolor à estas orillas.
Dias ha muchos (ô mancebo, dixo
El pescador anciano)
390 Que en el vno cedi, i el otro hermano
El duro remo, el cañamo prolixo:
Muchos hà dulces dias,
Que cisnes me recuerdan à la hora,
Que huyendo la Aurora
395 Las canas de Tithon halla las mias,
(A pesar de mi edad) no en la alta cumbre
De aquel morro difficil (cuias rocas
Tarde, o nunca, pisaron cabras pocas,
Y milano vencio con pesadumbre)
400 Sino de'sotro escollo al mar pendiente;
De donde ese theatro de Fortuna
Descubro, ese voraz, ese profundo
Campo ya de sepulchros, que sediento
Quanto en vasos de abeto nueuo mundo
405 Tributos digo Americos, se beue,
En tumulos de espuma paga breue.
Barbaro obseruador (mas diligente)
De las inciertas formas de la Luna,
A cada conjuncion su pesqueria,
410 Y à cada pesqueria su instrumento
Mas, ó menos nudoso attribúido,
Mis hijos dos en vn batel despido,
Que el mar criuando en redes no comunes
Vieras intempestiuos algun dia

415   (Entre vn vulgo nadante digno apenas
    De escama, quanto mas de nombre) atunes
    Vomitar ondas, i açotar arenas.
    Tal vez desde los muros de'stas rocas
    Caçar à Tethis veo,
420   I pescar a Diana en dos barquillas:
    Nauticas venatorias marauillas
    De mis hijas oiràs; ambiguo choro
    Menos de aljaua, que de red armado;
    De cuio, si no alado
425   Harpon vibrante supo mal Protheo
    En globos de agua redimir sus Phocas;
    Torpe la mas veloz marino toro,
    Torpe, mas toro al fin, que el mar violado
    De la purpura viendo de sus venas,
430   Bufando mide el campo de las ondas
    Con la animosa cuerda, que prolija
    Al hierro sigue que en la Phoca huye,
    O grutas ya la priuilegien hondas;
    O escollos de'sta isla diuididos:
435   Lachesis nueua mi gallarda hija,
    Si Cloto no de la escamada fiera,
    Ya hila, ia deuana su carrera,
    Quando desatinada pide, o quando
    Vencida restituye
440   Los terminos de cañamo pedidos:
    Rindiose al fin la bestia, i las almenas
    De las sublimes rocas salpicando,
    Las peñas envistio peña escamada
    En rios de agua i sangre desatada.
445   Ephire luego, la que en el torcido
    Luciente nacar te siruio no poca
    Risueña parte de la dulce fuente,
    (De Philódoces emula valiente,
    Cuya hasta breue dessangrò la Phoca)
450   El cabello en estambre azul cogido,
    Zeloso Alcaide de sus trenças de oro,
    En segundo baxel se engolfò sola.
    Quantas vozes le di! Quantas (en vano)
    Tiernas derramè lagrimas! temiendo
455   No al fiero Tiburon verdugo horrendo
    De'l naufrago ambicioso mercadante,
    Ni al otro cuio nombre
    Espada es tantas vezes esgrimida
    Contra mis redes ia, contra mi vida;
460   Sino algun siempre verde, siempre cano
    Satyro de la aguas, petulante
    Vìolador del virginal decoro;
    Marino Dios, que el vulto feroz hombre,
    Corbo es delfin la cola.
465   Sorda à mis vozes pues, ciega à mi llanto,
    Abraçado (si bien de facil cuerda)

Vn plomo fiò graue à un corcho leue,
Que algunas vezes despedido, quanto
(Penda, o nade) la vista no le pierda,
470   El golpe solicìta, el vulto mueue
Prodigíòsos moradores ciento
De'l liquido elemento.
Laminas vno de viscoso azero
(Rebelde aun al diamante) el duro lomo
475   Hasta el luciente bipartido estremo
De la cola vestido,
Solicitado sale de'l rúìdo,
Y al ceuarse en el complice ligero
De'l suspendido plomo,
480   Ephire (en cuia mano al flaco remo,
Vn fuerte dardo auia succedido)
De la mano à las ondas gemir hizo
El aire con el frexno arrojadizo,
De las ondas al pez con buelo mudo
485   Deidad dirigio amante el hierro agudo:
Entre vna, i otra lamina, salida
La sangre halló por do la muerte entrada.
Onda, pues, sobre onda leuantada
Montes de espuma concitò herida
490   La fiera (horror del agua) cometiendo
Ya á la violencia, ia à la fuga el modo
De sacudir el hasta;
Que (alterando el abismo, o discurriendo
el Océano todo)
495   No perdona al azero que la engasta.
Ephire en tanto al cañamo torcido
El cabo rompio; i bien, que al cieruo herido
El can sobra siguiendole la flecha.
Voluiase mas no mui satisfecha
500   Quando cerca de aquel peinado escollo
Herbir las olas vio templadamente,
Bien que haziendo circulos perfectos:
Escogiò pues de quatro, o cinco abetos
El de cuchilla mas resplandeciente,
505   Que atrauesado remolcò vn gran sollo.
Desembarcò triunphando;
I aun el siguiente Sol no vimos, quando
En la riuera vimos conuecina
Dado al traues el monstro, donde apenas
510   Su genero noticia; pias arenas
En tanta plaia hallò tanta rúìna.
Aura en esto marina
El discurso, i el dia juntamente
(Tremula, si veloz) les arrebata,
515   Alas batiendo liquidas, i en ellas
Dulcissimas querellas
De pescadores dos, de dos amantes
En redes ambos, i en edad iguales.

Diuidiendo cristales,
520 En la mitad de vn oualo de plata,
Venia al tiempo el nieto de la Espuma,
Que los mancebos dauan alternantes
Al viento quexas. Organos de pluma
(Aves digo de Leda)
525 Tales no oiò el Caistro en su arboleda,
Tales no vio el Meandro en su corriente.
Inficionando pues súàuemente
Las ondas el Amor (sus flechas remos)
Hasta donde se besan los extremos
530 De la Isla i de'l agua no los dexa.
LICIDAS gloria, en tanto,
De la plaia, MICON de sus arenas;
Inuidia de Syrenas,
Conuocacion su canto
535 De musicos delphines, aunque mudos,
En numeros no rudos
El primero se quexa
De la culta LEVSIPE,
Dezimo esplendor bello de Aganipe,
540 De CLORIS el segundo,
Escollo de cristal, meta de'l mundo.

Licidas. A que piensas, barquilla
(Pobre ia cuna de mi edad primera)
Que cisne te conduzgo a esta ribera?
545 A cantar dulce, i a morirme luego:
Si te perdona el fuego,
Que mis huessos vinculan, en su orilla
Tumba te bese el mar buelta la quilla.

Micon. Cansado leño mio,
550 Hijo de'l bosque, i padre de mi vida,
De tus remos ahora conducida
A desatarse en lagrimas cantando,
El doliente, si blando
Curso de'l llanto metrico te fio,
555 Nadante vrna de canoro rio.

Lici. Las rugosas veneras,
Fecundas no de aljofar blanco el seno,
Ni de'l que enciende el mar Tyrio veneno,
Entre crespos buscaua caracoles:
560 Quando, de tus dos Soles
Fulminado ya, señas no ligeras
De mis ceniças dieron tus riberas.

Mic. Distinguir sabìa apenas
El menor leño de la maior vrca,
565 Que velera vn Neptuno, i otro surca,
I tus prisiones ia arrastraua graues:
Si dudas lo que sabes,
Lee quanto han impresso en tus arenas
(A pesar de los vientos) mis cadenas.

570 **Lici.** Las que el cielo mercedes

Hizo á mi forma (ó dulce mi enemiga)
Lisonja no, serenidad lo diga
De limpia consultada ya laguna:
I los de mi Fortuna
575   Priuilegios, el mar, à quien di redes,
Mas que à la selua lazos Ganimedes.

Mic. No ondas, no luciente
Cristal, (agua al fin dulcemente dura)
Inuidia califique mi figura
580   De muscolosos jouenes desnudos.
Menos dio al bosque nudos,
Que io al mar el que à vn Dios hizo valiente
Mentir cerdas, zeloso espumar diente.

Lici. Quantos pedernal duro
585   Bruñe nacares boto, agudo raia
En la officina vndosa desta plaia,
Tantos Palemo à su Licote bella
Suspende; i tantos ella
Al flaco da, que me construyen muro
590   Iunco fragil, carrizo mal seguro.

Mic. Las siempre desiguales
Blancas primero ramas, despues rojas
De arbol, que nadante ignorò hojas,
Trompa Triton de'l agua a la alta gruta
595   De Nisida tributa;
Nimpha, por quien lucientes son corales
Los rudos troncos oi de mis umbrales.

Lici. Esta en plantas no escrita
En piedras si firmeza honre Hymeneo,
600   Calçandole talares mi desseo:
Que el tiempo buela: Goza pues ahora
Los lilios de tu Aurora;
Que al tramontar de'l Sol mal solicìta
Aueja, aun negligente, flor marchita.

605 **Micon.** Si fe tanta no en vano
Desafia las rocas, donde impressa
Con labio alterno mucho mar la besa,
Nupcial la califique tea luciente:
Mira que la edad miente:
610   Mira que de'l almendro mas loçano
Parcha es intérìor, breue gusano.
Inuidia conuocaua, si no zelo
Al balcon de saphiro,
Las claras, aunque Ethiopes estrellas:
615   I las Ossas dos bellas,
Sediento siempre tiro
De'l carro, pereçoso honor de'l cielo:
Mas ai, que de'l rúìdo
De la sonante esphera,
620   A la vna luciente i otra fiera,
El piscatorio cantico impedido,
Con las prendas baxàran de Cepheo

A las vedadas ondas,
Si Thetis no (desde sus grutas hondas)
625 Enfrenàra el desseo.
     O quanta al peregrino el Ameveo
     Alterno canto dulce fue lisonja!
     Que mucho, si auarienta ha sido esponja
     De'l nectar numeroso
630 El escollo mas duro?
     Que mucho, si el candor bebiò ia puro
     De la virginal copia en la armonia
     El veneno de'l ciego ingeníòso,
     Que dictaua los numeros que oìa?
635 Generosos affectos de vna pia
     Doliente affinidad, bien que amorosa,
     Por bella mas, por mas diuina parte,
     Solicitan su pecho, á que (sin arte
     De colores prolixos)
640 En oracion impetre officíòsa
     De'l venerable isleño,
     Que admita iernos los que el trato hijos
     Littoral hiço, aun antes
     Que el conuecino ardor dulces amantes.
645 Concediolo risueño,
     De'l forastero agradecidamente,
     I de sus propios hijos abraçado.
     Mercurio de'stas nueuas diligente
     Coronados traslada de fauores
650 De sus barcas Amor los pescadores
     Al flaco pie de'l suegro desseado.
     Ô, de'l aue de Iuppiter vendado
     Pollo, si alado no, lince sin vista,
     Politico rapaz! cuia prudente
655 Disposicion especulò Estadista
     Clarissimo ninguno
     De los que el Reino muran de Neptuno!
     Quan dulces te adjudicas ocasiones
     Para fauorecer, no a dos supremos
660 De los volubles polos ciudadanos,
     Sino a dos entre cañamo garçones!
     Por que? Por esculptores quiçà vanos
     De tantos de tu madre vultos canos,
     Quantas al mar espumas dan sus remos.
665 Al peregrino por tu causa vemos
     Alcaçares dexar (donde excedida
     De la sublimidad la vista) appella
     Para su hermosura;
     En que la architectura
670 A la Gèòmetria se rebela,
     Iaspes calçada, i porfidos vestida.
     Pobre choça de redes impedida
     Entra ahora, i le dexas!
     Buela rapaz, i (plumas dando a quexas)

675   Los dos reduce al vno y otro leño,
        Mientras perdona tu rigor al sueño.
    Las horas ia de numeros vestidas
        Al bayo, quando no esplendor houero
        De'l luminoso tiro, las pendientes
680   Ponian de chrysolitos lucientes
        Coiundas impedidas:
        Mientras de su barraca el estrangero
        Dulcemente salia despedido
        A la barquilla, donde le esperauan
685   A vn remo cada jouen offrecido.
    Dexaron pues las açotadas rocas,
        Que mal las ondas lauan
        De'l liuor aun purpureo de las Phocas:
        I de la firme tierra el heno blando
690   Con las palas segando,
        En la cumbre modesta
        De vna desigualdad de'l Orizonte,
        Que dexa de ser monte
        Por ser culta floresta,
695   Antiguo descubrieron blanco muro;
        Por sus piedras no menos,
        Que por su edad magestúòsa cano;
        Marmol al fin tan por lo Pario puro,
        Que al peregrino sus ocultos senos
700   Negar pudiera en vano.
        Quantas de'l Oceàno
        El Sol trenças desata
        Contaua en los raiados capiteles,
        Que espejos (aunque esphericos) fièles
705   Bruñidos eran oualos de plata.
    La admiracion que al arte se le deue
        Anchora de'l batel fue, perdonando
        Poco á lo fuerte, i à lo bello nada
        De'l edificio: quando
710   Ronca les salteò trompa sonante,
        Al principio distante,
        Vezina luego, pero siempre incierta.
        Llaue de la alta puerta
        El duro son, vencido el fosso breue,
715   Leuadiça offrecio puente no leue
        Tropa inquîèta contra el aire armada.
        Lisonja, si confusa, regulada
        Su orden de la vista, i de'l oido
        Su agradable rúìdo.
720   Verde no mudo choro
        De caçadores era,
        Cuio numero indigna la ribera.
    Al Sol leuantò apenas la ancha frente
        El veloz hijo ardiente
725   De'l zephiro lasciuo,
        Cuia fecunda madre al genitiuo

Soplo vistiendo miembros, Guadalete
Florida ambrosia al viento diò ginete;
Que á mucho humo abriendo
730 La fogosa nariz, en vn sonoro
Relincho, i otro saludò sus rayos.
Los houeros, si no esplendores baios,
Que conducen el dia,
Les responden la ecliptica ascendiendo.
735 Entre el confuso pues zeloso estruendo
De los cauallos ruda haze armonia
Quanta la generosa cetreria
(Desde la Mauritania á la Noruega)
Insidia ceua alada,
740 Sin luz no siempre ciega,
Sin libertad no siempre apprisionada,
Que á ver el dia buelue
Las vezes que en fiado al viento dada
Repite su prision, i al viento absuelue.
745 El Nebli, que relampago su pluma,
Raio su garra, su ignorado nido
O le esconde el Olympo, ó densa es nube,
Que pisa cuando sube
Tras la garça argentada el pie de espuma.
750 El Sacre, las del Noto alas vestido,
Sangriento Chipriota, aunque nacido
Con las palomas, Venus, de tu carro.
El Girifalte, escandalo bizarro
De'l aire, honor robusto de Gelanda,
755 Si bien jaian de quanto rapaz buela,
Corbo azero su pie, flaca pihuela
De piel le impide blanda.
El Bahari, a quien fue en Hespaña cuna
De'l Pyrineo la ceniza verde,
760 O la alta bassa que el Oceano muerde
De la Egypcia columna.
La delicia volante
De quantos ciñen Libico turbante,
El Borni, cuia ala
765 En los campos tal vez de Meliona
Galan siguio valiente, fatigando
Timida liebre, quando
Intempestiua salteo Leona
La Melionesa gala,
770 Que de tragica scena
Mucho theatro hizo poca arena.
Tu infestador en nuestra Europa nueuo
De las aues, nascido, Aleto, donde
Entre las conchas oi de'l Sur esconde
775 Sus muchos años Phebo,
Deues por dicha cebo?
Templarte supo, di, barbara mano
Al insultar los aires? Yo lo dudo;

Que al precíòsamente Inca desnudo,
780   I al de plumas vestido Mexicano,
Fraude vulgar, no industria generosa,
De'l aguila, les diò, a la mariposa.
De vn mancebo Serrano
El duro braço debil haze junco,
785   Examinando con el pico adunco
Sus pardas plumas el Açor Britano,
Tardo, mas generoso
Terror de tu sobrino ingeníòso,
Ià inuidia tuya, Dedalo, aue ahora,
790   Cuyo pie Tyria purpura colora.
Graue de pereçosas plumas globo,
Que á luz le condenò incierta la ira
De'l bello de la Stygia Deidad robo,
Desde el guante hasta el hombro á un jouen cela:
795   Esta emulacion pues de quanto buela
Por dos topazios bellos con que mira,
Termino torpe era
De Pompa tan ligera.
Can de lanas prolixo (que animoso
800   Buzo serà bien de profunda ria,
Bien de serena plaia,
Quando la fulminada prision caia
De'l Nebli, a cuio buelo
Tan vezino a su cielo
805   El cisne perdonàra, luminoso:)
Numero i confusion gimiendo hazia
En la vistosa laxa, para el graue,
Que aun de seda no ai vinculo súàue.
En sangre claro, i en persona Augusto,
810   Si en miembros no robusto,
Principe les succede, abreuíàda
En modestia ciuil réàl grandeza.
La espumosa del Betis ligereza
Bebiò no solo, mas la desatada
815   Magestad en sus ondas el luciente
Cauallo, que colerico mordia
El oro que súàue le enfrenaua:
Arrogante, i no ya por las que daua
Estrellas su cerulea piel al dia,
820   Sino por lo que siente
De esclarecido, i aun de soberano
En la rienda, que besa la alta mano
De sceptro digna. Lubrica no tanto
Culebra se desliça tortúòsa
825   Por el pendiente caluo escollo; quanto
La esquadra descendia presurosa
Por el peinado cerro á la campaña,
Que al mar deue, con termino prescripto,
Mas sauandijas de cristal, que a Egypto
830   Horrores dexa el Nilo que le baña.

Rebelde Nimpha (humilde ahora caña)
 Las margenes oculta
 De una laguna breue,
 A quien Doral consulta
835 Aun el copo mas leue
 De su bolante nieue.
 Ocioso pues, o de su fin pressago
 Los filos con el pico preuenia
 De quanto sus dos alas aquel dia
840 Al viento esgremiran cuchillo vago.
 La turba aun no de'l apazible lago
 Las orlas inquîèta,
 Que timido perdona á sus cristales
 El Doral: despedida no saeta
845 De neruios Parthos igualar presuma
 Sus puntas desiguales,
 Q<u>e en vano podra pluma
 Vestir un leño como viste un ala.
 Puesto en tiempo corona, si no escala
850 Las nubes (desmintiendo
 Su libertad el grillo torneado,
 Que en sonoro metal le va siguiendo)
 Vn Bahari templado,
 A quien el mismo escollo
855 (A pesar de sus pinos eminente)
 El primer bello le concediò pollo,
 Que al Betis las primeras ondas fuente.
 No solo, no de'l paxaro pendiente
 Las caladas registra el peregrino,
860 Mas de'l terreno cuenta cristalino
 Los juncos mas pequeños,
 Verdes hilos de aljofares risueños.
 Rapido al Hespañol alado mira
 Peinar el aire por cardar el buelo,
865 Cuia vestida nieue anima un ielo,
 Que torpe á unos carrizos le retira,
 Infíèles por raros,
 Si firmes no por tremulos reparos.
 Penetra pues sus inconstantes senos,
870 Estimandolos menos
 Entredichos, que el viento:
 Mas a su daño el esquadron attento,
 Expulso le remite a quien en su<m>ma
 Vn grillo, i otro enmudecio en su pluma.
875 Cobrado el Bahari, en su propio luto
 O el insulto accusaua precedente,
 O entre la verde ierba
 Auara escondia cuerua
 Purpureo caracol emulo bruto
880 De'l rubi mas ardiente;
 Quando solicitada de'l rúìdo,
 El nacar a las flores fia torcido,

I con siniestra voz conuoca quanta
Negra de cueruas summa
885 Infamò la verdura con su pluma,
Con su numero el Sol. En sombra tanta
Alas desplegò Ascalapho prolixas,
Verde poso occupando,
Que de cesped ia blando
890 Iaspe le han hecho duro blancas guijas.
Mas tardò el desplegar sus plumas graues
El deforme fiscal de Proserpina,
Que en desatarse al polo ia vezina
La dissonante niebla de las aues:
895 Diez a diez se calaron, ciento a ciento
Al oro intúìtiuo inuidíàdo
Deste genero alado,
Si como ingrato no, como auariento,
Que a las estrellas oi de'l firmamento
900 Se atreuiera su buelo,
En quanto ojos de'l cielo.
Poca palestra la region vacia
De tanta inuidia era,
Mientras desenlaçado la cimera,
905 Restituyen el dia
A vn Girifalte Boréàl Harpìa,
Que despreciando la mentida nube,
A luz mas cierta sube;
Cenith ya de la turba fugitiua.
910 Auxilíàr taladra el aire luego
Vn duro Sacre, en globos no de fuego,
En obliquos si engaños,
Mintiendo remission à las que huyen,
Si la distancia es mucha.
915 (Griego al fin) vna en tanto, que de arriba
Descendio fulminada en poco humo,
Apenas el laton segundo escucha,
Que de'l inferíòr peligro al summo
Appella, entre los Tropicos grifaños,
920 Que su ecliptica incluyen,
Repitiendo confusa
Lo que timida excussa.
Breue esphera de viento,
Negra circunvestida piel, al duro
925 Alterno impulso de valientes palas
La avezilla parece,
En el de muros liquidos que offrece
Corredor el diaphano elemento
Al gemino rigor, en cuias alas
930 Su vista libra toda el estrangero.
Tyranno el Sacre de lo menos puro
De'sta primer region sañudo espera
La desplumada ia, la breue esphera,
Q<u>e a vn bote corbo de'l fatal azero

935 Dexò al viento, si no restitúìdo,
Heredado en el vltimo graznido.
**Destos pendientes agradables casos
Vencida se apeò la vista apenas,
Que de'l batel (cosido con la plaia)
940 Quantos da la cansada turba passos,
Tantos en las arenas
El remo pereçosamente raya,
A la solicitud de una atalaya
Atento, á quien doctrina ya cetrera
945 Llamò catarribera.
Ruda en esto politica agregados
Tan mal offrece como construidos
Bucolicos aluergues; si no flacas
Piscatorias barracas;
950 Que pacen campos, que penetran senos;
De las ondas no menos
Aquellos perdonados,
Que de la tierra estos admitidos:
Pollos si de las propias no vestidos,
955 De las maternas plumas abrigados
Vezinos eran destas alquerias,
Mientras ocupan á sus naturales
Glauco en las aguas, en las yerbas Pales.
O quantas cometer pyraterias
960 Vn cossario intentò, i otro bolante,
Vno i otro rapaz digo milano
(Bien que todas en vano)
Contra la infanteria; que píànte
En su madre se esconde; donde halla
965 Voz que es trompeta, pluma que es muralla.
A media rienda en tanto el anhelante
Cauallo, que el ardiente sudor niega
En quantas le densò nieblas su alìento,
A los indignos de ser muros llega
970 Cespedes, de las ouas mal atados.
Aunque ociosos, no menos fatigados
Quexandose venian sobre el guante
Los raudos torbellinos de Noruega:
Con sordo luego strepitu despliega
975 (Injurias de la luz, horror dél viento)
Sus alas el testigo, que en prolija
Desconfiança, a la Sicanna Diosa
Dexò sin dulce hija,
I á la stygia Deidad con bella esposa.

**No pudo la instancia de D. Ant<oni>o Chacon hazer q<ue> pasase adelante con las Soledades; aunq<ue> determinado ia á ello las prosiguio con los versos q<ue> ai desde el Q<ue> dize: *De'stos pendientes agradables casos. Etc.* hasta el ultimo desta plana: si bien ai pocos que los tengan.

Concordancia

Abaten 2
 Al concento se *abaten* cristalino *S1,585*
 A quien se *abaten* ocho, o diez soberuios *S1,987*

Abeto 2
 Muros de *abeto*, almenas de diamante *SD,6*
 Quanto en vasos de *abeto* nueuo mundo *S2,404*

Abetos 2
 Abetos suyos tres aquel tridente *S1,413*
 Escogiò pues de quatro, o cinco *abetos* *S2,503*

Abierta 1
 Siempre murada, pero siempre *abierta*. *S2,80*

Abismo 1
 Que (alterando el *abismo*, o discurriendo *S2,493*

Abortada 1
 De la fruta el zurron casi *abortada*, *P,74*

Abortaron 1
 Abortaron las plantas: *S1,262*

Abra 1
 Cuios enxambres, o el Abril los *abra*, *P,398*

Abrace 1
 En throno de cristal te *abrace* nuera, *P,404*

Abraça 2
 Rocas *abraça*, islas apprisiona *S1,208*
 Que qual *abraça* iedra *S1,380*

Abraçado 2
 Abraçado (si bien de facil cuerda) *S2,466*
 I de sus propios hijos *abraçado*. *S2,647*

Abraçadora 1
 La bisagra (aunque estrecha) *abraçadora* *S1,473*

Abraçados 2
 A dos olmos, que quieren *abraçados* *S1,1036*
 Seis chopos de seis iedras *abraçados* *S2,328*

Abraçaron 1
 Las duras bassas *abraçaron* ellos *S1,1059*

Abraçaronse 1
 Abraçaronse pues los dos, i luego *S1,968*

Abraçò 1
 En la corteza no *abraçò* reciente *S1,1056*

Abrasar 1
 Por no *abrasar* con tres Soles al dia. *P,184*

Abrazando 1
 Trepando troncos, i *abrazando* piedras. *P,312*

Abre 1
 Quantos *abre* sepulchros el mar fiero *S1,445*

Abreuia 1
 Abreuia su hermosura virgen rosa, *S1,728*

Abreuíàda 1
 Principe les succede, *abreuíàda* *S2,811*

Abreuíàra 1
 Que *abreuíàra* el Sol en vna estrella, *S1,665*

Abriendo 1
 Que á mucho humo *abriendo* *S2,729*

Abriga 2
 Que la eminencia *abriga* de vn escollo: *P,264*
 Que vario sexo unió, y vn surco *abriga*. *P,480*

Abrigados 1
 De las maternas plumas *abrigados* *S2,955*

Abril 2
 Cuios enxambres, o el *Abril* los abra, *P,398*
 Clauéles de el *Abril*, rubies tempranos *S1,786*

Abriles 1
 Calçada *Abriles*, i vestida Maios, *S1,577*

Absoluelle 1
 Cuchillos corbos *absoluelle* quiso. *S1,1076*

Absuelue 1
 Repite su prision, i al viento *absuelue*. *S2,744*

Acaba 2
 Acaba en mortal fiera; *S1,113*
 De donde es fuente á donde arroio *acaba*. *S1,561*

Acantho 1
 Lasciua aueja al virginal *acantho* *S1,803*

Accento 2
 I de garçones este *accento* blando: *S1,766*
 De el Hy < m > no culto dio el vltimo *accento*
  S1,944

Accusa 1
 Mientras el viejo tanta *accusa* tèa *S1,653*

Accusando 2
 Modestas *accusando* en blancas telas, *S1,839*
 Que (el tridente *accusando* de Neptuno) *S2,385*

Accusaua 1
 O el insulto *accusaua* precedente, *S2,876*

Acelerado 1
 Hizieron á su curso *acelerado*, *S1,348*

Acero 2
 Que *acero* sigue, idolatra venera, *P,198*
 Arrima a vn frexno el frexno, cuio *acero* *SD,13*

Acertado 1
 Dexate vn rato hallar de'l pie *acertado*, *SD,30*

Acis 6
 Llegò *Acis*, i de ambas luzes bellas *P,189*
 Era *Acis* vn benablo de Cupido, *P,193*
 Acis, aun mas de aquello que piensa *P,289*
 Acis al siempre aiuno en penas graues; *P,326*
 Talamo de *Acis* ya, i de Galathea. *P,336*
 Las Deidades de el mar, que *Acis* inuoca: *P,494*

Aclamó 1
 Ierno le saludó, le *aclamó* rio. *P,504*

Acogio 1
 Acogio al huesped con vrbano estilo, *S2,216*

Acompañada 3
 Entre Albogues se ofrece, *acompañada* *S1,289*
 Que de'l clauel procura *acompañada* *S1,744*
 De quanta surca el aire *acompañada* *S1,950*

Acompañado 1
 Dexa el aluergue, i sale *acompañado* *S1,183*

Acordes 1
 I las confusamente *acordes* aues *S2,351*

Acteon 1
 Que pudo bien *Acteon* perderse en ellos. *S1,490*

Açada 1
 A la *açada* molesta, *S1,905*

Açor 1
 Sus pardas plumas el *Açor* Britano, *S2,786*

Açotadas 1
 Dexaron pues las *açotadas* rocas, *S2,686*

Açotar 1
 Vomitar ondas, i *açotar* arenas. *S2,417*

Açucena 1
 I en la sombra no mas de la *açucena*, *S1,743*

Adarga 1
 Registra el campo de su *adarga* breue.) *P,484*

Adjudicas 1
 Quan dulces te *adjudicas* ocasiones *S2,658*

Admira 4
 Que si por lo súàue no la *admira*, *P,275*
 Que tanto esposo *admira* la ribera, *P,406*
 Con su huesped, que *admira* cortesano, *S1,714*
 Del esplendor que *admira* el estrangero *S2,240*

Admiracion 3
 Muda la *admiracion* habla callando, *S1,197*
 La *admiracion*, vestida un marmol frio, *S1,999*
 La *admiracion* que al arte se le deue *S2,706*

Admirado 2
 I *admirado* no menos *S1,357*
 De el huesped *admirado* *S2,231*

Admirando 1
 Baxaua (entre si) el jouen *admirando* *S1,233*

Admire 2
 Es fuerça, que la *admire* por lo bello: *P,276*
 Que Níobe immortal la *admire* el mundo, *S1,815*

Admirò 1
 A pocos passos le *admirò* no menos *S2,275*

Admita 1
 Que *admita* iernos los que el trato hijos *S2,642*

Admitidos 1
 Que de la tierra estos *admitidos*: *S2,953*

Admitir 1
 Sin *admitir* segundo *S1,411*

Adolescente 1
 Niño amò la que adora *adolescente* *S1,773*

Adonde 1
 Hasta los jaspes liquidos, *adonde* *S1,210*

Adora 3
 Adora, que vió el Reino de la espuma; *P,98*
 El templado color de la que *adora*. *S1,746*
 Niño amò la que *adora* adolescente *S1,773*

Adorno 1
 Forma elegante dio sin culto *adorno*, *S1,146*

Adoro 1
 Pisa la arena, que en la arena *adoro* *P,373*

Adulacion 1
 La *adulacion*, Sirena *S1,125*

Adunco 1
 Examinando con el pico *adunco* *S2,785*

Aduocaron 1
 Aduocaron á si toda la gente *S1,1025*

Adusto 5
 Que *adusto* hijo de este Pyrineo *P,62*
 Dél perezoso Bolga al Indo *adusto*. *P,408*
 De el Ganges cisne *adusto*. *S1,668*
 Si no tan corpulento, mas *adusto* *S1,1012*
 El *adusto* vaquero. *S1,1022*

Afable 1
 Con ceño dulce, i con silencio *afable* *S1,725*

Affectos 1
 Generosos *affectos* de vna pia *S2,635*

Affectúòso 1
 Ponderador saluda *affectúòso* *S2,239*

Affinidad 1
 Doliente *affinidad*, bien que amorosa, *S2,636*

Afflija 1
 El sueño *afflija*, que affloxò el deseo. *P,236*

Affloxò 1
 El sueño afflija, que *affloxò* el deseo. *P,236*

Afrenta 1
 Emulacion, i *afrenta* *S1,318*

Aganipe 1
 Dezimo esplendor bello de *Aganipe*, *S2,539*

Agenas 1
 Regiones pise *agenas*, *S2,130*

Agenos 1
 Nudos les halle vn dia, bien que *agenos*) *S2,234*

Aggregò 1
 A los Albogues, que *aggregò* la cera, *P,347*

Agil 2
 El menos *agil* quantos comarcanos *S1,566*
 Que *agil*, á pesar de lo robusto, *S1,1006*

Agilidad 2
 Su *agilidad* pondera. Quien sus neruios *S1,993*
 Vencio su *agilidad*, i artificiosa *S2,268*

Agradable 6
 Mas *agradable*, i menos zahareña, *P,305*
 Marino, si *agradable* no, instrumento, *P,382*
 Verde balcon de'l *agradable* risco. *S1,193*
 Por lo bello *agradable*, i por lo vario *S1,484*
 Lo que *agradable* mas se determina *S2,205*
 Su *agradable* rúido. *S2,719*

Agradables 1

**De'stos pendientes *agradables* casos S2,937

Agradecida 1
 Que à tu piedad Euterpe *agradecida*, SD,35

Agradecidamente 1
 De'l forastero *agradecidamente*, S2,646

Agradecidas 1
 Lisongèàr de *agradecidas* señas. S1,33

Agradecido 4
 Agradecido pues el peregrino S1,182
 Mal pudo el estrangero *agradecido* S1,531
 El campo *agradecido* S1,907
 Agradecido Amor á mi pie errante: S2,166

Agraua 1
 De aquel la mano, de esta el hombro *agraua*: P,461

Agrauado 1
 No de humosos vinos *agrauado* S1,167

Agrauan 1
 No *agrauan* poco el negligente robre, S2,106

Agrauiando 1
 Escogen, *agrauiando* S2,338

Agredecida 1
 Si bien al dueño debe *agredecida* P,227

Agregados 1
 Ruda en esto politica *agregados* S2,946

Agricultura 2
 Agricultura vrbana. S1,704
 Ven Hymeneo, i nuestra *agricultura* S1,819

Agua 15
 Rico de quantos la *agua* engendra bienes P,123
 Delphin, que sigue en *agua* Corza en tierra! P,136
 Neutra el *agua* dudaba a qual fee preste, P,423
 Quando entre globos de *agua*, entregar veo P,441
 Montes de *agua*, y pielagos de montes, S1,44
 Lux el reflexo, la *agua* vidriera. S1,676
 En la lengua de'l *agua* ruda escuela, S2,58
 A pesar pues de el *agua* que la occulta, S2,196
 Rompida el *agua* en las menudas piedras S2,349
 En globos de *agua* redimir sus Phocas; S2,426
 En rios de *agua* i sangre desatada. S2,444
 La fiera (horror del *agua*) cometiendo S2,490
 De la Isla i de'l *agua* no los dexa. S2,530
 Cristal, (*agua* al fin dulcemente dura) S2,578
 Trompa Triton de'l *agua* a la alta gruta S2,594

Aguarda 1
 Al que pagizo aluergue los *aguarda*. S1,851

Aguas 9
 De las obscuras *aguas* de el Leteo, P,58
 Que dulce muere, i en las *aguas* mora: P,364
 Al padre de las *aguas* Oceàno S1,405
 Le corre en lecho azul de *aguas* marinas S1,417
 Estigias *aguas* torpe marinero, S1,444
 De el Padre de las *aguas* coronado S2,24
 Mucho Oceàno, i pocas *aguas* prenden, S2,75
 Satyro de las *aguas*, petulante S2,461
 Glauco en las *aguas*, en las yerbas Pales. S2,958

Aguda 3
 La segur de los zelos hará *aguda*. P,356
 De Helvecias picas es muralla *aguda*: P,428
 Su parda *aguda* prora S2,64

Agudo 4
 El sagrado Laurel de el hierro *agudo*: S1,690
 De el lince mas *agudo*. S1,1064
 Deidad dirigio amante el hierro *agudo*: S2,485
 Bruñe nacares boto, *agudo* raia S2,585

Aguila 1
 De'l *aguila*, les diò, a la mariposa. S2,782

Aguja 1
 En el carbunclo, Norte de su *aguja* S1,82

Ahora 15
 Ahora que de luz tu NIEBLA doras, P,5
 Iazen *ahora*, i sus desnudas piedras S1,218
 El ia sañudo arroio, *ahora* manso; S1,343

Esta pues naue *ahora* S1,477
De la tostada Ceres. Esta *ahora* S1,775
Ofrece *ahora*, quantos guardò el heno S1,862
Son de la Nympha vn tiempo, *ahora* caña, S1,884
En cuia orilla el viento hereda *ahora* S1,954
Cerulea *ahora*, ia purpurea guia S1,1071
El verde robre, que es barquillo *ahora*, S2,38
De tus remos *ahora* conducida S2,551
Que el tiempo buela: Goza pues *ahora* S2,601
Entra *ahora*, i le dexas! S2,673
Ià inuidia tuya, Dedalo, aue *ahora*, S2,789
Rebelde Nimpha (humilde *ahora* caña) S2,831

Ai 6
 No *ai* tormentoso cabo que no doble, S1,395
 No *ai* silencio à que prompto no responda, S1,674
 Si *ai* ondas mudas, i si *ai* tierra leue. S2,171
 Si *ai* ondas mudas, i si *ai* tierra leue. S2,171
 Mas *ai*, que de'l rúido S2,618
 Que aun de seda no *ai* vinculo súaue. S2,808

Aire 12
 Menos luz deue, menos *aire* puro P,35
 Los pielagos de el *aire* libre algunas S1,604
 Al *aire* los hijuelos den alados S1,794
 De quanta surca el *aire* acompañada S1,950
 Al *aire* se arrebata, violentando S1,1007
 Passos otro dio al *aire*, al suelo cozes. S1,1023
 Si de *aire* articulado S2,116
 El *aire* con el frexno arrojadizo, S2,483
 Tropa inquièta contra el *aire* armada. S2,716
 De'l *aire*, honor robusto de Gelanda, S2,754
 Peinar el *aire* por cardar el buelo, S2,864
 Auxiliàr taladra el *aire* luego S2,910

Aires 3
 Que el templo illustra, i à los *aires* vanos S1,648
 O el xugo beua de los *aires* puros, S2,295
 Al insultar los *aires*? Yo lo dudo; S2,778

Airoso 1
 De el suelto moço, i con *airoso* buelo S1,996

Aiuno 2
 Acis al siempre *aiuno* en penas graues; P,326
 Al *aiuno* Leopardo, S1,1015

Ajustando 1
 Al concauo *ajustando* de los cielos S1,99

Ala 3
 Veloz intrepida *ala*, S1,50
 El Borni, cuia *ala* S2,764
 Vestir un leño como viste un *ala*. S2,848

Alada 4
 Que siendo Amor vna Deidad *alada*, S1,1089
 No *alada*, sino ondosa) S2,7
 Susurrante Amazona, Dido *alada*, S2,290
 Insidia ceua *alada*, S2,739

Aladas 2
 Lestrigones el Isthmo, *aladas* fieras: S1,424
 Aladas Musas, que de pluma leue S2,354

Alado 8
 Pompa de el marinero niño *alado*, P,115
 Fauor de cera *alado*. S1,133
 De'l Norte amante dura, *alado* roble S1,394
 Arco *alado* es de'l cielo S1,463
 De cuio, si no *alado* S2,424
 Pollo, si *alado* no, lince sin vista, S2,653
 Rapido al Hespañol *alado* mira S2,863
 Deste genero *alado*, S2,897

Alados 3
 Solicitan el mar con pies *alados*. P,476
 Caracteres tal vez formando *alados* S1,609
 Al aire los hijuelos den *alados* S1,794

Alameda 1
 Politica *alameda*, S1,522

Alamo 1
 De'l *alamo*, que peina verdes canas. S1,591

Alamos 2

De chopos calle, i de *alamos* carrera, S1,535
Tanta offrecen los *alamos* Zagala, S1,664

Alas 12
 Para el Austro de *alas* nunca enjutas, S1,449
 Tal sale aquella que sin *alas* buela, S1,638
 Con ojos, i sin *alas* vn Cupido, S1,768
 El campo, que no pisan *alas* hierua: S1,1042
 Las *alas* sepultar de mi osadia S2,149
 Que fingen sus dos *alas*, hurtó el viento. S2,184
 Alas batiendo liquidas, i en ellas S2,515
 El Sacre, las del Noto *alas* vestido, S2,750
 De quanto sus dos *alas* aquel dia S2,839
 Alas desplegò Ascalapho prolixas, S2,887
 Al gemino rigor, en cuias *alas* S2,929
 Sus *alas* el testigo, que en prolija S2,976

Albergues 1
 Albergues vuestros las auejas moren, S1,920

Albogues 3
 Albogues, duramente es repetido; P,92
 A los *Albogues*, que aggregò la cera, P,347
 Entre *Albogues* se ofrece, acompañada S1,289

Alcaçar 1
 Quando frondoso *alcaçar* no, de aquella, S2,288

Alcaçares 1
 Alcaçares dexar (donde excedida S2,666

Alcaide 1
 Confuso *alcaide* mas el verde soto. P,248
 Zeloso *Alcaide* de sus trenças de oro, S2,451

Alcançan 1
 Alcançan de serranos; S1,643

Alcandara 1
 O tan mudo en la *alcandara*, que en vano P,11

Alcides 5
 Vna i otra de *Alcides* llaue cierra. S1,402
 De *Alcides* le lleuò luego à las plantas, S1,659
 Mientras coronan pampanos á *Alcides*, S1,829
 Quando fuertes no *Alcides*, S1,974
 Arbitro *Alcides* en sus ramas dudo, S1,1061

Alcimedon 1
 De'l viejo *Alcimedon* inuencion rara. S1,152

Alcion 1
 Maritimo *Alcion*, roca eminente P,417

Alcornoque 1
 Y hueco exceda al *alcornoque* inculto, S2,286

Aldauas 1
 Orientales *aldauas*, Hymeneo. S1,708

Aldea 3
 La que anochecio *aldea*. S1,658
 A reuelar secretos va à la *aldea*, S1,699
 Que alimenten la inuidia en nuestra *aldea* S1,928

Aldeas 1
 De sus *aldeas* todas S1,265

Aldehuela 2
 Quantos humèros quenta la *aldehuela*. S1,641
 Vigilantes, aquellos, la *aldehuela* S1,798

Alegre 2
 Doblaste *alegre*; i tu obstinada entena S1,451
 Festiuos corros en *alegre* egido, S2,333

Alegres 1
 Alegres pisan la que si no era S1,534

Aleto 1
 De las aues, nascido, *Aleto*, donde S2,773

Alfombra 1
 Sobre vna *alfombra*, que imitàra en vano P,313

Alfombras 1
 No ha sabido imitar verdes *alfombras*. S1,615

Alga 1
 (*Alga* todo, i espumas) S1,26

Algo 1
 Perdonado *algo* mas que Polyphemo P,126

De sus barcas *Amor* los pescadores   *S2,650*

Amores   1
Entre vn lasciuo enxambre iba de *amores*   *S1,762*

Amorosa   1
Doliente affinidad, bien que *amorosa*,   *S2,636*

Amorosos   1
I si prolixo, en nudos *amorosos*   *S1,895*

Ancha   1
Al Sol leuantò apenas la *ancha* frente   *S2,723*

Anchora   1
Anchora de'l batel fue, perdonando   *S2,707*

Anciano   3
Ciuil magnificencia el suegro *anciano*   *S1,853*
A la voz concurrientes del *anciano*.   *S2,254*
El pescador *anciano*)   *S2,389*

Ancon   1
A la que de vn *Ancon* segunda haia   *S2,45*

Andaluz   1
De'l cauallo *Andaluz* la ociosa espuma.   *P,14*

Anea   1
En la mas seca, en la mas limpia *anea*   *S2,255*

Anegò   1
I en mas *anegò* lagrimas el resto   *S1,504*

Anhelando   1
Humo *anhelando*, el que no suda fuego,   *S1,969*

Anhelante   1
A media rienda en tanto el *anhelante*   *S2,966*

Anima   1
Cuia vestida nieue *anima* un ielo,   *S2,865*

Animal   3
Colmillo fue de el *animal*, que el Ganges   *P,455*
De *animal* tenebroso, cuya frente   *S1,75*
Si al *animal* armaron de Amalthea   *S1,204*

Animosa   1
Con la *animosa* cuerda, que prolija   *S2,431*

Animoso   3
A'l *animoso* Austro, a'l Euro ronco,   *S1,696*
Arras de el *animoso* desafio   *S1,985*
Can de lanas prolixo (que *animoso*   *S2,799*

Annales   1
Los *annales* diaphanos del viento.   *S2,143*

Annuncia   1
Y mientras dulce aquel su muerte *annuncia*   *S2,257*

Annunciando   1
Golfo de sombras *annunciando* el puerto.   *S1,61*

Anochecio   1
La que *anochecio* aldea.   *S1,658*

Antes   10
Peinan las tierras que surcaron *antes*,   *P,162*
Antes que de el peinado jardin culto   *P,283*
Tal *antes* que la opaca nube rompa   *P,487*
De'l Oceano pues *antes* sorbido,   *S1,22*
I *antes* que el Sol enjuga   *S1,323*
En telas hecho *antes* que en flor el lino <?>   *S1,373*
Minador *antes* lento de su gloria,   *S1,741*
Encinas la montaña contar *antes*   *S1,910*
Lagrima *antes* enxuta, que llorada.   *S2,157*
Littoral hiço, aun *antes*   *S2,643*

Antharticas   1
De *Antharticas* estrellas.   *S1,429*

Anticipa   1
Los raios *anticipa* de la estrella,   *S1,1070*

Antigua   1
Pudiera *antigua* planta   *S1,552*

Antiguas   1
Zeloso trueno *antiguas* ayas mueue: *P,486*

Antiguo   1
Antiguo descubrieron blanco muro;   *S2,695*

Antípodas   1
Quando á nuestros *Antípodas* la Aurora   *S1,636*

Anuda   1
Amor la implica, si el temor la *anuda*   *P,354*

Anudado   2
Ni el membrillo pudieran *anudado*,   *S1,880*
El cañamo remiten *anudado*,   *S2,235*

Anudados   1
Y qual mancebos texen *anudados*   *S2,332*

Año   1
ERA de el *año* la estacion florida,   *S1,1*

Años   8
Sus *años*, su cabeza colmilluda   *P,426*
O razon falta donde sobran *años*.   *S1,530*
Los nouios saca: El de *años* floreciente,   *S1,757*
Que en letras pocas lean muchos *años*.   *S1,943*
Tuyos seran mis *años*   *S2,125*
Prouida mano, ô bien viuidos *años*,   *S2,363*
Felices *años*; i la humedecida,   *S2,370*
Sus muchos *años* Phebo,   *S2,775*

Añudando   1
Hymeneo *añudando*,   *S1,763*

Aparecen   1
Dos pobres se *aparecen* pescadores,   *S2,35*

Apazible   4
Vn escollo, *apazible* galeria,   *S1,187*
Centro *apazible* vn circulo espacioso   *S1,573*
El *apazible* sitio: Espacio breue,   *S1,625*
La turba aun no de'l *apazible* lago   *S2,841*

Apenas   16
Bullir sintiò de el arroiuelo *apenas*;   *P,218*
De'l escollo fatal fueron *apenas*,   *P,498*
Que lamièndole *apenas*   *S1,38*
Aquellas, que los arboles *apenas*   *S1,212*
Apenas reclinaron la cabeça,   *S1,616*
Apenas hija oi, madre mañana.   *S1,834*
La distinguieron de la leche *apenas*.   *S1,878*
Llegò la desposada *apenas*, quando   *S1,963*
Apenas arquear las cejas pudo,   *S1,1000*
Lisongéàn *apenas*   *S2,359*
(Entre vn vulgo nadante digno *apenas*   *S2,415*
Dado al traues el monstro, donde *apenas*   *S2,509*
Distinguir sabia *apenas*   *S2,563*
Al Sol leuantò *apenas* la ancha frente   *S2,723*
Apenas el laton segundo escucha,   *S2,917*
Vencida se apeò la vista *apenas*,   *S2,938*

Apeò   1
Vencida se *apeò* la vista apenas,   *S2,938*

Apetito   1
Clauo no, espuela si de'l *apetito*,   *S1,496*

Aplausos   1
Aplausos, la respuesta   *S1,902*

Apolo   1
Mas firme *Apolo*, mas estrechamente,   *S1,1057*

Appella   3
Para la fuga *appella*, nubes pisa,   *S2,228*
De la sublimidad la vista) *appella*   *S2,667*
Appella, entre los Tropicos grifaños,   *S2,919*

Appetito   1
I el *appetito* ignoran igualmente   *S1,866*

Applauso   1
I el *applauso* al concento de las aues: *P,324*

Appocripha   1
(Si tradicion *appocripha* no miente)   *S1,74*

Apprisiona   1
Rocas abraça, islas *apprisiona*   *S1,208*

Apprisionada   1
Sin libertad no siempre *apprisionada*,   *S2,741*

Apremíado   1
Quessillo, dulcemente *apremíado*   *S1,875*

Apressura   1
El Iouen *apressura*,   *S1,78*

Apurarle   1
Por *apurarle* la ponzoña al vasso.   *P,288*

Aquario   1
Vrna de *Aquario* la imitada peña   *S2,226*

Aquel   20
Quanto *aquel* de racimos la corona.   *P,140*
Blanca, mas que las plumas de *aquel* aue,   *P,363*
Iugo *aquel* dia, i iugo bien súaue   *P,437*
Delicias de *aquel* mundo, ya tropheo   *P,445*
De *aquel* la mano, de esta el hombro agraua: *P,461*
Que sobre el ferro està en *aquel* incierto   *S1,60*
Con pecho igual de *aquel* candor primero,   *S1,140*
Leche, que exprimir vio la Alua *aquel* dia,   *S1,147*
De *aquel* fragoso monte,   *S1,277*
Al que ia d'ste, o de *aquel* mar primero   *S1,369*
Abetos suyos tres *aquel* tridente   *S1,413*
En *aquel* mar del Alua te descriuo,   *S1,482*
Fragrante productor de *aquel* aroma,   *S1,492*
Verde muro de *aquel* lugar pequeño,   *S1,523*
Aquel las ondas escarchando buela,   *S2,61*
Que ser quiso en *aquel* peligro extremo   *S2,128*
Y mientras dulce *aquel* su muerte annuncia   *S2,257*
De *aquel* morro difficil (cuias rocas   *S2,397*
Quando cerca de *aquel* peinado escollo   *S2,500*
De quanto sus dos alas *aquel* dia   *S2,839*

Aquella   7
A POLIPHEMO (horror de *aquella* sierra)   *P,43*
Aquella parte poca,   *S1,30*
Attento sigue *aquella*   *S1,70*
No pues de *aquella* sierra engendradora   *S1,136*
Tal sale *aquella* que sin alas buela,   *S1,638*
Contagio original quiçà de *aquella*,   *S2,87*
Quando frondoso alcaçar no, de *aquella*,   *S2,288*

Aquellas   3
Aquellas, que los arboles apenas   *S1,212*
De *aquellas*, que la sierra dio Bacchantes,   *S1,272*
Y *aquellas* que pendientes de las rocas   *S2,309*

Aquello   2
En la disposicion robusta *aquello*,   *P,274*
Acis, aun mas de *aquello* que piensa   *P,289*

Aquellos   5
De *aquellos* montes hijo,   *S1,199*
En la inculta region de *aquellos* riscos: *S1,320*
Vigilantes, *aquellos*, la aldehuela   *S1,798*
A vn vaquero de *aquellos* montes gruesso,   *S1,1004*
Aquellos perdonados,   *S2,952*

Aqui   2
Cabras *aqui* le interrumpieron, quantas   *P,466*
No à la soberuia està *aqui* la mentira   *S1,129*

Ara   1
Al Labrador de sus primicias *ara*,   *P,155*

Arabia   2
Que al paxaro de *Arabia* (cuio buelo   *S1,462*
Que qual la *Arabia*, madre vee de aromas   *S1,922*

Arachnes   1
De *Arachnes*, otras, la arrogancia vana   *S1,838*

Arado   1
Restituien assi el pendiente *arado*   *S1,850*

Arador   1
Immortal *arador* fue de su pena: *S1,742*

Arados   1
Arde la juuentud, i los *arados*   *P,161*

Aras   1
Sin *aras* no; que el margen donde para   *P,153*

Arbitro   3
Arbitro de montañas, i ribera,   *P,345*
Arbitro igual, è inexpugnable muro;   *S1,55*
Arbitro Alcides en sus ramas dudo,   *S1,1061*

Arbol   3
Quiere que al *arbol* de su madre sea   *P,239*
De el *arbol* que ofrecio à la edad primera   *S2,341*
De *arbol*, que nadante ignorò hojas,   *S2,593*

Arboleda   4

Vuela sin orden, pende sin *asseo*: *P,60*

Assi 5

No el aue Reina *assi* el fragoso nido *P,261*
De liebres dirimiò copia *assi* amiga, *P,479*
Restituien *assi* el pendiente arado *S1,850*
Eral loçano *assi* novillo tierno *S2,17*
De jardin culto *assi* en fingida gruta *S2,222*

Assombro 1

Si carga no, i *assombro*: *S1,308*

Astillas 1

Menos quizà dio *astillas* *S2,386*

Astronomicos 1

Tantos luego *Astronomicos* presagios *S1,453*

Astros 1

De estrellas fijas, de *Astros* fugitiuos, *S1,1082*

Atados 1

Cespedes, de las ouas mal *atados*. *S2,970*

Atajo 1

Por la fragosa cuerda de'l *atajo* *S1,337*

Atalaias 1

Haziendole *atalaias* de el Occaso *S1,640*

Atalanta 1

Dulces pomos, que al curso de *Atalanta* *S1,863*

Atalaya 2

Linterna es ciega, i *atalaya* muda. *P,344*
A la solicitud de una *atalaya* *S2,943*

Atento 1

Atento, á quien doctrina ya cetrera *S2,944*

Atrauesado 2

De'l osso, que aun besaua *atrauesado* *SD,20*
Que *atrauesado* remolcò vn gran sollo. *S2,505*

Atreue 1

Llegaron luego donde al mar se *atreue*, *S2,302*

Atreuido 2

Quando al clauel el jouen *atreuido* *P,331*
Cuio buelo *atreuido* *S2,139*

Atreuiera 1

Se *atreuiera* su buelo, *S2,900*

Atreuieron 1

A Baccho se *atreuieron* en sus plantas. *P,468*

Atreuimiento 1

Con tantas de'l primer *atreuimiento* *S1,439*

Atribuie 1

Que á las de el Ponto timido *atribuie*; *S1,600*

Attencion 2

Con gusto el jouen i *attencion* le oìa, *S1,222*
Que la *attencion* confunden judiciosa: *S1,1053*

Attenta 1

De sitio mejorada, *attenta* mira *P,273*

Attento 4

Ocio *attento*, silencio dulce, en quanto *P,18*
Argos es siempre *attento* a su semblante: *P,292*
Attento sigue aquella *S1,70*
Mas a su daño el esquadron *attento*, *S2,872*

Attractiua 1

En esta pues fiandose *attractiua* *S1,393*

Attribúido 1

Mas, ó menos nudoso *attribúido*, *S2,411*

Attribuie 1

No al Cyclòpe *attribuie*, no, la offrenda, *P,233*

Atunes 1

De escama, quanto mas de nombre) *atunes* *S2,416*

Auara 3

De la copia á la tierra poco *auara* *P,157*
Solicitò curiosa, i guardò *auara* *S2,186*
Auara escondia cuerua *S2,878*

Auarienta 1

Que mucho, si *auarienta* ha sido esponja *S2,628*

Auariento 1

Si como ingrato no, como *auariento*, *S2,898*

Audacia 1

A su *audacia* los terminos limita, *P,323*

Audaz 1

Audaz mi pensamiento *S2,137*

Aue 7

No el *aue* Reina assi el fragoso nido *P,261*
Blanca, mas que las plumas de aquel *aue*, *P,363*
De Iupiter el *aue*. *S1,28*
Tu, *aue* peregrina, *S1,309*
La *aue* lasciua de la Cypria Diosa, *S2,271*
Ô, de'l *aue* de Iuppiter vendado *S2,652*
Ià inuidia tuya, Dedalo, *aue* ahora, *S2,789*

Aueja 7

Corchos me guardan, mas que *aueja* flores *P,395*
La *aueja* que madruga *S1,324*
Lasciua *aueja* al virginal acantho *S1,803*
Reina la *aueja*, oro brillando vago, *S2,294*
Aueja, aun negligente, flor marchita. *S2,604*

Auejas 1

Albergues vuestros las *auejas* moren, *S1,920*

Aues 14

Infame turba de nocturnas *aues*, *P,39*
I el applauso al concento de las *aues*: *P,324*
Tal redimiendo de importunas *aues* *P,477*
Durmio, i recuerda al fin, quando las *aues* *S1,176*
De negras baja, de crestadas *aues*, *S1,292*
En cient *aues* cient picos de rubies, *S1,316*
Pintadas *aues*, Citharas de pluma *S1,556*
Qual de *aues* se calò turba canora *S1,633*
La dulce de las *aues* armonia, *S1,706*
Calarse turba de inuidiosas *aues* *S1,989*
En su bolante carro blancas *aues*, *S1,1087*
I las confusamente acordes *aues* *S2,351*
De las *aues*, nascido, Aleto, donde *S2,773*
La dissonante niebla de las *aues*: *S2,894*

Augusta 1

Haze de *Augusta* Coia Peruana, *S2,66*

Augusto 4

Debaxo escuchas de dosel *Augusto* *P,19*
Lo *Augusto* del dosel, ó de la fuente *SD,23*
de vn Heroe, si no *Augusto*, esclarecido *S1,733*
En sangre claro, i en persona *Augusto*, *S2,809*

Auia 3

Colorido el bosquexo, que ia *auia* *P,270*
Que quatro vezes *auia* sido ciento *S1,470*
Vn fuerte dardo *auia* succedido) *S2,481*

Auian 2

Que *auian* con trabajo *S1,336*
Los arboles, que el bosque *auian* fingido, *S1,958*

Auido 1

En Simetis, hermosa Nimpha, *auido*, *P,195*

Aun 41

Aun desmentir al cascauel presuma. *P,12*
De la que *aun* no le oiò, i calzada plumas *P,127*
Lo que a Ceres, i *aun* mas, su vega llana; *P,146*
I *aun* siente, que a su dueño sea devoto, *P,247*
Acis, *aun* mas de aquello que piensa *P,289*
Senos que ignora *aun* la golosa cabra, *P,394*
De'l osso, que *aun* besaua atrauesado *SD,20*
Que *aun* se dexan las peñas *S1,32*
Riscos, que *aun* igualàra mal bolando *S1,49*
(*Aun* à pesar de las tinieblas bella, *S1,71*
aun à pesar de las estrellas clara) *S1,72*
No perdonò a razimo, *aun* en la frente *S1,155*
Que *aun* los peñascos la escuchàran quedos. *S1,253*
Aun de los Berberiscos *S1,319*
La sombra *aun* de lisonja tan pequeña. *S1,334*
Señas, *aun* a los bueytres lastimosas, *S1,440*
Debajo *aun* de la Zona mas vezina *S1,455*
Maior *aun* de el que espera *S1,571*
Donde, *aun* cansàdo mas que el caminante, *S1,583*
Sierpes de aljofar, *aun* maior veneno, *S1,599*
Que parientas de el nouio *aun* mas cercanas, *S1,620*
Que impide Amor que *aun* otro chopo lea. *S1,700*
De Iupiter compulsen; que *aun* en lino *S1,841*
De el iugo *aun* no domadas las ceruices, *S1,848*
Aun mas que à los de Phebo su corona, *S1,936*
Que iguala, i *aun* excede *S1,1014*
Sin dexar ni *aun* pequeña *S1,1018*
Arrepentido, i *aun* retrocedente. *S2,16*
A duro toro, *aun* contra el viento armado; *S2,21*
De tu fortuna, *aun* mas que de su hado. *S2,122*
Burlandole *aun* la parte mas enjuta: *S2,229*
A las Quinas (de'l viento *aun* veneradas) *S2,377*
(Rebelde *aun* al diamante) el duro lomo *S2,474*
I *aun* el siguiente Sol no vimos, quando *S2,507*
Aueja, *aun* negligente, flor marchita. *S2,604*
Littoral hiço, *aun* antes *S2,643*
De'l liuor *aun* purpureo de las Phocas: *S2,688*
Que *aun* de seda no ai vinculo súaue. *S2,808*
De esclarecido, i *aun* de soberano *S2,821*
Aun el copo mas leue *S2,835*
La turba *aun* no de'l apazible lago *S2,841*

Aunque 21

Culta si, *aunque* bucolica Thalia, *P,2*
El tributo, alimento, *aunque* grossero, *P,87*
Deidad, *aunque* sin templo, es Galathea: *P,152*
Indicio la dexò, *aunque* estatua elada, *P,231*
Llamárale, *aunque* muda, mas no sàbe *P,249*
Aunque pastor. Si tu desden no espera *P,402*
Y en box, *aunque* rebelde, à quien el torno *S1,145*
Con torcido discurso, *aunque* prolijo, *S1,200*
La bisagra (*aunque* estrecha) abraçadora *S1,473*
El silencio, *aunque* breue, de el ruìdo, *S1,688*
Papel fue de pastores, *aunque* rudo, *S1,698*
I de otros, *aunque* barbaros, sonoros *S1,751*
Tantos de breue fabrica, *aunque* ruda, *S1,919*
De gloria, *aunque* villano, solicita *S1,1003*
Fabrica escrupulosa, i *aunque* incierta, *S2,79*
Iguales, *aunque* pocas, *S2,305*
De musicos delphines, *aunque* mudos, *S2,535*
Las claras, *aunque* Ethiopes estrellas: *S2,614*
Que espejos (*aunque* esphericos) fièles *S2,704*
Sangriento Chipriota, *aunque* nacido *S2,751*
Aunque ociosos, no menos fatigados *S2,971*

Aùnque 1

Mas *áùnque* caduca su materia: *S2,201*

Aura 2

Aura fecunda al matizado seno *S2,325*
Aura en esto marina *S2,512*

Aurora 12

Que los claueles, que tronchó la *Aurora*; *P,362*
Si *Aurora* no con rayos, Sol con flores: *P,1250*
Lo que llorò la *Aurora* *S1,321*
Ia de la *Aurora* bella *S1,389*
Los Reinos de la *Aurora* al fin besaste; *S1,457*
Tapete de la *Aurora*. *S1,476*
Quando á nuestros Antipodas la *Aurora* *S1,636*
(*Aurora* de sus ojos soberanos) *S1,782*
Saludar vio la *Aurora*, *S2,39*
Lagrimas no enxugò mas de la *Aurora* *S2,69*
Que huyendo la *Aurora* *S2,394*
Los lilios de tu *Aurora*; *S2,602*

Ausencia 1

A la *ausencia* mil veces offrecida, *P,229*

Ausente 1

Naufrago, i desdeñado sobre *ausente*, *S1,9*

Austro 3

O el *Austro* brame, ó la arboleda cruja. *S1,83*
Para el *Austro* de alas nunca enjutas, *S1,449*
A'l animoso *Austro*, a'l Euro ronco, *S1,696*

Austros 1

Cierços de el llano, i *Austros* de la sierra *S1,1026*

Auxilíâr 1

Auxilíâr taladra el aire luego *S2,910*

Avara 1

La niega *avara*, i prodiga la dora. *P,80*

O de terso marfil sus miembros *bellos*, *S1,489*
La esphera misma de los raios *bellos*. *S1,760*
Los dulces fugitiuos miembros *bellos* *S1,1055*
Por dos topazios *bellos* con que mira, *S2,796*

Benablo 1

Era Acis vn *benablo* de Cupido, *P,193*

Bengala 1

Quantos saluda raios el *Bengala*; *S1,667*

Berberiscos 1

Aun de los *Berberiscos* *S1,319*

Berthumno 1

Y de *Berthumno* al termino labrado *S2,236*

Besa 4

Besa la arena, i de la rota naue *S1,29*
(Entre los olmos, que robustos *besa*) *S1,544*
Con labio alterno mucho mar la *besa*, *S2,607*
En la rienda, que *besa* la alta mano *S2,822*

Besan 1

Hasta donde se *besan* los extremos *S2,529*

Besando 1

Besando las que al Sol el Occidente *S1,416*

Besar 2

El cothurno *besar* dorado intenta: *P,300*
Sin *besar* de la plaia espaciòsa *S2,194*

Besaste 1

Los Reinos de la Aurora al fin *besaste*; *S1,457*

Besaua 1

De'l osso, que aun *besaua* atrauesado *SD,20*

Bese 2

O las colunas *bese*, o la escarlata, *S1,475*
Tumba te *bese* el mar buelta la quilla. *S2,548*

Besò 2

Besò ia tanto leño: *S1,127*
Besò la raia pues el pie desnudo *S1,995*

Besó 1

Besó la plaia miserablemente, *P,434*

Bestia 1

Rindiose al fin la *bestia*, i las almenas *S2,441*

Betis 2

La espumosa del *Betis* ligereza *S2,813*
Que al *Betis* las primeras ondas fuente. *S2,857*

Beua 1

O el xugo *beua* de los aires puros, *S2,295*

Beue 1

Tributos digo Americos, se *beue*, *S2,405*

Beuer 1

Beuer el sudor haze de su frente, *S1,570*

Beuerse 1

(Que *beuerse* no pudo el Sol ardiente *S1,362*

Beuido 1

Oceano ha *beuido*, *S1,35*

Bien 31

Amante nadador ser *bien* quisiera *P,130*
(*Bien* sea religion, *bien* Amor sea) *P,151*
(*Bien* sea religion, bien Amor sea) *P,151*
En breue corcho, pero *bien* labrado, *P,205*
Si *bien* al dueño debe agredecida *P,227*
Ni le ha visto, si *bien* pincel sùaue, *P,251*
El Tyrio sus matices, si *bien* era *P,314*
Si *bien* su freno espumas, illustraua *P,338*
Iugo aquel dia, i iugo *bien* sùaue, *P,437*
No *bien* pues de su luz los orizontes, *S1,42*
Si *bien* por vn mar ambos, que la tierra *S1,399*
Mas los que lograr *bien* no supo Midas *S1,433*
Que pudo *bien* Acteon perderse en ellos. *S1,490*
Hazia bien de pobos, *bien* de alisos *S1,575*
Hazia *bien* de pobos, bien de alisos *S1,575*
Que negò al viento el nacar *bien* texido) *S1,887*
Torpe se arraiga. *Bien* que impulso noble *S1,1002*
Bien que su menor hoja vn ojo fuera *S1,1063*
Bien preuino la hija de la espuma *S1,1090*

De *bien* nacido cuerno *S2,18*
Bien que tal vez sañudo *S2,173*
Nudos les halle vn dia, *bien* que agenos) *S2,234*
Prouida mano, ô *bien* viuidos años, *S2,363*
Abraçado (si *bien* de facil cuerda) *S2,466*
El cabo rompio; i *bien*, que al cieruo herido *S2,497*
Bien que haziendo circulos perfectos: *S2,502*
Doliente affinidad, *bien* que amorosa, *S2,636*
Si *bien* iaian de quanto rapaz buela, *S2,755*
Buzo serà *bien* de profunda ria, *S2,800*
Bien de serena plaia, *S2,801*
(*Bien* que todas en vano) *S2,962*

Bienauenturado 5

O *bienauenturado* *S1,94*
O *bienauenturado* *S1,106*
O *bienauenturado* *S1,122*
O *bienauenturado* *S1,134*
Al *bienauenturado* aluergue pobre, *S2,108*

Bienes 2

Rico de quantos la agua engendra *bienes* *P,123*
En numero a mis *bienes* son mis males. *P,392*

Bipartida 1

De el pie ligero *bipartida* seña. *S1,1019*

Bipartido 1

Hasta el luciente *bipartido* estremo *S2,475*

Bisagra 1

La *bisagra* (aunque estrecha) abraçadora *S1,473*

Biscosamente 1

El congrio, que *biscosamente* liso *S2,93*

Bizarro 1

El Girifalte, escandalo *bizarro* *S2,753*

Blanca 7

Lucientes ojos de su *blanca* pluma, *P,102*
En *blanca* mimbre se lo puso al lado, *P,203*
Blanca, mas que las plumas de aquel aue, *P,363*
Haze de *blanca* espuma *S1,559*
I *blanca* la Etyopia con dos manos, *S1,785*
Blanca, hermosa mano, cuias venas *S1,877*
La *blanca* espuma, quantos la tixera *S1,917*

Blancas 8

Las *blancas* hijas de sus conchas bellas, *S1,432*
Blancas ouejas suias hagan cano, *S1,825*
Modestas accusando en *blancas* telas, *S1,839*
Ostente crespas, *blancas* esculpturas *S1,858*
En su bolante carro *blancas* aues, *S1,1087*
De *blancas* ouas, i de espuma verde *S2,25*
Blancas primero ramas, despues rojas *S2,592*
Iaspe le han hecho duro *blancas* guijas. *S2,890*

Blanco 8

Su *blanco* pecho de vn harpon dorado: *P,244*
Quantas el *blanco* pie conchas platea, *P,374*
Limpio saial (en vez de *blanco* lino) *S1,143*
No en *blanco* marmol, por su mal fecundo, *S1,816*
Ni al *blanco* Cisne creo. *S1,843*
De el *blanco* lino, que de el bello obscuro. *S1,967*
Fecundas no de aljofar *blanco* el seno, *S2,557*
Antiguo descubrieron *blanco* muro; *S2,695*

Blancos 7

Negras violas, *blancos* alhelies, *P,334*
Corriente plata al fin sus *blancos* huesos, *P,501*
Los *blancos* lilios de su frente bella, *S1,149*
Negras piçarras entre *blancos* dedos, *S1,251*
Que en los *blancos* estanques de'l Eurota *S1,486*
De *blancos* cisnes, de la misma suerte *S2,252*
Manteles *blancos* fueron: *S2,345*

Blanda 1

De piel le impide *blanda*. *S2,757*

Blandas 1

Sueño le solicitan pieles *blandas*, *S1,164*

Blando 10

Que el tardo Otoño dexa al *blando* seno *P,75*
Dulce Occidente viendo al sueño *blando*; *P,190*
En quanto el hurta *blando* *S1,543*

I de garçones este accento *blando*: *S1,766*
De la menuda ierua el seno *blando* *S1,1010*
Ruiseñor en los bosques, no, mas *blando* *S2,37*
Duro alimento, pero sueño *blando*. *S2,342*
El doliente, si *blando* *S2,553*
I de la firme tierra el heno *blando* *S2,689*
Que de cesped ia *blando* *S2,889*

Blanquéàndo 1

Infamar *blanquéàndo* sus arenas *S1,438*

Bobeda 1

Bobeda, o de la fraguas de Vulcano, *P,27*

Bobedas 2

Ellas en tanto en *bobedas* de sombras *S1,612*
Bobedas lo coronan de espadañas. *S2,111*

Boca 2

Mordaça es à vna gruta de su *boca*. *P,32*
Su *boca* diò, i sus ojos quanto pudo *P,191*

Bocas 2

Para el Zierço espirante por cien *bocas*, *S1,450*
Tarde le encomendo el Nilo à sus *bocas*, *S1,494*

Bodas 3

A pastorales *bodas*. *S1,266*
Preuenidas concurren á las *bodas*. *S1,622*
Al de las *bodas* Dios, no alguna sea *S1,654*

Bolando 2

Gimiendo tristes, i *bolando* graues. *P,40*
Riscos, que aun igualàra mal *bolando* *S1,49*

Bolante 3

En su *bolante* carro blancas aues, *S1,1087*
De su *bolante* nieue. *S2,836*
Vn cossario intentò, i otro *bolante*, *S2,960*

Bolcan 1

Cedio al sacro *Bolcan* de errante fuego: *S1,646*

Bolga 1

Dél perezoso *Bolga* al Indo adusto. *P,408*

Boréàl 1

A vn Girifalte *Boréàl* Harpìa, *S2,906*

Borni 1

El *Borni*, cuia ala *S2,764*

Borrò 1

Borrò designios, bosquejò modelos, *S1,98*

Bosque 5

El *bosque* diuidido en islas pocas, *S1,491*
De las que el *bosque* bellas Nymphas cela. *S1,795*
Los arboles, que el *bosque* auian fingido, *S1,958*
Hijo de'l *bosque*, i padre de mi vida, *S2,550*
Menos dio al *bosque* nudos, *S2,581*

Bosquejò 1

Borrò designios, *bosquejò* modelos, *S1,98*

Bosques 2

Pellico es la que en los *bosques* era *P,69*
Ruiseñor en los *bosques*, no, mas blando *S2,37*

Bosquexo 1

Colorido el *bosquexo*, que ia auia *P,270*

Bosteço 1

Bosteço el melancolico vazio *P,42*

Bote 1

Q<u>e a vn *bote* corbo de'l fatal azero *S2,934*

Boto 1

Bruñe nacares *boto*, agudo raia *S2,585*

Boton 1

Qual de el rizado verde *boton*, donde *S1,727*

Box 2

Y en *box*, aunque rebelde, à quien le torno *S1,145*
Con *box* dentado, o con raiada espina, *S2,365*

Bozo 1

Flores su *bozo* es, cuias colores *P,279*

Braba 1

El mo<n>stro de rigor, la fiera *braba* *P,245*

Braço 1

El duro *braço* debil haze junco, *S2,784*

Braços 2

Mas (cristalinos pampanos) sus *braços* *P,353*
Por templar en los *braços* el desseo *S1,1068*

Brame 1

O el Austro *brame*, ó la arboleda cruja. *S1,83*

Braua 1

La ceruiz le opprimiò a vna roca *braua*, *P,342*

Breue 30

En *breue* corcho, pero bien labrado, *P,205*
Que en tanta gloria infierno son no *breue* *P,327*
Breue flor, ierba humilde, i tierra poca, *P,350*
Registra el campo de su adarga *breue*.) *P,484*
(Sangre sudando) en tiempo harà *breue* *SD,14*
Breue tabla delphin no fue pequeño *S1,18*
Breue esplendor de mal distinta lumbre, *S1,58*
Breue de barba, i duro no de cuerno, *S1,159*
Lisongear pudieron *breue* rato *S1,593*
El apazible sitio: Espacio *breue*, *S1,625*
El silencio, aunque *breue*, de el ruido, *S1,688*
Vistan de el rio en *breue* vndosa lana: *S1,837*
Nouillos (*breue* termino surcado) *S1,849*
De la alta fatal rueca al huso *breue*. *S1,900*
Tantos de *breue* fabrica, aunque ruda, *S1,919*
ENTRASE el mar por vn arroio *breue*, *S2,1*
Lisonja *breue* al gusto, *S2,85*
O por ociosa, o por tibia, o por cansada, *S2,156*
Esta que le fiarè ceniza *breue*, *S2,170*
De el *breue* islote occupa su fortuna, *S2,206*
El *breue* hierro, cuio corbo diente *S2,237*
Burgo eran suyo, el tronco informe, el *breue* *S2,298*
En *breue* espacio mucha Primauera *S2,339*
En tumulos de espuma paga *breue*. *S2,406*
Cuya hasta *breue* dessangrò la Phoca) *S2,449*
Parcha es intérior, *breue* gusano. *S2,611*
El duro son, vencido el fosso *breue*, *S2,714*
De una laguna *breue*, *S2,833*
Breue esphera de viento, *S2,923*
La desplumada ia, la *breue* esphera, *S2,933*

Breues 3

En *breues* horas caducar la yerba. *S1,826*
Que los Herculeos troncos haze *breues*: *S1,1049*
Que en dos cuernos de el mar calo no *breues* *S2,52*

Brilla 1

Solicita el que mas *brilla* diamante *S1,383*

Brillando 1

Reina la aueja, oro *brillando* vago, *S2,294*

Brillante 1

Carro es *brillante* de nocturno dia: *S1,76*

Britano 1

Sus pardas plumas el Açor *Britano*, *S2,786*

Brocado 1

Purpura Tyria, o Milanes *brocado*. *S1,166*

Bronce 1

Ciñalo *bronce*, o murelo diamante: *P,294*

Brote 1

Corderillos os *brote* la ribera, *S1,913*

Bruñe 1

Bruñe nacares boto, agudo raia *S2,585*

Bruñida 2

Arco digo gentil, *bruñida* aljaua, *P,457*
Confuso Baccho; ni en *bruñida* plata *S1,868*

Bruñidos 1

Bruñidos eran oualos de plata. *S2,705*

Bruta 1

Pisad dichoso esta esmeralda *bruta* *S2,367*

Bruto 1

Purpureo caracol emulo *bruto* *S2,879*

Bruxula 2

La *bruxula* de el sueño vigilante, *P,290*
Por *bruxula* concede vergonçosa. *S1,731*

Bucolica 1

Culta si, aunque *bucolica* Thalia, *P,2*

Bucolicos 1

Bucolicos aluergues; si no flacas *S2,948*

Bueies 1

Los *bueies* a su aluergue reducia, *P,71*

Buela 8

Tal sale aquella que sin alas *buela*, *S1,638*
Rediman, de el que mas, ó tardo *buela*, *S1,799*
Aquel las ondas escarchando *buela*, *S2,61*
Que sin corona *buela*, i sin espada, *S2,289*
Que el tiempo *buela*: Goza pues ahora *S2,601*
Buela rapaz, i (plumas dando a quexas) *S2,674*
Si bien jaian de quanto rapaz *buela*, *S2,755*
Esta emulacion pues de quanto *buela* *S2,795*

Buelo 9

Ni isla oi á su *buelo* fugitiua. *S1,396*
Que al paxaro de Arabia (cuio *buelo* *S1,462*
Las plumas de su *buelo*. *S1,611*
De el suelto moço, i con airoso *buelo* *S1,996*
Cuio *buelo* atreuido *S2,139*
De las ondas al pez con *buelo* mudo *S2,484*
De'l Nebli, a cuio *buelo* *S2,803*
Peinar el aire por cardar el *buelo*, *S2,864*
Se atreuiera su *buelo*, *S2,900*

Buelta 1

Tumba te bese el mar *buelta* la quilla. *S2,548*

Buelue 1

Que á ver el dia *buelue* *S2,742*

Bueluen 1

Los desposados á su casa *bueluen*; *S1,1080*

Buena 1

Cabo le hizo de Esperança *buena*. *S1,452*

Bueyes 1

De tardos *bueyes*, qual su dueño, errantes; *P,164*

Bueytre 1

Cuia memoria es *bueytre* de pesares. *S1,502*

Bueytres 1

Señas, aun a los *bueytres* lastimosas, *S1,440*

Bufando 1

Bufando mide el campo de las ondas *S2,430*

Bullir 1

Bullir sintiò de el arroiuelo apenas; *P,218*

Bulto 1

No la que en *bulto* començando humano, *S1,112*

Burgo 1

Burgo eran suyo, el tronco informe, el breue *S2,298*

Burla 1

Que la sinceridad *burla* villana *S1,120*

Burlado 2

Es quanto mas despierto, mas *burlado*. *S1,170*
Texido en ellas se quedò *burlado*. *S2,95*

Burlandole 1

Burlandole aun la parte mas enjuta: *S2,229*

Burlar 1

Las telas *burlar* quiso, *S2,94*

Buscaua 2

El Sileno *buscaua* *S1,271*
Entre crespos *buscaua* caracoles: *S2,559*

Buscò 1

Sueño le ofrece á quien *buscò* descanso *S1,342*

Buzo 1

Buzo serà bien de profunda ria, *S2,800*

Cabeça 2

La *cabeça* de'l Norte coronada *S1,427*
Apenas reclinaron la *cabeça*, *S1,616*

Cabello 11

Negro el *cabello*, imitador vndoso *P,57*
Verde el *cabello*, el pecho no escamado, *P,117*
Poluo el *cabello*, humidas centellas, *P,187*
A los confusos rayos, su *cabello*: *P,278*
Rosas traslada, i lilios al *cabello*, *S1,248*
Trençandose el *cabello* verde à quantas *S1,661*
Cuio *cabello* intonso dulcemente *S1,769*
I raios, el *cabello*, de su frente. *S1,772*
Quantos engasta el oro de el *cabello*: *S1,787*
Hermana de Phaeton, verde el *cabello*, *S2,263*
El *cabello* en estambre azul cogido, *S2,450*

Cabeza 1

Sus años, su *cabeza* colmilluda *P,426*

Cabo 4

No ai tormentoso *cabo* que no doble, *S1,395*
Cabo le hizo de Esperança buena. *S1,452*
Cabo me han hecho, hijo, *S1,516*
El *cabo* rompio; i bien, que al cieruo herido *S2,497*

Cabra 1

Senos que ignora aun la golosa *cabra*, *P,394*

Cabras 7

De innumerables *cabras* el verano. *P,412*
Cabras aqui le interrumpieron, quantas *P,466*
De los conduzidores fue de *cabras*, *S1,92*
El que de *cabras* fue dos vezes ciento *S1,153*
Dexe, que vuestras *cabras* siempre errantes, *S1,911*
De *cabras* estrellado, *S2,304*
Tarde, o nunca, pisaron *cabras* pocas, *S2,398*

Cabrero 2

La innocencia al *cabrero*, *S1,104*
Dexan ser torres oi (dixo el *cabrero*, *S1,213*

Cabrio 1

Quanto las cumbres asperas *cabrio* *P,46*

Cabritos 1

De los *cabritos* mas retoçadores, *S1,299*

Caçadores 1

De *caçadores* era, *S2,721*

Caçar 1

Caçar à Tethis veo, *S2,419*

Cada 6

El Sol, que *cada* dia *S1,407*
Fanal es del arroyo *cada* honda, *S1,675*
De perlas *cada* hora. *S2,68*
A *cada* conjuncion su pesqueria, *S2,409*
Y à *cada* pesqueria su instrumento *S2,410*
A vn remo *cada* jouen offrecido. *S2,685*

Cadena 1

A la Rèàl *cadena* de tu escudo: *SD,32*

Cadenas 3

Cadenas) la concordia enga< r >ça rosas, *S1,789*
De su prision, dexando mis *cadenas* *S2,135*
(A pesar de los vientos) mis *cadenas*. *S2,569*

Caduca 1

Mas áùnque *caduca* su materia: *S2,201*

Caducar 1

En breues horas *caducar* la yerba. *S1,826*

Caduco 2

Caduco aljofar, pero aljofar bello. *S2,72*
De su *caduco* natural, permite *S2,284*

Caia 1

Quando la fulminada prision *caia* *S2,802*

Cairèla 1

Las cissuras *cairèla* *S1,729*

Caistro 1

Tales no oiò el *Caistro* en su arboleda, *S2,525*

Caladas 1

Las *caladas* registra el peregrino, *S2,859*

Calaron 1

Diez a diez se *calaron*, ciento a ciento *S2,895*

Calarse 1

Calarse turba de inuidiosas aues *S1,989*

Calçada 3

Calçada Abriles, i vestida Maios, *S1,577*
La emulacion, *calçada* vn duro ielo, *S1,1001*
Iaspes *calçada*, i porfidos vestida. *S2,671*

Calçadas 1
　Tafiletes *calçadas* carmesies,　*S1,317*
Calçandole 1
　Calçandole talares mi desseo:　*S2,600*
Calçò 1
　Calçò el liquido aljofar de sus venas.　*P,500*
Calidad 1
　Que de tu *calidad* señas maiores　*S1,528*
Calientes 1
　De secos juncos, de *calientes* plumas　*S1,25*
Califica 1
　Las redes *califica* menos gruessas　*S2,96*
Califique 2
　Inuidia *califique* mi figura　*S2,579*
　Nupcial la *califique* tea luciente:　*S2,608*
Caliginoso 1
　Caliginoso lecho el seno obscuro　*P,37*
Callando 1
　Muda la admiracion habla *callando*,　*S1,197*
Calle 2
　De chopos *calle*, i de alamos carrera,　*S1,535*
　Calle mis huessos, i eleuada cima　*S2,168*
Calles 1
　Y los que por las *calles* espaciosas　*S1,718*
Calma 1
　Fíelas de tu *calma*,　*S2,120*
Calmas 1
　Al Sol, *calmas* vencidas, i naufragios;　*S1,456*
Calo 1
　Que en dos cuernos de el mar *calo* no breues　*S2,52*
Calò 1
　Qual de aues se *calò* turba canora　*S1,633*
Caló 1
　Paloma se *caló*, cuios gemidos　*P,319*
Calor 1
　Guerra al *calor*, ó resistencia al dia.　*S1,539*
Caluo 1
　Por el pendiente *caluo* escollo; quanto　*S2,825*
Caluroso 1
　Caluroso al arroyo dà a las manos,　*P,209*
Calzada 1
　De la que aun no le oiò, i *calzada* plumas　*P,127*
Calzò 1
　Armò de crueldad, *calzò* de viento,　*P,66*
Cama 2
　A la de viento quando no sea *cama*,　*P,215*
　Cama de campo, i campo de batalla,　*P,255*
Cambaia 1
　La remota *Cambaia*　*S2,373*
Cambaya 1
　En cofres las riquezas de *Cambaya*.　*P,444*
Caminante 3
　La humana suya el *caminante* errado　*P,429*
　Convoca despidiendo al *caminante*　*S1,85*
　Donde, aun cansàdo mas que el *caminante*,　*S1,583*
Camino 8
　Do hallò reparo, sì perdió *camino*.　*P,432*
　Que á vna Libia de ondas su *camino*　*S1,20*
　Distante pocos passos de'l *camino*,　*S1,185*
　Al huesped al *camino* reduziendo,　*S1,229*
　El arco de'l *camino* pues torcido,　*S1,335*
　A esconder con el numero el *camino*,　*S1,512*
　Concurria el *camino*.　*S1,584*
　Para el lugar á ellas de *camino*,　*S1,631*
Caminos 1
　A mas *caminos*, que vna estrella raios,　*S1,574*
Campaña 6
　De la muda *campaña*　*S1,54*
　Imperiòso mira la *campaña*　*S1,186*
　Seis de los montes, seis de la *campaña*,　*S1,885*

Dos vezes huella la *campaña* al dia,　*S2,12*
En su vndosa *campaña*.　*S2,178*
Por el peinado cerro á la *campaña*,　*S2,827*
Campañas 1
　A sus *campañas* Ceres no perdona:　*P,142*
Campo 10
　Cama de campo, i *campo* de batalla,　*P,255*
　Cama de *campo*, i campo de batalla,　*P,255*
　Registra el *campo* de su adarga breue.)　*P,484*
　El *campo* undoso en mal nacido pino[?]<,>
　　S1,371
　Campo amanezca esteril de ceniza　*S1,657*
　El *campo* agradecido　*S1,907*
　El *campo*, que no pisan alas hierua:　*S1,1042*
　A batallas de amor *campo* de pluma.　*S1,1091*
　Campo ya de sepulchros, que sediento　*S2,403*
　Bufando mide el *campo* de las ondas　*S2,430*
Campos 6
　En carro de crystal *campos* de plata,　*P,120*
　En *campos* de zaphiro pasce estrellas:　*S1,6*
　Tiranniza los *campos* vtilmente:　*S1,201*
　Quando no de los *campos* de Neptuno:　*S2,99*
　En los *campos* tal vez de Meliona　*S2,765*
　Que pacen *campos*, que penetran senos;　*S2,950*
Can 7
　Mudo la noche el *can*, el dia dormido,　*P,169*
　El silencio de'l *can* sigan, i el sueño.　*P,176*
　Latiendo el *can* de'l cielo estaua, quando,　*P,186*
　El *can* ia vigilante　*S1,84*
　De *can* si, embrauecido　*S1,173*
　El *can* sobra siguiendole la flecha.　*S2,498*
　Can de lanas prolixo (que animoso　*S2,799*
Cana 2
　Recordò al Sol no de su espuma *cana*,　*S1,705*
　El mar encuentra, cuia espuma *cana*　*S2,63*
Canas 5
　De *canas* graue, hablò desta manera.　*S1,365*
　De'l tierno humor las venerables *canas*,　*S1,514*
　De'l alamo, que peina verdes *canas*.　*S1,591*
　Ô *canas*, dixo el huesped, no peinadas　*S2,364*
　Las *canas* de Tithon halla las mias,　*S2,395*
Candados 1
　Candados hizo de otras nueuas grutas,　*S1,448*
Candidas 2
　De zagalejas *candidas* voz tierna　*S1,765*
　Tres hijas suyas *candidas* le ofrecen,　*S2,218*
Candidos 1
　La Alua entre lilios *candidos* deshoja:　*P,106*
Candor 4
　De el mejor mundo, de el *candor* primero.　*P,88*
　Con pecho igual de aquel *candor* primero,　*S1,140*
　Vença no solo en su *candor* la nieue,　*S1,897*
　Que mucho, si el *candor* bebiò ia puro　*S2,631*
Cano 6
　Tascando haga el freno de oro *cano*　*P,13*
　Dexò primero de su espuma *cano*,　*S1,410*
　Blancas ouejas suias hagan *cano*,　*S1,825*
　El padre de los dos, emulo *cano*　*S2,209*
　Sino algun siempre verde, siempre *cano*　*S2,460*
　Que por su edad magestùosa *cano*;　*S2,697*
Canora 2
　Qual de aues se calò turba *canora*　*S1,633*
　Monarchia *canora*,　*S1,951*
Canoro 8
　Su *canoro* darà dulce instrumento,　*SD,36*
　Tropheos dulces de vn *canoro* sueño.　*S1,128*
　De *canoro* instrumento, que pulsado　*S1,239*
　Domestico es de'l Sol nuncio *canoro*,　*S1,294*
　Leuantadas las mesas, al *canoro*　*S1,883*
　De el *canoro* escogio baxel pequeño.　*S2,60*
　Canoro labrador, el forastero　*S2,177*
　Nadante vrna de *canoro* rio.　*S2,555*
Canos 2

Entre dos myrthos que de espuma *canos*　*P,211*
De tantos de tu madre vultos *canos*,　*S2,663*
Cansada 3
　De la *cansada* juuentud vencido,　*S1,339*
　O por breue, o por tibia, o por *cansada*,　*S2,156*
　Quantos da la *cansada* turba passos　*S2,940*
Cansado 2
　Menos *cansado*, que confuso escala.　*S1,51*
　Cansado leño mio,　*S2,549*
Cansàdo 1
　Donde, aun *cansàdo* mas que el caminante,　*S1,583*
Cansancio 1
　Mas el *cansancio* no, que'l mouimiento　*S1,678*
Cantan 1
　En idiòmas *cantan* differentes,　*S2,357*
Cantando 1
　A desatarse en lagrimas *cantando*,　*S2,552*
Cantar 1
　A *cantar* dulce, i a morirme luego:　*S2,545*
Cantico 1
　El piscatorio *cantico* impedido,　*S2,621*
Canto 5
　De'l musico Iayan, el fiero *canto*.　*P,20*
　El dulce alterno *canto*　*S1,845*
　La vista de las choças fin del *canto*.　*S2,189*
　Conuocacion su *canto*　*S2,534*
　Alterno *canto* dulce fue lisonja!　*S2,627*
Cantuessos 1
　Sus morados *cantuessos*, sus copadas　*S1,909*
Caña 2
　Son de la Nympha vn tiempo, ahora *caña*,　*S1,884*
　Rebelde Nimpha (humilde ahora *caña*)　*S2,831*
Cañamo 9
　Cera i *cañamo* vnio (que no debiera)　*P,89*
　De mas echos, que vniò *cañamo* i cera,　*P,91*
　Nudos al mar de *cañamo* fiando.　*S2,36*
　Mallas visten de *cañamo* al lenguado,　*S2,91*
　El *cañamo* remiten anudado,　*S2,235*
　El duro remo, el *cañamo* prolixo:　*S2,391*
　Los terminos de *cañamo* pedidos:　*S2,440*
　Ephire en tanto al *cañamo* torcido　*S2,496*
　Sino a dos entre *cañamo* garçones!　*S2,661*
Cañas 2
　Cient *cañas*; cuio barbaro rúido,　*P,90*
　Si fabricado no de gruessas *cañas*,　*S2,110*
Capa 1
　En la nocturna *capa* de la esphera,　*S1,384*
Capaz 5
　Cercado es, quanto mas *capaz*, mas lleno　*P,73*
　En pie, sombra *capaz* es mi persona　*P,411*
　Toldado ia *capaz* traduxo pino.　*S2,32*
　Concha, si mucha no, *capaz* ostenta　*S2,197*
　Gauia no tan *capaz*, estraño todo　*S2,273*
Capilla 1
　Coronauan la barbara *capilla*,　*S1,557*
Capiteles 1
　Contaua en los raiados *capiteles*,　*S2,703*
Caracol 2
　Rompe Triton su *caracol* torcido,　*P,94*
　Purpureo *caracol* emulo bruto　*S2,879*
Caracoles 1
　Entre crespos buscaua *caracoles*:　*S2,559*
Caracteres 1
　Caracteres tal vez formando alados　*S1,609*
Carbunclo 1
　En el *carbunclo*, Norte de su aguja　*S1,82*
Carcax 1
　Carcax de cristal hizo, si no aljaua　*P,243*
Carcaxes 1
　De sus *carcaxes*, estos, argentados,　*S1,796*

Si Promontorio no, vn *cerro* eleuado   *S2,303*
Por el peinado *cerro* á la campaña,   *S2,827*

Cerros   2
Los *cerros* desparezco leuantados,   *P,387*
(Que si precipitados no los *cerros*,   *S1,224*

Ceruices   1
De el iugo aun no domadas las *ceruices*,   *S1,848*

Ceruiz   2
La *ceruiz* le opprimiò a vna roca braua,   *P,342*
Quien la *ceruiz* opprime   *S1,297*

Cerulea   3
Cerulea tumba fria   *S1,391*
Cerulea ahora, ia purpurea guia   *S1,1071*
Estrellas su *cerulea* piel al dia,   *S2,819*

Ceruleas   2
Marino jouen las *ceruleas* sienes   *P,121*
Las que siempre darà *ceruleas* señas)   *S1,363*

Cesped   2
Sobre el de grama *cesped* no desnudo,   *SD,29*
Que de *cesped* ia blando   *S2,889*

Cespedes   1
Cespedes, de las ouas mal atados.   *S2,970*

Cetrera   1
Atento, á quien doctrina ya *cetrera*   *S2,944*

Cetreria   1
Quanta la generosa *cetreria*   *S2,737*

Ceua   1
Insidia *ceua* alada,   *S2,739*

Ceuarse   1
Y al *ceuarse* en el complice ligero   *S2,478*

Ceuase   1
Ceuase, i fiero dexa humedecido   *P,173*

Chipriota   1
Sangriento *Chipriota*, aunque nacido   *S2,751*

Choça   4
Barbara *choça* es, aluergue vmbrio: *P,44*
Raiò el verde obelisco de la *choça*.   *S1,181*
Quando á la *choça* pastoral perdona   *S1,937*
Pobre *choça* de redes impedida   *S2,672*

Choças   2
La vista de las *choças* fin del canto.   *S2,189*
Dos son las *choças*, pobre su artificio,   *S2,200*

Chopo   2
Chopo gallardo, cuio liso tronco   *S1,697*
Que impide Amor que aun otro *chopo* lea.   *S1,700*

Chopos   3
De *chopos* calle, i de alamos carrera,   *S1,535*
Seis *chopos* de seis iedras abraçados   *S2,328*
Neuo el Mayo à pesar de los seis *chopos*.   *S2,336*

Choro   5
Dexa las ondas, dexa el rubio *choro*   *P,369*
Gloria mayor de el soberano *choro*:   *S1,809*
De el *choro* vergonçoso,   *S2,243*
De mis hijas oiràs; ambiguo *choro*   *S2,422*
Verde no mudo *choro*   *S2,720*

Choros   3
Choros texiendo estés, escucha vn dia   *P,383*
Choros texiendo, vozes alternando,   *S1,540*
Instrumentos, no, en dos festiuos *choros*,   *S1,752*

Chrysolitos   1
Ponian de *chrysolitos* lucientes   *S2,680*

Chupa   3
Las dos ojas le *chupa* carmesies.   *P,332*
La menor onda *chupa* al menor hilo.   *S1,41*
Nectar le *chupa* Hibléo.   *S1,804*

Chupar   1
A libar flores, i á *chupar* crystales,   *S1,325*

Ciega   4
Linterna es *ciega*, i atalaya muda.   *P,344*
Y *ciega* vn rio sigue, que luciente   *S1,198*
Sorda à mis vozes pues, *ciega* à mi llanto,   *S2,465*

Sin luz no siempre *ciega*,   *S2,740*

Ciego   4
Emula vana; el *ciego* Dios se enoja,   *P,110*
Que en sus Palladiones Amor *ciego*,   *P,295*
Quando de Amor el fiero jaian *ciego*   *P,341*
El veneno de'l *ciego* ingeniòso,   *S2,633*

Cielo   15
Latiendo el can de'l *cielo* estaua, quando,   *P,186*
Quando en el *cielo* vn ojo se vèia.   *P,422*
O al *cielo* humano, o al Cyclope celeste.   *P,424*
Gigantes de cristal los teme el *cielo*;   *SD,8*
Luciente honor del *cielo*,   *S1,5*
Arco alado es de'l *cielo*   *S1,463*
I el *cielo* con el poluo. Enxugò el viejo   *S1,513*
En el papel diaphano del *cielo*   *S1,610*
El *cielo*, fulminando la floresta.   *S1,938*
De el *cielo* espumas, i de el mar estrellas.   *S2,215*
A la que imagen decima de'l *cielo*   *S2,306*
Las que el *cielo* mercedes   *S2,570*
De'l carro, pereçoso honor de'l *cielo*:   *S2,617*
Tan vezino a su *cielo*   *S2,804*
En quanto ojos de'l *cielo*.   *S2,901*

Cielos   3
I en los *cielos* desde esta roca puedo   *P,415*
Al concauo ajustando de los *cielos*   *S1,99*
O el sudor de los *cielos*, quando liba   *S2,296*

Cien   1
Para el Zierço espirante por *cien* bocas,   *S1,450*

Cient   3
Cient cañas; cuio barbaro rúido,   *P,90*
En *cient* aues *cient* picos de rubies,   *S1,316*
En *cient* aues *cient* picos de rubies,   *S1,316*

Ciento   14
Su piel manchada de colores *ciento*:   *P,68*
Purpureos troncos de corales *ciento*,   *P,380*
El que de cabras fue dos vezes *ciento*   *S1,153*
Rompieron los que armó de plumas *ciento*   *S1,423*
Que quatro vezes auia sido *ciento*   *S1,470*
Los fuegos (cuias lenguas *ciento* á *ciento*,   *S1,680*
Los fuegos (cuias lenguas *ciento* á *ciento*,   *S1,680*
Si, de çampoñas *ciento*,   *S1,750*
La nouia sale de villanas *ciento*   *S1,946*
A quien hilos el Sol tributò *ciento*   *S2,67*
Tres, o quatro dessean para *ciento*   *S2,310*
Prodigiòsos moradores *ciento*   *S2,471*
Diez a diez se calaron, *ciento* a *ciento*   *S2,895*
Diez a diez se calaron, *ciento* a *ciento*   *S2,895*

Cierços   1
Cierços de el llano, i Austros de la sierra   *S1,1026*

Cierra   1
Vna i otra de Alcides llaue *cierra*.   *S1,402*

Cierta   1
A luz mas *cierta* sube;   *S2,908*

Cierua   1
Es el mas torpe vna herida *cierua*,   *S1,1043*

Cieruo   1
El cabo rompio; i bien, que al *cieruo* herido   *S2,497*

Cifre   1
Cuia lamina *cifre* desengaños   *S1,942*

Cima   1
Calle mis huessos, i eleuada *cima*   *S2,168*

Cimera   1
Mientras desenlaçado la *cimera*,   *S2,904*

Cinco   1
Escogiò pues de quatro, o *cinco* abetos   *S2,503*

Ciñalo   1
Ciñalo bronce, o murelo diamante: *P,294*

Ciñe   3
De el mas tierno coral *ciñe* Palemo,   *P,122*
Ciñe, sino de purpura turbante: *S1,296*
Ciñe las sienes gloriòsa rama,   *S1,979*

Ciñen   1

De quantos *ciñen* Libico turbante,   *S2,763*

Circulo   1
Centro apazible vn *circulo* espacioso   *S1,573*

Circulos   1
Bien que haziendo *circulos* perfectos: *S2,502*

Circunvestida   1
Negra *circunvestida* piel, al duro   *S2,924*

Cisne   5
Pauon de Venus es, *cisne* de Iuno.   *P,104*
De el Ganges *cisne* adusto.   *S1,668*
Ni al blanco *Cisne* creo.   *S1,843*
Que *cisne* te conduzgo a esta ribera?   *S2,544*
El *cisne* perdonàra, luminoso:)   *S2,805*

Cisnes   3
Cisnes pues una i otra pluma, en esta   *S1,939*
De blancos *cisnes*, de la misma suerte   *S2,252*
Que *cisnes* me recuerdan à la hora,   *S2,393*

Cissuras   1
Las *cissuras* cairèla   *S1,729*

Citharas   1
Pintadas aues, *Citharas* de pluma   *S1,556*

Ciudadanos   1
De los volubles polos *ciudadanos*,   *S2,660*

Ciudades   1
Ilustren obeliscos las *ciudades*,   *S1,934*

Ciuil   2
Ciuil magnificencia el suegro anciano   *S1,853*
En modestia *ciuil* rèàl grandeza.   *S2,812*

Clara   2
aun à pesar de las estrellas *clara*)   *S1,72*
La mas dulce, si no la menos *clara*   *S2,187*

Claras   1
Las *claras*, aunque Ethiopes estrellas: *S2,614*

Clarin   1
Clarin, i de la Fama no segundo,   *P,23*

Clarissimo   1
Clarissimo ninguno   *S2,656*

Claro   1
En sangre *claro*, i en persona Augusto,   *S2,809*

Claua   1
Claua empuñe Lièo.   *S1,830*

Clauel   2
Quando al *clauel* el jouen atreuido   *P,331*
Que de'l *clauel* procura acompañada   *S1,744*

Claueles   2
Que los *claueles*, que tronchó la Aurora;   *P,362*
Claueles de el Abril, rubies tempranos   *S1,786*

Clauijas   1
Que en las lucientes de marfil *clauijas*   *S1,346*

Clauo   1
Clauo no, espuela si de'l apetito,   *S1,496*

Clauò   1
Con el pincel, q<ue> le *clauò* su pecho,   *P,272*

Clicie   1
Vaga *Clicie* de'l viento   *S1,372*

Clima   2
Que *clima* infamò Hircano,   *S1,367*
O *clima* proprio planta mia perdida,   *S2,131*

Cloris   1
De CLORIS el segundo,   *S2,540*

Cloto   2
Quanto estambre vital *Cloto* os traslada   *S1,899*
Si *Cloto* no de la escamada fiera,   *S2,436*

Cobrado   1
Cobrado el Bahari, en su propio luto   *S2,875*

Coche   1
Emulo vago de'l ardiente *coche*   *S1,468*

Codornices   1
Qual simples *codornices* al reclamo,   *S1,587*

Cofres 1
  En *cofres* las riquezas de Cambaya. *P,444*

Cogido 1
  El cabello en estambre azul *cogido*, *S2,450*

Coia 1
  Haze de Augusta *Coia* Peruana, *S2,66*

Coiunda 1
  Crepusculos, vincule tu *coiunda* *S1,777*

Coiundas 2
  Dulcissimas *coiundas* mi instrumento: *P,440*
  Coiundas impedidas: *S2,681*

Cola 3
  Con la que illustra el Sur *cola* escamada *S1,428*
  Corbo es delfin la *cola*. *S2,464*
  De la *cola* vestido, *S2,476*

Colerico 1
  Cauallo, que *colerico* mordia *S2,816*

Coliseo 1
  Vmbroso *Coliseo* ia formando, *S1,959*

Colmillo 1
  Colmillo fue de el animal, que el Ganges *P,455*

Colmilluda 1
  Sus años, su cabeza *colmilluda* *P,426*

Color 3
  Duda el Amor qual mas su *color* sea, *P,107*
  Vn *color*, que la purpura que cela *S1,730*
  El templado *color* de la que adora. *S1,746*

Colora 1
  Cuyo pie Tyria purpura *colora*. *S2,790*

Colores 4
  Su piel manchada de *colores* ciento: *P,68*
  Flores su bozo es, cuias *colores* *P,279*
  Y nieue de *colores* mill vestida, *S1,627*
  De *colores* prolixos) *S2,639*

Colorido 2
  Colorido el bosquexo, que ia auia *P,270*
  Niega el bello, que el vulto ha *colorido*: *S1,770*

Columna 2
  De la *columna* bella, *S1,547*
  De la Egypcia *columna*. *S2,761*

Columnas 1
  Las *columnas* Ethon, que erigió el Griego, *P,339*

Colunas 1
  O las *colunas* bese, o la escarlata, *S1,475*

Comarcano 1
  Porque en el mar preside *comarcano* *S2,212*

Comarcanos 1
  El menos agil quantos *comarcanos* *S1,566*

Combida 1
  Labradores *combida* *S1,855*

Començando 1
  No la que en bulto *començando* humano, *S1,112*

Començàran 1
  No *començàran* ia los montañeses *S1,511*

Cometas 1
  Purpureos no *cometas*. *S1,651*

Cometer 1
  O quantas *cometer* pyraterias *S2,959*

Cometiendo 1
  La fiera (horror del agua) *cometiendo* *S2,490*

Comida 3
  A la prolixa rustica *comida*, *S1,856*
  La *comida* prolixa de pescados *S2,246*
  En tornéàdo frexno la *comida* *S2,347*

Comieron 1
  Comieron pues, i rudamente dadas *S2,361*

Commigo 1
  Sigue la femenil tropa *commigo*, *S1,525*

Como 8

  Tantas flores pisò, *como* el espumas. *P,128*
  Como la Ninpha bella compitiendo *P,265*
  Como duerme la luz niegan las flores. *P,280*
  De tantos *como* vìolas jazmines. *S1,721*
  Vestir un leño *como* viste un ala. *S2,848*
  Si *como* ingrato no, como auariento, *S2,898*
  Si como ingrato no, *como* auariento, *S2,898*
  Tan mal offrece *como* construidos *S2,947*

Compañia 3
  Tierno discurso, i dulce *compañia* *S1,226*
  En tercio tal negar tal *compañia*, *S1,532*
  I dissoluiendo alli la *compañia*, *S1,644*

Competente 1
  Competente officina. *S2,204*

Competentes 1
  Medianias vinculen *competentes* *S1,931*

Competidoras 1
  Cuias luzes (de el Sol *competidoras*) *S1,682*

Compitiendo 1
  Como la Ninpha bella *compitiendo* *P,265*

Complice 1
  Y al ceuarse en el *complice* ligero *S2,478*

Comprados 1
  Raros, muchos, i todos no *comprados*. *S2,247*

Compulsen 1
  De Iupiter *compulsen*; que aun en lino *S1,841*

Comunes 1
  Que el mar criuando en redes no *comunes* *S2,413*

Concauo 4
  Lo *concauo* hacia de vna peña *P,309*
  Al *concauo* ajustando de los cielos *S1,99*
  En lo *concauo* el jouen mantenia *S1,268*
  Concauo frexno, á quien gracioso indulto *S2,283*

Concebir 1
  Sin *concebir* rocío parir perlas. *P,376*

Concede 1
  Por bruxula *concede* vergonçosa. *S1,731*

Concediendole 1
  Dulce ia *concediendole*, i risueña *P,307*

Concediò 1
  El primer bello le *concediò* pollo, *S2,856*

Concedió 1
  No à las palomas *concedió* Cupido *P,329*

Concediolo 1
  Concediolo risueño, *S2,645*

Concento 4
  I el applauso al *concento* de las aues: *P,324*
  Efectos si no dulces de'l *concento*, *S1,345*
  Sirenas de los montes su *concento*, *S1,550*
  Al *concento* se abaten cristalino *S1,585*

Concetúòsa 1
  Concetúòsa summa *S2,182*

Concha 1
  Concha, si mucha no, capaz ostenta *S2,197*

Conchas 4
  Quantas el blanco pie *conchas* platea, *P,374*
  Las blancas hijas de sus *conchas* bellas, *S1,432*
  Si de purpureas *conchas* no histriàdas, *S2,383*
  Entre las *conchas* oi de'l Sur esconde *S2,774*

Concitò 1
  Montes de espuma *concitò* herida *S2,489*

Concordia 1
  Cadenas) la *concordia* enga<r>ça rosas, *S1,789*

Conculcado 2
  Mas *conculcado* el pampano mas tierno *P,469*
  Conculcado hasta alli de otro ninguno, *S1,415*

Concurren 2
  Concurren todas, i el peñasco duro *P,495*
  Preuenidas *concurren* á las bodas. *S1,622*

Concurria 1

  Concurria el camino. *S1,584*

Concurrientes 1
  A la voz *concurrientes* del anciano. *S2,254*

Concurso 2
  Concurso impaciènte *S1,756*
  De el *concurso* ligero, *S1,1074*

Conde 1
  O Excelso *CONDE*, en las purpureas horas *P,3*

Condena 1
  Este pues Sol, que á olvido le *condena*, *S1,737*

Condenado 1
  I *condenado* su esplendor, la deja *P,111*

Condenò 2
  Le *condenò* á su oluido. *S1,736*
  Que á luz le *condenò* incierta la ira *S2,792*

Condolido 1
  Da al mar; que *condolido*, *S1,11*

Conduce 2
  Que sin fanal *conduce* su venera: *P,116*
  Al son de otra çampõa, que *conduce* *S1,1078*

Conducen 1
  Que *conducen* el dia, *S2,733*

Conducida 2
  Purpurea terneruela, *conducida* *S1,287*
  De tus remos ahora *conducida* *S2,551*

Conducidos 2
  Mal *conducidos*, quando no arrastrados *P,163*
  Llegaran *conducidos*. *S1,754*

Conducir 1
  Conducir orcas, alistar Vallenas, *S1,436*

Conduxo 1
  Conduxo, muchos luego Palinuro; *S1,398*

Conduze 1
  Sus pollos este al mar *conduze* nueuos, *S2,259*

Conduzgan 1
  Sus plumas son, *conduzgan* alta Diosa, *S1,808*

Conduzgo 1
  Que cisne te *conduzgo* a esta ribera? *S2,544*

Conduzidores 1
  De los *conduzidores* fue de cabras, *S1,92*

Conejuelo 1
  La paz de'l *conejuelo* temeroso; *S1,306*

Conejuelos 1
  Conejuelos, que (el viento consultado) *S2,279*

Confunda 1
  Los terminos *confunda* de la cena *S2,245*

Confunde 2
  La selua se *confunde*, el mar se altera, *P,93*
  Confunde el Sol, i la distancia niega. *S1,196*

Confunden 1
  Que la attencion *confunden* judiciosa: *S1,1053*

Confusa 3
  En soledad *confusa*, *SD,3*
  Lisonja, si *confusa*, regulada *S2,717*
  Repitiendo *confusa* *S2,921*

Confusamente 2
  Que hazian desigual, *confusamente* *S1,43*
  I las *confusamente* acordes aues *S2,351*

Confusion 3
  Que *confusion*, i fuego *S1,377*
  La dulce *confusion* hazer podia, *S1,485*
  Numero i *confusion* gimiendo hazia *S2,806*

Confuso 4
  Confuso alcaide mas el verde soto. *P,248*
  Menos cansado, que *confuso* escala. *S1,51*
  Confuso Baccho; ni en bruñida plata *S1,868*
  Entre el *confuso* pues zeloso estruendo *S2,735*

Confusos 2
  A los *confusos* rayos, su cabello: *P,278*
  De sus *confusos* senos, *S2,278*

Congrio 1
El *congrio*, que biscosamente liso   *S2,93*

Conjuncion 1
A cada *conjuncion* su pesqueria,   *S2,409*

Conjuracion 1
De vientos no *conjuracion* alguna: *S1,67*

Conocelle 1
Que quanto en *conocelle* tardò Roma   *S1,497*

Consagrando 1
Consagrando los pallios á su esposa;   *S1,568*

Consejo 1
Si tu neutralidad sufre *consejo*,   *S1,518*

Conseruaràn 1
Conseruaràn el desuanecimiento   *S2,142*

Consiente 1
I dulce Musa entre ellas (si *consiente*   *S1,891*

Consignados 1
Los *consignados* premios otro dia,   *S1,563*

Consolalle 1
Consolalle pudiera el peregrino   *S1,507*

Construidos 1
Tan mal offrece como *construidos*   *S2,947*

Construie 1
Pyra le erige, i le *construie* nido.   *S1,465*

Construyen 1
Al flaco da, que me *construyen* muro   *S2,589*

Construyendo 1
Que engaños *construyendo* estan de hilo.   *S2,219*

Consules 1
Guloso de los *Consules* regalo.   *S2,101*

Consulta 1
A quien Doral *consulta*   *S2,834*

Consultada 1
De limpia *consultada* ya laguna: *S2,573*

Consultado 1
Conejuelos, que (el viento *consultado*)   *S2,279*

Contacto 1
Cuyo bello *contacto* puede hacerlas   *P,375*

Contagio 1
Contagio original quiçà de aquella,   *S2,87*

Contar 1
Encinas la montaña *contar* antes   *S1,910*

Contaua 1
Contaua en los raiados capiteles,   *S2,703*

Contenia 1
La orça *contenia*   *S1,327*

Contenta 1
De aluergues, donde la humildad *contenta*   *S2,198*

Contento 1
Que en las seluas *contento*   *S1,141*

Continúàda 1
Iace en el mar, si no *continúàda*   *S2,190*

Contra 6
Contra la seca hoja   *S1,174*
A duro toro, aun *contra* el viento armado: *S2,21*
Contra mis redes ia, contra mi vida;   *S2,459*
Contra mis redes ia, *contra* mi vida;   *S2,459*
Tropa inquièta *contra* el aire armada.   *S2,716*
Contra la infanteria; que piànte   *S2,963*

Conuecina 1
En la riuera vimos *conuecina*   *S2,508*

Conuecino 2
Meta vmbrosa al vaquero *conuecino*,   *S1,581*
Que el *conuecino* ardor dulces amantes.   *S2,644*

Conuencida 1
Conuencida la madre, imita al hijo,   *P,462*

Conuida 1
Oi te *conuida* al que nos guarda sueño   *S1,521*

Conuoca 2

Conuoca el caso, el solo desafia,   *S1,567*
I con siniestra voz *conuoca* quanta   *S2,883*

Conuocacion 1
Conuocacion su canto   *S2,534*

Conuocaua 1
Inuidia *conuocaua*, si no zelo   *S2,612*

Convoca 1
Convoca despidiendo al caminante   *S1,85*

Conyugal 1
El dulce lecho *conyugal*, en quanto   *S1,802*

Copa 2
Copa es de Baccho, huerto de Pomona: *P,138*
Quando el que ministrar podia la *copa*   *S1,7*

Copadas 1
Sus morados cantuessos, sus *copadas*   *S1,909*

Copia 7
De los montes esconde, *copia* bella,   *P,47*
De la *copia* á la tierra poco auara   *P,157*
De liebres dirimiò *copia* assi amiga,   *P,479*
Quiere la *Copia* que su cuerno sea;   *S1,203*
Con la manchada *copia*   *S1,298*
De *copia* tal a estrellas deua amigas   *S1,820*
De la virginal *copia* en la armonia   *S2,632*

Copo 2
I vn *copo* en verdes juncos de manteca: *P,204*
Aun el *copo* mas leue   *S2,835*

Copos 2
Copos nieua en la otra mill de lana: *P,148*
Suelo de lilios, que en fraga<n>tes *copos*   *S2,335*

Coral 3
De el mas tierno *coral* ciñe Palemo,   *P,122*
Espumoso *coral* le dan al Tormes: *SD,12*
I de *coral* barbado, no de oro   *S1,295*

Corales 2
Purpureos troncos de *corales* ciento,   *P,380*
Nimpha, por quien lucientes son *corales*   *S2,596*

Corba 1
Engañada su oculta lyra *corba*,   *S2,355*

Corbo 6
Sobre el *corbo* cayado.   *S1,121*
No *corbo*, mas tendido)   *S1,464*
El breue hierro, cuio *corbo* diente   *S2,237*
Corbo es delfin la cola.   *S2,464*
Corbo azero su pie, flaca pihuela   *S2,756*
Q<u>e a vn bote *corbo* de'l fatal azero   *S2,934*

Corbos 1
Cuchillos *corbos* absoluelle quiso.   *S1,1076*

Corcho 4
En breue *corcho*, pero bien labrado,   *P,205*
En juncos, miel en *corcho*, mas sin dueño;   *P,226*
Corcho, i moradas pobres sus vacios   *S2,299*
Vn plomo fiò graue à un *corcho* leue,   *S2,467*

Corchos 4
Corchos me guardan, mas que aueja flores   *P,395*
Sobre *corchos*, despues, mas regalado   *S1,163*
Vuestros *corchos* por uno, i otro poro   *S1,924*
Sus plomos graues, i sus *corchos* leues.   *S2,53*

Corcillo 1
Al *Corcillo* trauiesso, al Muflon Sardo,   *S1,1016*

Corderillos 1
Corderillos os brote la ribera,   *S1,913*

Corderos 1
Cubran, *corderos* mil, que los cristales   *S1,836*

Cordon 1
Gima el lebrel en el *cordon* de seda;   *P,15*

Corona 9
Quanto aquel de racimos la *corona*.   *P,140*
Corona immobil, mientras no desciende,   *P,262*
Que mucho, si de nubes se *corona*   *P,413*
De muros se *corona*,   *S1,207*
Aun mas que à los de Phebo su *corona*,   *S1,936*

De el Rei *corona* de los otros rios;   *S1,953*
La barbara *corona* que le escucha.   *S1,984*
Que sin *corona* buela, i sin espada,   *S2,289*
Puesto en tiempo *corona*, si no escala   *S2,849*

Coronaba 1
Sobre tus huebos *coronaba* el dia,   *P,418*

Coronada 3
La cabeça de'l Norte *coronada*   *S1,427*
A la torre de luzes *coronada*,   *S1,647*
Que *coronada* luze   *S1,1081*

Coronado 3
No lejos de vn escollo *coronado*   *S1,24*
Que á Vulcano tenian *coronado*.   *S1,93*
De el Padre de las aguas *coronado*   *S2,24*

Coronados 1
Coronados traslada de fauores   *S2,649*

Coronan 3
Mientras *coronan* pampanos á Alcides,   *S1,829*
Bobedas lo *coronan* de espadañas.   *S2,111*
Coronan ellos el encanecido   *S2,334*

Coronauan 1
Coronauan la barbara capilla,   *S1,557*

Coronen 1
Mudos *coronen*, otros, por su turno   *S1,801*

Coronò 2
Le *coronò* el Amor, mas ribal tierno,   *S1,158*
Mastiles *coronò* menos crecidos   *S2,272*

Corpulento 1
Si no tan *corpulento*, mas adusto   *S1,1012*

Corre 1
Le *corre* en lecho azul de aguas marinas   *S1,417*

Corredor 1
Corredor el diaphano elemento   *S2,928*

Corren 2
Leche *corren* i lagrimas; que iguales   *P,391*

Correr 1
Correr al mar la fugitiua nieue,   *P,482*

Corresponde 1
Al desseo el estero *corresponde*,   *S2,82*

Correspondido 2
De los serranos, que *correspondido*,   *S1,358*
Y honestamente al fin *correspondido*   *S2,242*

Corriente 3
Dos verdes garças son de la *corriente*.   *P,212*
Corriente plata al fin sus blancos huesos,   *P,501*
Tales no vio el Meandro en su *corriente*.   *S2,526*

Corrio 1
Corrio Fabonio lisongeramente   *P,214*

Corros 1
Festiuos *corros* en alegre egido,   *S2,333*

Corta 1
Con las de su edad *corta* historias largas,   *S1,508*

Cortesano 1
Con su huesped, que admira *cortesano*,   *S1,714*

Corteses 2
Quantos les enseñò *corteses* modos   *S2,57*
A los *corteses* juncos (porque el viento   *S2,233*

Cortesia 3
Este de *cortesia* no pequeño   *P,230*
Con el garçon dormido en *cortesia*,   *P,266*
Mas de fierezas, que de *cortesia*,   *S1,137*

Cortesmente 1
Saludolos á todos *cortesmente*,   *S1,356*

Corteza 1
En la *corteza* no abraçò reciente   *S1,1056*

Cortezas 2
De *cortezas*: En esta pues Carthago   *S2,293*
Con las mesas, *cortezas* ia liuianas   *S2,340*

Cortinas 2
Vagas *cortinas* de volantes vanos   *P,213*

A Pales su viciosa *cumbre* deue   *P,145*
Aliento diò en la *cumbre* de la roca,   *P,346*
Vencida al fin la *cumbre*   *S1,52*
Es Sisifo en la cuesta, si en la *cumbre*   *S1,168*
(A pesar de mi edad) non en la alta *cumbre*   *S2,396*
En la *cumbre* modesta   *S2,691*

Cumbres   1
Quanto las *cumbres* asperas cabrio   *P,46*

Cuna   5
La pera, de quien fue *cuna* dorada   *P,78*
Venera fue su *cuna.*   *S2,90*
De los mancebos dos la mayor *cuna,*   *S2,202*
(Pobre ia *cuna* de mi edad primera)   *S2,543*
El Bahari, a quien fue en Hespaña *cuna*   *S2,758*

Cupido   5
Era Acis vn benablo de *Cupido,*   *P,193*
En su imaginacion *Cupido* hecho   *P,271*
Nò à las palomas concedió *Cupido*   *P,329*
Venus de el mar, *Cupido* de los montes.   *P,464*
Con ojos, i sin alas vn *Cupido,*   *S1,768*

Curiosa   1
Solicitò *curiosa,* i guardò auara   *S2,186*

Curioso   1
Veràs *curioso,* i honrraràs testigo   *S1,526*

Curso   4
Hizieron á su *curso* acelerado,   *S1,348*
Dulces pomos, que al *curso* de Atalanta   *S1,863*
Largo *curso* de edad nunca prolixo,   *S1,894*
Curso de'l llanto metrico te fio,   *S2,554*

Cuya   6
Troncos robustos son, á *cuya* greña   *P,34*
Dulcissimo panal; a *cuya* cera   *P,207*
De animal tenebroso, *cuya* frente   *S1,75*
De Réàles Palacios, *cuya* arena   *S1,126*
Cuya forma tortuga es perezosa.   *S2,192*
Cuya hasta breue dessangrò la Phoca)   *S2,449*

Cuyas   1
Cuyas minas secretas   *S1,459*

Cuyo   4
Cuyo bello contacto puede hacerlas   *P,375*
La fiera, *cuyo* cerro leuantado   *P,427*
Esposo casi vn lustro (*cuyo* diente   *S1,154*
Cuyo pie Tyria purpura colora.   *S2,790*

Cuyos   1
Cuyos purpureos senos perlas netas,   *S1,458*

Cyclope   2
Cyclope, à quien el pino mas valiente   *P,53*
O al cielo humano, o al *Cyclope* celeste.   *P,424*

Cyclòpe   1
No al *Cyclòpe* attribuie, no, la offrenda,   *P,233*

Cypria   1
La aue lasciua de la *Cypria* Diosa: *S2,271*

Cythara   1
I al cuerno al fin la *cythara* suceda.   *P,16*

Çampõa   1
Al son de otra *çampõa,* que conduce   *S1,1078*

Çampoña   1
Escucha al son de la *çampoña* mia: *P,6*

Çampoñas   1
Si, de *çampoñas* ciento,   *S1,750*

Da   13
De el duro officio *da.* Alli vna alta roca   *P,31*
La serua, a quien le *da* rugas el heno;   *P,77*
La nieue de sus miembros, *da* á vna fuente.   *P,180*
Al sueño *da* sus ojos la armonia,   *P,183*
Bebelo Galathea; i *da* otro passo   *P,287*
Da al mar; que condolido,   *S1,11*
Montañesas *da* el prado, que dirias   *S1,260*
Artificiosamente *da* exhalada   *S1,649*
Da el fuego luzes, i el arroyo espejos.   *S1,662*
Terminos le *da* el sueño al regozijo,   *S1,677*
El huerto le *da* esotras, á quien debe   *S2,220*

Al flaco *da,* que me construyen muro   *S2,589*
Quantos *da* la cansada turba passos,   *S2,940*

Dà   3
Caluroso al arroyo *dà* a las manos,   *P,209*
I en quanto *dà* el solicito montero   *SD,16*
De la Lybia: i à quantas *dà* la fuente   *S1,598*

Dada   1
Las vezes que en fiado al viento *dada*   *S2,743*

Dadas   1
Comieron pues, i rudamente *dadas*   *S2,361*

Dado   2
Si no ha *dado* su nombre á tus espumas,   *S2,140*
Dado al traues el monstro, donde apenas   *S2,509*

Damascò   1
En los que *damascò* manteles Flandes;   *S1,860*

Dan   4
Espumoso coral le *dan* al Tormes: *SD,12*
Gruessa le *dan,* i fria,   *S1,150*
Me *dan,* que de el Occèano tus paños,   *S1,529*
Quantas al mar espumas *dan* sus remos.   *S2,664*

Dança   1
Y el tronco mayor *dança* en la ribera;   *S1,672*

Dando   3
(Pasos *dando* velozes)   *S1,231*
Dando el huesped licencia para ello,   *S2,73*
Buela rapaz, i (plumas *dando* a quexas)   *S2,674*

Daño   1
Mas a su *daño* el esquadron attento,   *S2,872*

Daños   2
(Preuiniendo ambos *daños*) las edades: *S1,933*
Moderador piadoso de mis *daños!*   *S2,124*

Dar   2
Passos hiziera *dar* el menor passo   *S1,554*
A la turba, que *dar* quisiera vozes   *S2,44*

Darà   2
Su canoro *darà* dulce instrumento,   *SD,36*
Las que siempre *darà* ceruleas señas)   *S1,363*

Dardo   2
Tres vezes ocupar pudiera vn *dardo.*   *S1,998*
Vn fuerte *dardo* auia succedido)   *S2,481*

Datilado   1
I entre el membrillo, o verde, o *datilado,*   *P,82*

Daua   1
Arrogante, i no ya por las que *daua*   *S2,818*

Dauan   1
Que los mancebos *dauan* alternantes   *S2,522*

Dè   1
Ven Hymeneo, i tantas le *dè* á Pales,   *S1,832*

Debajo   1
Debajo aun de la Zona mas vezina   *S1,455*

Debaxo   1
Debaxo escuchas de dosel Augusto   *P,19*

Debe   3
Si bien al dueño *debe* agredecida   *P,227*
Thumulo tanto *debe*   *S2,165*
El huerto le da esotras, á quien *debe*   *S2,220*

Debiera   1
Cera i cañamo vnio (que no *debiera*)   *P,89*

Debil   1
El duro braço *debil* haze junco,   *S2,784*

Decidiera   1
Que el caso *decidiera;*   *S1,1062*

Decima   1
A la que imagen *decima* de'l cielo   *S2,306*

Declina   1
Declina al vacilante   *S1,57*

Decoro   1
Vìòlador del virginal *decoro;*   *S2,462*

Dedalo   2
Dedalo, si de leño no, de lino   *S2,78*

Ià inuidia tuya, *Dedalo,* aue ahora,   *S2,789*

Dedo   1
Escribir mis desdichas con el *dedo?*   *P,416*

Dedos   2
Surcada avn de los *dedos* de su mano.   *P,64*
Negras piçarras entre blancos *dedos*   *S1,251*

Defendidos   1
De sus musculos, menos *defendidos*   *S1,966*

Deforme   1
El *deforme* fiscal de Proserpina,   *S2,892*

Deidad   9
Deidad, aunque sin templo, es Galathea: *P,152*
Su *deidad* culta, venerado el sueño.   *P,228*
I de Mala⁀co Rey, a *Deidad* laua   *P,459*
Del sitiàl a tu *Deidad* deuido,   *SD,25*
Mientras inuocan su *Deidad* la alterna   *S1,764*
Que siendo Amor vna *Deidad* alada,   *S1,1089*
Deidad dirigio amante el hierro agudo: *S2,485*
De'l bello de la Stygia *Deidad* robo,   *S2,793*
I á la stygia *Deidad* con bella esposa.   *S2,979*

Deidades   3
De quantas honra el mar *Deidades* era;   *P,114*
Las *Deidades* de el mar, que Acis inuoca: *P,494*
Por seis hijas, por seis *deidades* bellas,   *S2,214*

Deja   1
I condenado su esplendor, la *deja*   *P,111*

Delfin   1
Corbo es *delfin* la cola.   *S2,464*

Delgado   1
I al graue peso junco tan *delgado,*   *P,55*

Delicia   1
La *delicia* volante   *S2,762*

Delicias   1
Delicias de aquel mundo, ya tropheo   *P,445*

Delicioso   1
I *delicioso* termino al distante,   *S1,582*

Dellos   1
Qual *dellos* las pendientes summas graues   *S1,291*

Delphin   2
Delphin, que sigue en agua Corza en tierra!   *P,136*
Breue tabla *delphin* no fue pequeño   *S1,18*

Delphines   1
De musicos *delphines,* aunque mudos,   *S2,535*

Den   1
Al aire los hijuelos *den* alados   *S1,794*

Densa   1
O le esconde el Olympo, ó *densa* es nube,   *S2,747*

Denso   1
El *denso* de los arboles celage,   *S1,537*

Densò   1
En quantas le *densò* nieblas su aliento,   *S2,968*

Dentado   1
Con box *dentado,* o con raiada espina,   *S2,365*

Deponiendo   1
Su bella amada, *deponiendo* amante   *S1,354*

Deribados   1
O *deribados* de los ojos mios,   *P,390*

Derramè   1
Tiernas *derramè* lagrimas! temiendo   *S2,454*

Derribados   1
Procuran derribarse, i *derribados,*   *S1,975*

Derribarse   1
Procuran *derribarse,* i derribados,   *S1,975*

Desafia   2
Conuoca el caso, el solo *desafia,*   *S1,567*
Desafia las rocas, donde impressa   *S2,606*

Desafio   1
Arras de el animoso *desafio*   *S1,985*

Desarmado   1
Esquadron de Amazonas *desarmado*   *S1,278*

Desata 7

Huiera, mas tan frio se *desata* *P,221*

En lo viril *desata* de su vulto *P,285*

De la alta gruta, donde se *desata,* *S1,209*

Su nectar les *desata;* *S1,869*

Desata estremeciendose gallardo. *S1,994*

De'l huerto, en cuios troncos se *desata* *S2,326*

El Sol trenças *desata* *S2,702*

Desatada 4

Mariposa en cenizas *desatada.* *S1,89*

Que el alma por los ojos *desatada* *S1,748*

En rios de agua i sangre *desatada.* *S2,444*

Bebiò no solo, mas la *desatada* *S2,814*

Desatado 2

Emulo el arroiuelo, *desatado* *S1,276*

Vinculo *desatado,* instable puente. *S2,48*

Desatados 3

No los que de sus vbres *desatados,* *P,389*

Los dulces dos amantes *desatados,* *P,474*

Sus miembros en cenizas *desatados* *S1,685*

Desatando 1

Mucho es mas lo que (nieblas *desatando)* *S1,195*

Desatarse 2

A *desatarse* en lagrimas cantando, *S2,552*

Que en *desatarse* al polo ia vezina *S2,893*

Desate 1

O los *desate* el Maio, ambar destilan, *P,399*

Desaten 1

En dulce se *desaten* liquido oro. *S1,925*

Desatinada 1

Quando *desatinada* pide, o quando *S2,438*

Descanso 1

Sueño le ofrece á quien buscò *descanso* *S1,342*

Descendia 1

La esquadra *descendia* presurosa *S2,826*

Descendientes 1

A vuestros *descendientes* *S1,932*

Descendio 1

Descendio fulminada en poco humo, *S2,916*

Desciende 2

Corona immobil, mientras no *desciende,* *P,262*

I la carroça de la luz *desciende* *S1,1066*

Desconfiança 1

Desconfiança, a la Sicanna Diosa *S2,977*

Descriuo 1

En aquel mar del Alua te *descriuo,* *S1,482*

Descubrieron 1

Antiguo *descubrieron* blanco muro; *S2,695*

Descubrio 1

Descubrio la Alua á nuestro peregrino *S2,29*

Descubro 1

Descubro, ese voraz, ese profundo *S2,402*

Desde 6

I en los cielos *desde* esta roca puedo *P,415*

I argenta el mar *desde* sus gruttas hondas *S1,1029*

Tal vez *desde* los muros de'stas rocas *S2,418*

Si Thetis no (*desde* sus grutas hondas) *S2,624*

(*Desde* la Mauritania á la Noruega) *S2,738*

Desde el guante hasta el hombro á un jouen cela: *S2,794*

Desden 4

Que el *desden* solicita? Ô quanto ierra *P,135*

El *desden* hasta alli de Galathea. *P,240*

Aunque pastor. Si tu *desden* no espera *P,402*

Muera mi culpa, i tu *desden* le guarde *S2,152*

Desdenes 1

Mas en la gracia igual, si en los *desdenes* *P,125*

Desdeña 1

I con razon, que el thalamo *desdeña* *S1,333*

Desdeñado 1

Naufrago, i *desdeñado* sobre ausente, *S1,9*

Desdeñar 1

Echos solicitar, *desdeñar* fuentes: *S1,116*

Desdeñas 1

A tus huessos *desdeñas.* *S1,446*

Desdeñosa 1

De la Peneida virgen *desdeñosa* *S1,1054*

Desdichas 1

Escribir mis *desdichas* con el dedo? *P,416*

Desdorados 1

Desdorados los siente: *S1,45*

Desembarcò 1

Desembarcò triunphando; *S2,506*

Desengaños 2

Cuia lamina cifre *desengaños* *S1,942*

Sino con verdaderos *desengaños;* *S2,366*

Desenlaçado 1

Mientras *desenlaçado* la cimera, *S2,904*

Deseo 1

El sueño afflija, que affloxò el *deseo.* *P,236*

Desfloren 1

I Primaueras tantas os *desfloren,* *S1,921*

Desgajó 1

Con violencia *desgajó* infinita *P,489*

Deshoja 1

La Alua entre lilios candidos *deshoja:* *P,106*

Designio 1

El *designio,* la fabrica, i el modo. *S2,274*

Designios 1

Borrò *designios,* bosquejò modelos, *S1,98*

Desigual 3

Que hazian *desigual,* confusamente *S1,43*

Retrogrado cediò en *desigual* lucha *S2,20*

(Guarnicion *desigual* á tanto espejo) *S2,28*

Desigualdad 1

De vna *desigualdad* de'l Orizonte, *S2,692*

Desiguales 4

Casta Lucina en Lunas *desiguales* *S1,813*

Fecundo os rinda (en *desiguales* dias) *S1,906*

Las siempre *desiguales* *S2,591*

Sus puntas *desiguales,* *S2,846*

Desliça 1

Culebra se *desliça* tortúosa *S2,824*

Desmantelando 1

Muros *desmantelando* pues de arena *S2,9*

Desmentido 1

Las gallardas serranas *desmentido,* *S1,338*

Desmentir 1

Aun *desmentir* al cascauel presuma. *P,12*

Desmiente 1

Segunda vez, que en pampanos *desmiente* *S2,330*

Desmintiendo 1

Las nubes (*desmintiendo* *S2,850*

Desmintieron 1

Desmintieron la noche algunas horas, *S1,681*

Desnuda 4

Que a la playa de escollos no *desnuda* *P,343*

Dió a mi cueua, de piedad *desnuda;* *P,430*

La virginal *desnuda* monteria; *S1,487*

Vellones les *desnuda.* *S1,918*

Desnudas 1

Iazen ahora, i sus *desnudas* piedras *S1,218*

Desnudo 6

(Que a tanta vista el Lybico *desnudo* *P,483*

Sobre el de grama cesped no *desnudo,* *SD,29*

Desnudo el jouen, quanto ya el vestido *S1,34*

Dexa de su esplendor, dexa *desnudo* *S1,691*

Besò la raia pues el pie *desnudo* *S1,995*

Que al preciòsamente Inca *desnudo,* *S2,779*

Desnudos 3

De valientes *desnudos* labradores. *S1,962*

Estos, i muchos mas, vnos *desnudos,* *S2,102*

De muscolosos jouenes *desnudos.* *S2,580*

Desotro 1

Sino *de'sotro* escollo al mar pendiente; *S2,400*

Desparece 1

No el poluo *desparece* *S1,1041*

Desparezco 1

Los cerros *desparezco* leuantados, *P,387*

Despecho 1

Fixò (á *despecho* de la niebla fria) *S1,81*

Despedida 1

El Doral: *despedida* no saeta *S2,844*

Despedido 3

Llegò todo el lugar, i *despedido,* *S1,1084*

Que algunas vezes *despedido,* quanto *S2,468*

Dulcemente salia *despedido* *S2,683*

Despejan 1

Despejan el egido, *S1,960*

Despidiendo 2

Convoca *despidiendo* al caminante *S1,85*

Trauiessos *despidiendo* moradores *S2,277*

Despidió 1

I tantas *despidió* la honda piedras, *P,471*

Despido 1

Mis hijos dos en vn batel *despido,* *S2,412*

Despierto 1

Es quanto mas *despierto,* mas burlado. *S1,170*

Desplegar 1

Mas tardò el *desplegar* sus plumas graues *S2,891*

Desplegò 1

Alas *desplegò* Ascalapho prolixas, *S2,887*

Despliega 2

Si mucho poco mappa les *despliega,* *S1,194*

Con sordo luego strepitu *despliega* *S2,974*

Desplumada 1

La *desplumada* ia, la breue esphera, *S2,933*

Despojo 1

Lastimoso *despojo* fue dos dias *P,447*

Desposada 1

Llegò la *desposada* apenas, quando *S1,963*

Desposados 1

Los *desposados* á su casa bueluen; *S1,1080*

Despreciando 1

Que *despreciando* la mentida nube, *S2,907*

Despues 4

Sobre corchos, *despues,* mas regalado *S1,163*

No le bastò *despues* á este elemento *S1,435*

Zodiaco *despues* fue cristalino *S1,466*

Blancas primero ramas, *despues* rojas *S2,592*

Dessangrò 1

Cuya hasta breue *dessangrò* la Phoca) *S2,449*

Desseado 1

Al flaco pie de'l suegro *desseado.* *S2,651*

Dessean 1

Tres, o quatro *dessean* para ciento *S2,310*

Desseo 6

Quando no de el sacrilego *desseo,* *P,30*

A su ardiente *desseo.* *S1,778*

Por templar en los braços el *desseo* *S1,1068*

Al *desseo* el estero corresponde, *S2,82*

Calçandole talares mi *desseo:* *S2,600*

Enfrenàra el *desseo.* *S2,625*

Desta 4

De canas graue, hablò *desta* manera. *S1,365*

O escollos *de'sta* isla diuididos: *S2,434*

En la officina vndosa *desta* plaia, *S2,586*

De'sta primer region sañudo espera *S2,932*

Destas 3

Tal vez desde los muros *de'stas* rocas *S2,418*

Mercurio *de'stas* nueuas diligente   *S2,648*
Vezinos eran *destas* alquerias,   *S2,956*

Deste   4

Al son pues *deste* rudo   *S1,254*
Al que ia *de'ste*, o de aquel mar primero   *S1,369*
Deste metrico llanto.   *S2,115*
Deste genero alado,   *S2,897*

Desterrado   1

A la que naufragante, i *desterrado*   *S1,735*

Destierro   1

Fin duro a mi *destierro*:   *S2,160*

Destilan   1

O los desate el Maio, ambar *destilan*,   *P,399*

Destina   1

Que Hymeneo à sus mesas te *destina*:   *S1,314*

Destos   1

****De'stos* pendientes agradables casos   *S2,937*

Desuanece   1

El mas tardo la vista *desuanece*,   *S1,1044*

Desuanecimiento   1

Conseruaràn el *desuanecimiento*   *S2,142*

Desuiada   1

Y la que *desuiada*   *S1,86*

Desuios   2

Mas con *desuios* Galathea súaues   *P,322*
Del que mas solicita los *desuios*   *S2,300*

Determina   1

Lo que agradable mas se *determina*   *S2,205*

Deua   1

De copia tal a estrellas *deua* amigas   *S1,820*

Deuana   1

Ya hila, ia *deuana* su carrera,   *S2,437*

Deue   4

Menos luz *deue*, menos aire puro   *P,35*
A Pales su viciosa cumbre *deue*   *P,145*
La admiracion que al arte se le *deue*   *S2,706*
Que al mar *deue*, con termino prescripto,   *S2,828*

Deues   1

Deues por dicha cebo?   *S2,776*

Deuido   1

Del sitiàl a tu Deidad *deuido*,   *SD,25*

Devoto   1

I aun siente, que a su dueño sea *devoto*,   *P,247*

Dexa   12

Que el tardo Otoño *dexa* al blando seno   *P,75*
Ceuase, i fiero *dexa* humedecido   *P,173*
Dexa las ondas, *dexa* el rubio choro   *P,369*
Dexa las ondas, dexa el rubio choro   *P,369*
Dexa el aluergue, i sale acompañado   *S1,183*
Que mal lleuar se *dexa*:   *S1,332*
Las rosas gozar *dexa* de su frente;   *S1,637*
Dexa de su esplendor, *dexa* desnudo   *S1,691*
Dexa de su esplendor, dexa desnudo   *S1,691*
De la Isla i de'l agua no los *dexa*.   *S2,530*
Que *dexa* de ser monte   *S2,693*
Horrores *dexa* el Nilo que le baña.   *S2,830*

Dexado   1

Si vida me ha *dexado* que sea tuia   *S2,133*

Dexan   2

Que aun se *dexan* las peñas   *S1,32*
Dexan ser torres oi (dixo el cabrero,   *S1,213*

Dexando   1

De su prision, *dexando* mis cadenas   *S2,135*

Dexar   3

Dexar hizo al serrano,   *S1,227*
Sin *dexar* ni aun pequeña   *S1,1018*
Alcaçares *dexar* (donde excedida   *S2,666*

Dexaron   1

Dexaron pues las açotadas rocas,   *S2,686*

Dexas   1

Entra ahora, i le *dexas*!   *S2,673*

Dexate   1

Dexate vn rato hallar de'l pie acertado,   *SD,30*

Dexe   1

Dexe, que vuestras cabras siempre errantes,   *S1,911*

Dexò   6

Indicio la *dexò*, aunque estatua elada,   *P,231*
Dexò, i en su carroça   *S1,180*
Estanque *dexò* hccho,   *S1,400*
Dexò primero de su espuma cano,   *S1,410*
Dexò al viento, si no restitúido,   *S2,935*
Dexò sin dulce hija,   *S2,978*

Dezimo   1

Dezimo esplendor bello de Aganipe,   *S2,539*

Di   3

Quantas vozes le *di*! Quantas (en vano)   *S2,453*
Priuilegios, el mar, à quien *di* redes,   *S2,575*
Templarte supo, *di*, barbara mano   *S2,777*

Dia   31

Que es rosas la Alua, i rosicler el *dia*.   *P,4*
Que vn *dia* era baston, i otro cayado.   *P,56*
Pisando la dudosa luz de el *dia*.   *P,72*
Mudo la noche el can, el *dia* dormido,   *P,169*
Por no abrasar con tres Soles al *dia*.   *P,184*
Choros texiendo estés, escucha vn *dia*,   *P,383*
Sobre tus huebos coronaba el *dia*,   *P,418*
Iugo aquel *dia*, i iugo bien súaue   *P,437*
Carro es brillante de nocturno *dia*:   *S1,76*
Leche, que exprimir vio la Alua aquel *dia*,   *S1,147*
Que festiuo theatro fue algun *dia*   *S1,188*
Las cenizas de'l *dia*.   *S1,392*
El Sol, que cada *dia*   *S1,407*
Dosel al *dia*, i thalamo á la noche: *S1,471*
Guerra al calor, ó resistencia al *dia*.   *S1,539*
Los consignados premios otro *dia*,   *S1,563*
Al pueblo llegan con la luz, que el *dia*   *S1,645*
Fingieron *dia* en la tiniebla obscura)   *S1,683*
De honesto rosicler, preuiene el *dia*   *S1,781*
De los dudosos terminos de el *dia*.   *S1,1072*
Dos vezes huella la campaña al *dia*,   *S2,12*
Donde el Sol nace, o donde muere el *dia*.   *S2,150*
Nudos les halle vn *dia*, bien que agenos)   *S2,234*
Impidiendole el *dia* al forastero   *S2,248*
Vieras intempestiuos algun *dia*   *S2,414*
El discurso, i el *dia* juntamente   *S2,513*
Que conducen el *dia*,   *S2,733*
Que á ver el *dia* buelue   *S2,742*
Estrellas su cerulea piel al *dia*,   *S2,819*
De quanto sus dos alas aquel *dia*   *S2,839*
Restituyen el *dia*   *S2,905*

Diamante   5

Ciñalo bronce, o murelo *diamante*:   *P,294*
Muros de abeto, almenas de *diamante*   *SD,6*
Solicita el que mas brilla *diamante*   *S1,383*
Liquido pues *diamante*   *S2,167*
(Rebelde aun al *diamante*) el duro lomo   *S2,474*

Diana   1

I pescar a *Diana* en dos barquillas: *S2,420*

Diaphano   2

En el papel *diaphano* del cielo   *S1,610*
Corredor el *diaphano* elemento   *S2,928*

Diaphanos   2

Diaphanos cristales: *S1,205*
Los annales *diaphanos* del viento.   *S2,143*

Dias   5

Lastimoso despojo fue dos *dias*   *P,447*
Fie tus nudos ella, que los *dias*   *S1,810*
Fecundo os rinda (en desiguales *dias*)   *S1,906*
Dias ha muchos (ô mancebo, dixo   *S2,388*
Muchos hà dulces *dias*,   *S2,392*

Dicha   1

Deues por *dicha* cebo?   *S2,776*

Dichosa   1

Dissueluan tarde en senectud *dichosa*:   *S1,811*

Dichoso   1

Pisad *dichoso* esta esmeralda bruta   *S2,367*

Dictaua   1

Que *dictaua* los numeros que oìa?   *S2,634*

Dictò   2

ESTAS, que me *dictò*, Rimas sonoras,   *P,1*
Quantos me *dictò* versos dulce Musa   *SD,2*

Dido   1

Susurrante Amazona, *Dido* alada,   *S2,290*

Diente   6

Mas qual *diente* mortal, qual metal fino   *P,133*
Esposo casi vn lustro (cuyo *diente*   *S1,154*
Sordo engendran gusano, cuio *diente*,   *S1,740*
El breue hierro, cuio corbo *diente*   *S2,237*
Libres discurren, su nociuo *diente*   *S2,312*
Mentir cerdas, zeloso espumar *diente*.   *S2,583*

Diera   1

Señas *diera* de su arrebatamiento: *S1,749*

Dieron   2

Señas *dieron* súaues   *S1,178*
De mis cenizas *dieron* tus riberas.   *S2,562*

Diez   5

A quien se abaten ocho, o *diez* soberuios   *S1,987*
Dos vezes eran *diez*, i dirigidos   *S1,1035*
Con siluo igual, dos vezes *diez* saetas.   *S1,1040*
Diez a diez se calaron, ciento a ciento   *S2,895*
Diez a *diez* se calaron, ciento a ciento   *S2,895*

Differentes   1

En idiòmas cantan *differentes*,   *S2,357*

Difficil   1

De aquel morro *difficil* (cuias rocas   *S2,397*

Diga   2

Galathea lo *diga* salteada.   *P,304*
Lisonja no, serenidad lo *diga*   *S2,572*

Diganlo   1

Diganlo quantos siglos ha que nada   *S2,193*

Digna   2

Digna la juzga esposa   *S1,732*
De sceptro *digna*. Lubrica no tanto   *S2,823*

Digno   1

(Entre vn vulgo nadante *digno* apenas   *S2,415*

Digo   4

Arco *digo* gentil, bruñida aljaua,   *P,457*
Tributos *digo* Americos, se beue,   *S2,405*
(Aves *digo* de Leda)   *S2,524*
Vno i otro rapaz *digo* milano   *S2,961*

Dilaciones   1

Con *dilaciones* sordas, le diuierte   *S2,249*

Diligente   4

Tal *diligente*, el passo   *S1,77*
La prora *diligente*   *S2,49*
Barbaro obseruador (mas *diligente*)   *S2,407*
Mercurio *de'stas* nueuas *diligente*   *S2,648*

Diluvio   1

No serenàra el Baccanal *diluvio*.   *S1,882*

Dio   15

Que le expuso en la playa, *dio* á la roca;   *S1,31*
Tienda el frexno le *dio*, el robre alimento.   *S1,142*
Forma elegante *dio* sin culto adorno,   *S1,146*
Culto principio *dio* al discurso; quando   *S1,236*
De aquellas, que la sierra *dio* Bacchantes,   *S1,272*
Dio el primer alimento   *S1,368*
Segundos leños *dio* á segundo Polo   *S1,430*
Quantos la sierra *dio*, quantos dio el llano   *S1,854*
Quantos la sierra dio, quantos *dio* el llano   *S1,854*
De el Hy< m >no culto *dio* el vltimo accento   *S1,944*
Passos otro *dio* al aire, al suelo cozes.   *S1,1023*
Dio la ria pescados,   *S2,104*
Las flores, que de vn parto *dio* lasciuo   *S2,324*
Menos quizà *dio* astillas   *S2,386*

Los dulces *dos* amantes desatados, *P,474*
El que de cabras fue *dos* vezes ciento *S1,153*
Sobre *dos* hombros larga vara ostenta *S1,315*
Sino los *dos* topazios, que batia, *S1,707*
Instrumentos, no, en *dos* festiuos choros, *S1,752*
Torrida la Noruega con *dos* Soles, *S1,784*
I blanca la Etyopia con *dos* manos. *S1,785*
Hizieron *dos* robustos luchadores *S1,965*
Abraçaronse pues los *dos*, i luego *S1,968*
Las *dos* partes raiaua del theatro *S1,981*
Dos vezes eran diez, i dirigidos *S1,1035*
A *dos* olmos, que quieren abraçados *S1,1036*
Con siluo igual, *dos* vezes diez saetas. *S1,1040*
Dos vezes huella la campaña al dia, *S2,12*
Dos pobres se aparecen pescadores, *S2,35*
Que en *dos* cuernos de el mar calo no breues *S2,52*
En los *dos* gyros de inuisible pluma, *S2,183*
Que fingen sus *dos* alas, hurtó el viento. *S2,184*
Dos son las choças, pobre su artificio, *S2,200*
De los mancebos *dos* la mayor cuna, *S2,202*
El padre de los *dos*, emulo cano *S2,209*
Mis hijos *dos* en vn batel despido, *S2,412*
I pescar a Diana en *dos* barquillas, *S2,420*
De pescadores dos, de *dos* amantes *S2,517*
De pescadores *dos*, de dos amantes *S2,517*
Quando, de tus *dos* Soles *S2,560*
I las Ossas *dos* bellas, *S2,615*
Para fauorecer, no a *dos* supremos *S2,659*
Sino a *dos* entre cañamo garçones! *S2,661*
Los *dos* reduce al vno y otro leño, *S2,675*
Por *dos* topazios bellos con que mira, *S2,796*
De quanto sus *dos* alas aquel dia *S2,839*

Dosel 4
Debaxo escuchas de *dosel* Augusto *P,19*
A vn fresco sitiàl *dosel* vmbroso; *P,310*
Lo Augusto del *dosel*, ó de la fuente *SD,23*
Dosel al dia, i thalamo á la noche: *S1,471*

Doze 1
Quatro vezes en *doze* labradoras, *S1,889*

Duda 2
Duda el Amor qual mas su color sea, *P,107*
En *duda* ponen qual maior hazìa, *S1,538*

Dudaba 1
Neutra el agua *dudaba* a qual fee preste, *P,423*

Dudas 1
Si *dudas* lo que sabes, *S2,567*

Dudo 3
Ingenìòsa hiere otra, que *dudo*, *S1,252*
Arbitro Alcides en sus ramas *dudo*, *S1,1061*
Al insultar los aires? Yo lo *dudo*; *S2,778*

Dudosa 3
Pisando la *dudosa* luz de el dia. *P,72*
Obedeciendo la *dudosa* planta, *S1,191*
Vn lustro ha hecho á mi *dudosa* mano, *S2,147*

Dudosos 1
De los *dudosos* terminos de el dia. *S1,1072*

Dueño 6
De tardos bueyes, qual su *dueño*, errantes; *P,164*
Reuoca, Amor, los siluos; o á su *dueño* *P,175*
En juncos, miel en corcho, mas sin *dueño*; *P,226*
Si bien al *dueño* debe agredecida *P,227*
I aun siente, que a su *dueño* sea devoto, *P,247*
De muchos pocos numeroso *dueño*, *S2,316*

Duerme 1
Como *duerme* la luz niegan las flores. *P,280*

Dulce 34
Ocio attento, silencio *dulce*, en quanto *P,18*
Galathea es su nombre, i *dulce* en ella *P,99*
Dulce se quexa, *dulce* le responde *P,181*
Dulce se quexa, dulce le responde *P,181*
Dulce Occidente viendo al sueño blando; *P,190*
No solo para, mas el *dulce* estruendo *P,267*
Lo mas *dulce* el Amor de su veneno: *P,286*

Dulce ia concediendole, i risueña *P,307*
Que *dulce* muere, i en las aguas mora: *P,364*
Mi voz por *dulce*, quando no por mia. *P,384*
Su *dulce* fruto mi robusta mano; *P,410*
Quantos me dictò versos *dulce* Musa *SD,2*
Su canoro darà *dulce* instrumento, *SD,36*
Segundo de Arion *dulce* instrumento. *S1,14*
Su *dulce* lengua de templado fuego, *S1,39*
Tierno discurso, i *dulce* compañia *S1,226*
La *dulce* confusion hazer podia, *S1,485*
Sigue la *dulce* esquadra montañesa *S1,541*
Theatro *dulce*, no de scena muda, *S1,624*
La *dulce* de las aues armonia, *S1,706*
Con ceño *dulce*, i con silencio afable *S1,725*
El *dulce* lecho conyugal, en quanto *S1,802*
El *dulce* alterno canto *S1,845*
I *dulce* Musa entre ellas (si consiente *S1,891*
En *dulce* se desaten liquido oro. *S1,925*
De quien es *dulce* vena *S2,14*
Señas mudas la *dulce* voz doliente *S2,42*
La mas *dulce*, si no la menos clara *S2,187*
Y mientras *dulce* aqui la muerte annuncia *S2,257*
Risueña parte de la *dulce* fuente, *S2,447*
A cantar *dulce*, i a morirme luego: *S2,545*
Hizo á mí forma (ó *dulce* mi enemiga) *S2,571*
Alterno canto *dulce* fue lisonja! *S2,627*
Dexò sin *dulce* hija, *S2,978*

Dulcemente 6
Vn ruiseñor à otro; i *dulcemente* *P,182*
Dulcemente impedido *S1,238*
Cuio cabello intonso *dulcemente* *S1,769*
Quessillo, *dulcemente* apremìàdo *S1,875*
Cristal, (agua al fin *dulcemente* dura) *S2,578*
Dulcemente salia despedido *S2,683*

Dulces 14
Los *dulces* dos amantes desatados, *P,474*
Lagrimosas de amor *dulces* querellas *S1,10*
Tropheos *dulces* de vn canoro sueño. *S1,128*
(Esquilas *dulces* de sonora pluma) *S1,177*
Efectos si no *dulces* de'l concento, *S1,345*
Quantas á Pallas *dulces* prendas esta, *S1,833*
Dulces pomos, que al curso de Atalanta *S1,863*
Los *dulces* fugitiuos miembros bellos *S1,1055*
Que al vno en *dulces* quexas, i no pocas, *S2,40*
Que sembrò *dulces* quexas, *S2,176*
De cuios *dulces* numeros no poca *S2,181*
Muchos hà *dulces* dias, *S2,392*
Que el conuecino ardor *dulces* amantes. *S2,644*
Quan *dulces* te adjudicas ocasiones *S2,658*

Dulcissimas 2
Dulcissimas coiundas mi instrumento: *P,440*
Dulcissimas querellas *S2,516*

Dulcissimo 1
Dulcissimo panal; a cuya cera *P,207*

Dura 4
De'l Norte amante *dura*, alado roble *S1,394*
Inunde liberal la tierra *dura*; *S1,823*
Los nouios entra en *dura* no estacada: *S1,1088*
Cristal, (agua al fin dulcemente *dura*) *S2,578*

Duramente 1
Albogues, *duramente* es repetido; *P,92*

Duras 4
Por *duras* guijas, por espinas graues *P,475*
Las *duras* cuerdas de las negras guijas *S1,347*
Piedras las *duras* manos impedido, *S1,992*
Las *duras* bassas abraçaron ellos *S1,1059*

Durmio 1
Durmio, i recuerda al fin, quando las aues *S1,176*

Duro 20
De el *duro* officio da. Alli vna alta roca *P,31*
Guarnicion tosca de este escollo *duro* *P,33*
Concurren todas, i el peñasco *duro* *P,495*
Al *duro* robre, al pino leuantado *SD,17*
Breue de barba, i *duro* no de cuerno, *S1,159*

La emulacion, calçada vn *duro* ielo, *S1,1001*
Pielago *duro* hecho á su rúina. *S1,1011*
A *duro* toro, aun contra el viento armado: *S2,21*
Y el baculo mas *duro* *S2,146*
Fin *duro* a mi destierro: *S2,160*
Duro alimento, pero sueño blando. *S2,342*
El *duro* remo, el cañamo prolixo: *S2,391*
(Rebelde aun al diamante) el *duro* lomo *S2,474*
Quantos pedernal *duro* *S2,584*
El escollo mas *duro*? *S2,630*
El *duro* son, vencido el fosso breue, *S2,714*
El *duro* braço debil haze junco, *S2,784*
Iaspe le han hecho *duro* blancas guijas. *S2,890*
Vn *duro* Sacre, en globos no de fuego, *S2,911*
Negra circunvestida piel, al *duro* *S2,924*

Duros 1
Qual *duros* olmos de implicantes vides, *S1,971*

Dvqve 1
Ô *DVQVE* esclarecido! *SD,26*

È 1
Arbitro igual, *è* inexpugnable muro; *S1,55*

Echo 3
Donde el cuerno, de'l *Echo* repetido, *SD,9*
El *Echo* (voz ia entera) *S1,673*
Echo vestida vna cauada roca, *S2,185*

Echos 2
De mas *echos*, que vniò cañamo i cera, *P,91*
Echos solicitar, desdeñar fuentes: *S1,116*

Ecliptica 2
Les responden la *ecliptica* ascendiendo. *S2,734*
Que su *ecliptica* incluyen, *S2,920*

Ecliptico 1
Mordiendo oro, el *ecliptico* saphiro *S1,711*

Edad 9
Con las de su *edad* corta historias largas, *S1,508*
En los inciertos de su *edad* segunda *S1,776*
Largo curso de *edad* nunca prolixo; *S1,894*
De el arbol que ofrecio à la *edad* primera *S2,341*
(A pesar de mi *edad*) no en la alta cumbre *S2,396*
En redes ambos, i en *edad* iguales. *S2,518*
(Pobre ia cuna de mi *edad* primera) *S2,543*
Mira que la *edad* miente: *S2,609*
Que por su *edad* magestùòsa cano; *S2,697*

Edades 1
(Preuiniendo ambos daños) las *edades*: *S1,933*

Edificio 2
El sublime *edificio*: *S1,100*
De'l *edificio*: quando *S2,709*

Edificios 1
Enga<r>zando *edificios* en su plata, *S1,206*

Efectos 1
Efectos si no dulces de'l concento, *S1,345*

Egido 3
Despejan el *egido*, *S1,960*
Pisò de el viento lo que de el *egido* *S1,997*
Festiuos corros en alegre *egido*, *S2,333*

Egypcia 1
De la *Egypcia* columna. *S2,761*

Egypto 3
Que traduzido mal por el *Egypto* *S1,493*
Que el *Egypto* erigiò á sus Ptolomeos. *S1,957*
Mas sauandijas de cristal, que a *Egypto* *S2,829*

Elada 1
Indicio la dexò, aunque estatua *elada*, *P,231*

Elegante 1
Forma *elegante* dio sin culto adorno, *S1,146*

Elemento 4
No le bastò despues á este *elemento* *S1,435*
De'l Sol, este *elemento*, *S1,469*
De'l liquido *elemento*. *S2,472*
Corredor el diaphano *elemento* *S2,928*

Eleuada 2

Eleuada la inclina *S1,388*
Calle mis huessos, i *eleuada* cima *S2,168*

Eleuado 1
Si Promontorio no, vn cerro *eleuado* *S2,303*

Ella 11
Galathea es su nombre, i dulce en *ella* *P,99*
Que iaze en *ella* la robusta encina, *S1,88*
Mientras perdian con *ella* *S1,148*
Otra con *ella* montaraz zagala *S1,243*
Escollo, el metal *ella* fulminante *S1,381*
Libra en la falda, en el cothurno *ella*, *S1,546*
Ella, la misma pompa de las flores, *S1,759*
Fie tus nudos *ella*, que los dias *S1,810*
Ella el forçado, i su guadaña el remo. *S2,129*
Ella pues sierpe, i sierpe al fin pisada, *S2,320*
Suspende; i tantos *ella* *S2,588*

Ellas 8
I con *ellas* las ondas á su frente, *P,210*
I *ellas* mas tarde á la gulosa Grecia, *S1,495*
Ellas en tanto en bobedas de sombras *S1,612*
Para el lugar á *ellas* de camino, *S1,631*
I dulce Musa entre *ellas* (si consiente *S1,891*
Texido en *ellas* se quedò burlado. *S2,95*
Sentados pues sin ceremonias, *ellas* *S2,346*
Alas batiendo liquidas, i en *ellas* *S2,515*

Ello 1
Dando el huesped licencia para *ello*, *S2,73*

Ellos 4
Que pudo bien Acteon perderse en *ellos*. *S1,490*
I de caudal mas floreciente que *ellos*: *S1,758*
Las duras bassas abraçaron *ellos* *S1,1059*
Coronan *ellos* el encanecido *S2,334*

Embeuido 1
De una encina *embeuido* *S1,267*

Embrauecido 1
De can si, *embrauecido* *S1,173*

Eminencia 1
Que la *eminencia* abriga de vn escollo: *P,264*

Eminente 3
Vn monte era de miembros *eminente* *P,49*
Maritimo Alcion, roca *eminente* *P,417*
(A pesar de sus pinos *eminente*) *S2,855*

Emispherio 1
Cruza el Trion mas fixo el *Emispherio*, *S1,671*

Emmudecer 1
De el lento arroio *emmudecer* querria. *P,268*

Empuñe 1
Claua *empuñe* Lièo. *S1,830*

Emula 2
Emula vana; el ciego Dios se enoja, *P,110*
(De Philódoces *emula* valiente, *S2,448*

Emulacion 3
Emulacion, i afrenta *S1,318*
La *emulacion*, calçada vn duro ielo, *S1,1001*
Esta *emulacion* pues de quanto buela *S2,795*

Emular 1
Mentir florestas, i *emular* viàles, *S1,702*

Emulo 5
Emulo casi de el mayor luzero: *P,52*
Emulo el arroiuelo, desatado *S1,276*
Emulo vago de'l ardiente coche *S1,468*
El padre de los dos, *emulo* cano *S2,209*
Purpureo caracol *emulo* bruto *S2,879*

Emulos 1
(*Emulos* viuidores de las peñas) *SD,18*

Encanecido 1
Coronan ellos el *encanecido* *S2,334*

Encarcelada 1
Mas ni la *encarcelada* nuez esquiua, *S1,879*

Enciende 1
Ni de'l que *enciende* el mar Tyrio veneno, *S2,558*

Encierra 1
I redil espacioso, donde *encierra* *P,45*

Encina 7
I de la *encina*, honor de la montaña, *P,85*
Vn rubio hijo de vna *encina* hueca, *P,206*
O lo sagrado supla de la *encina* *SD,22*
Que iaze en ella la robusta *encina*, *S1,88*
De una *encina* embeuido *S1,267*
Menos en renuciar tardò la *encina* *S1,350*
Que á la *encina* viuaz robusto imite, *S2,285*

Encinas 1
Encinas la montaña contar antes *S1,910*

Encomendada 1
De la piadosa ierba *encomendada*: *P,76*

Encomendo 1
Tarde le *encomendo* el Nilo à sus bocas, *S1,494*

Encomienda 1
Al Zephiro *encomienda* los extremos *S2,114*

Encordonado 1
Tosco le è *encordonado*, pero bello. *S2,266*

Encuentra 1
El mar *encuentra*, cuia espuma cana *S2,63*

Endurecer 1
Ondas *endurecer*, liquidar rocas. *S2,41*

Enemiga 2
Muera (*enemiga* amada) *S2,151*
Hizo á mi forma (ó dulce mi *enemiga*) *S2,571*

Enemigo 1
Al *enemigo* Noto *S1,16*

Enfrenado 1
Mudo sus ondas, quando no *enfrenado*: *S1,242*

Enfrenar 1
Temeridades *enfrenar* segundas. *S1,442*

Enfrenàra 1
Enfrenàra el desseo. *S2,625*

Enfrenaua 1
El oro que súàue le *enfrenaua*: *S2,817*

Enfreno 1
Quando los suyos *enfreno* de un pino *S2,317*

Engaña 2
De la manzana hypocrita, que *engaña* *P,83*
No es sordo el mar, (la erudicion *engaña*) *S2,172*

Engañada 1
Engañada su oculta lyra corba, *S2,355*

Engaños 2
Que *engaños* construyendo estan de hilo. *S2,219*
En obliquos si *engaños*, *S2,912*

Engarça 1
Cadenas) la concordia enga<r>ça rosas, *S1,789*

Engarzando 1
Enga<r>zando edificios en su plata, *S1,206*

Engasta 2
Quantos *engasta* el oro de el cabello: *S1,787*
No perdona al azero que la *engasta*. *S2,495*

Engastada 1
En marmol *engastada* siempre vndoso, *S2,368*

Engaste 1
Oi te guardan su mas precioso *engaste*. *S1,460*

Engendra 3
Rico de quantos la agua *engendra* bienes *P,123*
Quantas produce Papho, *engendra* Gnido, *P,333*
A las que esta montaña *engendra* Harpyas. *P,448*

Engendradora 1
No pues de aquella sierra *engendradora* *S1,136*

Engendran 1
Sordo *engendran* gusano, cuio diente, *S1,740*

Engolfò 1
En segundo baxel se *engolfò* sola. *S2,452*

Enjuga 1

I antes que el Sol *enjuga* *S1,323*

Enjuta 3
La vna reparada, la otra *enjuta* *P,451*
Burlandole aun la parte mas *enjuta*: *S2,229*
O poco rato *enjuta* *S2,371*

Enjutas 1
Para el Austro de alas nunca *enjutas*, *S1,449*

Enmudecio 1
Vn grillo, i otro *enmudecio* en su pluma. *S2,874*

Enoja 1
Emula vana; el ciego Dios se *enoja*, *P,110*

Enramada 1
De su madre, no menos *enramada* *S1,288*

Enriquece 1
Tanto de frutas esta la *enriquece*, *P,139*

Enroscada 1
Torcida esconde, ia que no *enroscada* *S2,323*

Enseña 1
Ser de la negra noche, nos lo *enseña* *P,38*

Enseñò 1
Quantos les *enseñò* corteses modos *S2,57*

Entena 1
Doblaste alegre; i tu obstinada *entena* *S1,451*

Entera 1
El Echo (voz ia *entera*) *S1,673*

Entero 1
El cuerno vierte el hortelano *entero* *P,158*

Entiende 1
Rhetorico silencio, que no *entiende*: *P,260*

Entonces 1
El niño Dios *entonces* de la venda *P,237*

Entra 2
Los nouios *entra* en dura no estacada: *S1,1088*
Entra ahora, i le dexas! *S2,673*

Entrada 1
La sangre halló por do la muerte *entrada*. *S2,487*

Entrar 1
Vsando al *entrar* todos *S2,56*

Entrase 1
ENTRASE el mar por vn arroio breue, *S2,1*

Entredichos 1
Entredichos, que el viento: *S2,871*

Entregado 1
Quando *entregado* el misero estrangero *S1,46*

Entregados 1
I *entregados* tus miembros al reposo *SD,28*

Entregar 1
Quando entre globos de agua, *entregar* veo *P,441*

Entró 1
Entró bailando numerosamente: *S1,890*

Enuiste 1
Le *enuiste* incauto; i si con pie grossero *S2,227*

Enuiste 1
Lento le *enuiste*, i con súàue estilo *S1,40*

Enuistio 1
Las peñas *enuistio* peña escamada *S2,443*

Enxambre 2
Entre vn lasciuo *enxambre* iba de amores *S1,762*
De la isla plebeyo *enxambre* leue. *S2,301*

Enxambres 1
Cuios *enxambres*, o el Abril los abra, *P,398*

Enxugò 2
I el cielo con el poluo. *Enxugò* el viejo *S1,513*
Lagrimas no *enxugò* mas de la Aurora *S2,69*

Enxuta 1
Lagrima antes *enxuta*, que llorada. *S2,157*

Eolo 1
El Promontorio que *Eolo* sus rocas *S1,447*

Ephire 3

Ephire luego, la que en el torcido *S2,445*
Ephire (en cuia mano al flaco remo, *S2,480*
Ephire en tanto al cañamo torcido *S2,496*

Equinoccios 1
Qual en los *Equinoccios* surcar vemos *S1,603*

Eral 1
Eral loçano assi novillo tierno *S2,17*

Erige 1
Pyra le *erige*, i le construie nido. *S1,465*

Erigiò 1
Que el Egypto *erigiò* á sus Ptolomeos. *S1,957*

Erigió 1
Las columnas Ethon, que *erigió* el Griego, *P,339*

Erithrea 1
De su frente la perla es *Erithrea* *P,109*

Erizo 1
Erizo es el zurron de la castaña; *P,81*

Errado 1
La humana suya el caminante *errado* *P,429*

Errante 4
PASOS de vn peregrino son *errante* *SD,1*
El estrangero *errante* *S1,351*
Cedio al sacro Bolcan de *errante* fuego: *S1,646*
Agradecido Amor á mi pie *errante*: *S2,166*

Errantes 6
De tardos bueyes, qual su dueño, *errantes*; *P,164*
Que sus *errantes* passos ha votado *SD,31*
Ya que Nymphas las niega ser *errantes* *S1,273*
Piloto oi la cudicia, no de *errantes* *S1,403*
De *errantes* lilios, vnas, la floresta *S1,835*
Dexe, que vuestras cabras siempre *errantes*, *S1,911*

Erraua 1
Vulgo lasciuo *erraua*, *S1,281*

Erudicion 1
No es sordo el mar, (la *erudicion* engaña) *S2,172*

Esa 1
Proxima arena de *esa* oppuesta playa, *S2,372*

Esas 1
A que el Monarcha de *esas* grutas hondas *P,403*

Escala 2
Menos cansado, que confuso *escala*. *S1,51*
Puesto en tiempo corona, si no *escala* *S2,849*

Escalar 1
Escalar pretendiendo el monte en vano, *S2,13*

Escalò 1
El Cenith *escalò*, plumas vestido, *S2,138*

Escama 1
De *escama*, quanto mas de nombre) atunes *S2,416*

Escamada 3
Con la que illustra el Sur cola *escamada* *S1,428*
Si Cloto no de la *escamada* fiera, *S2,436*
Las peñas envistio peña *escamada* *S2,443*

Escamado 2
Verde el cabello, el pecho no *escamado*, *P,117*
Monstro *escamado* de robustas haias *S1,375*

Escamas 2
Otros de *escamas* faciles armados *S2,103*
De las *escamas* que vistio de plata. *S2,327*

Escandalo 1
El Girifalte, *escandalo* bizarro *S2,753*

Escarchando 1
Aquel las ondas *escarchando* buela, *S2,61*

Escarlata 1
O las colunas bese, o la *escarlata*, *S1,475*

Escasa 1
Dispensadora de'l crital no *escasa*. *S1,549*

Esclarecido 3
Ô DVQVE *esclarecido*! *SD,26*
de vn Heroe, si no Augusto, *esclarecido* *S1,733*
De *esclarecido*, i aun de soberano *S2,821*

Escogen 1
Escogen, agrauiando *S2,338*

Escogio 1
De el canoro *escogio* baxel pequeño. *S2,60*

Escogiò 1
Escogiò pues de quatro, o cinco abetos *S2,503*

Escollo 13
Guarnicion tosca de este *escollo* duro *P,33*
Que la eminencia abriga de vn *escollo*: *P,264*
De'l *escollo* fatal fueron apenas, *P,498*
No lejos de vn *escollo* coronado *S1,24*
Vn *escollo*, apazible galeria, *S1,187*
Escollo, el metal ella fulminante *S1,381*
Escollo oi de el Letheo: *S1,817*
Sino de'sotro *escollo* al mar pendiente; *S2,400*
Quando cerca de aquel peinado *escollo* *S2,500*
Escollo de cristal, meta de'l mundo. *S2,541*
El *escollo* mas duro? *S2,630*
Por el pendiente caluo *escollo*; quanto *S2,825*
A quien el mismo *escollo* *S2,854*

Escollos 5
Que a la playa de *escollos* no desnuda *P,343*
Haziendo *escollos*, o de marmol Pario, *S1,488*
Los *escollos* el Sol raiaua, quando *S2,33*
Porque á la par de los *escollos* viue, *S2,211*
O *escollos* de'sta isla diuididos: *S2,434*

Esconda 1
No poca tierra *esconda*: *S2,162*

Escondas 1
Polyphemo te llama: No te *escondas*, *P,405*

Esconde 10
De los montes *esconde*, copia bella, *P,47*
Tantos jazmines, quanta ierba *esconde* *P,179*
Su orgullo pierde, i su memoria *esconde*. *S1,211*
Padre de la que en si bella se *esconde*: *S1,724*
Mas incentiua *esconde*: *S2,86*
Harmonìoso numero se *esconde* *S2,251*
Torcida *esconde*, ia que no enroscada *S2,323*
O le *esconde* el Olympo, ó densa es nube, *S2,747*
Entre las conchas oi de'l Sur *esconde* *S2,774*
En su madre se *esconde*; donde halla *S2,964*

Esconder 1
A *esconder* con el numero el camino, *S1,512*

Escondia 1
Auara *escondia* cuerua *S2,878*

Escribir 1
Escribir mis desdichas con el dedo? *P,416*

Escrita 1
Esta en plantas no *escrita* *S2,598*

Escrupulosa 1
Fabrica *escrupulosa*, i aunque incierta, *S2,79*

Escucha 5
Escucha al son de la çampoña mia: *P,6*
Ronco si, *escucha* a Glauco la ribera, *P,118*
Choros texiendo estés, *escucha* vn dia *P,383*
La barbara corona que le *escucha*. *S1,984*
Apenas el laton segundo *escucha*, *S2,917*

Escuchàran 1
Que aun los peñascos la *escuchàran* quedos. *S1,253*

Escuchas 1
Debaxo *escuchas* de dosel Augusto *P,19*

Escudo 1
A la Reàl cadena de tu *escudo*: *SD,32*

Escuela 1
En la lengua de'l agua ruda *escuela*, *S2,58*

Esculptores 1
Por que? Por *esculptores* quiçà vanos *S2,662*

Esculpturas 1
Ostente crespas, blancas *esculpturas* *S1,858*

Escurecen 1
(Quando mas *escurecen* las espumas) *S2,261*

Ese 3
De donde *ese* theatro de Fortuna *S2,401*
Descubro, *ese* voraz, *ese* profundo *S2,402*
Descubro, *ese* voraz, *ese* profundo *S2,402*

Esgremiran 1
Al viento *esgremiran* cuchillo vago. *S2,840*

Esgrimida 1
Espada es tantas vezes *esgrimida* *S2,458*

Esmeralda 1
Pisad dichoso esta *esmeralda* bruta *S2,367*

Esos 1
Que á pesar de *esos* frexnos se diuisa: *S1,524*

Esotras 1
El huerto le da *esotras*, á quien debe *S2,220*

Espacio 2
El apazible sitio: *Espacio* breue, *S1,625*
En breue *espacio* mucha Primauera *S2,339*

Espacìosa 1
Sin besar de la plaia *espacìosa* *S2,194*

Espacìosamente 1
Espacìosamente dirigido *S2,107*

Espaciosas 1
Y los que por las calles *espaciosas* *S1,718*

Espacioso 2
I redil *espacioso*, donde encierra *P,45*
Centro apazible vn circulo *espacioso* *S1,573*

Espacìoso 1
Que del sublime *espacìoso* llano *S1,228*

Espada 2
Que sin corona buela, i sin *espada*, *S2,289*
Espada es tantas vezes esgrimida *S2,458*

Espadañas 1
Bobedas lo coronan de *espadañas*. *S2,111*

Espaldas 1
(Sus *espaldas* raiando el sutil oro *S1,886*

Especulò 1
Disposicion *especulò* Estadista *S2,655*

Espejo 2
Que *espejo* de zaphiro fue luciente *P,419*
(Guarnicion desigual á tanto *espejo*) *S2,28*

Espejos 2
Da el fuego luzes, i el arroyo *espejos*. *S1,662*
Que *espejos* (aunque esphericos) fièles *S2,704*

Espera 4
Aunque pastor. Si tu desden no *espera* *P,402*
Maior aun de el que *espera* *S1,571*
Ven, Hymeneo, ven, donde te *espera* *S1,767*
De'sta primer region sañudo *espera* *S2,932*

Esperança 1
Cabo le hizo de *Esperança* buena. *S1,452*

Esperauan 1
A la barquilla, donde le *esperauan* *S2,684*

Espesura 1
Midiendo la *espesura* *S1,79*

Esphera 7
La *esphera* de sus plumas, *S1,131*
En la nocturna capa de la *esphera*, *S1,384*
La *esphera* misma de los raios bellos. *S1,760*
Su *esphera* lapidosa de luzeros, *S2,379*
De la sonante *esphera*, *S2,619*
Breue *esphera* de viento, *S2,923*
La desplumada ia, la breue *esphera*, *S2,933*

Esphericos 1
Que espejos (aunque *esphericos*) fièles *S2,704*

Esphinge 1
Esphinge bachillera, *S1,114*

Espiga 1
Sin inclinar *espiga*, *S1,1033*

Espigada 1
Entre la no *espigada* mies la tela. *S1,589*

Estrella 5
Son vna, i otra luminosa *estrella* *P,101*
Estrella á nuestro polo mas vezina: *S1,385*
A mas caminos, que vna *estrella* raios, *S1,574*
Que abreuiàra el Sol en vna *estrella*, *S1,665*
Los raios anticipa de la *estrella*, *S1,1070*

Estrellado 1
De cabras *estrellado*, *S2,304*

Estrellas 13
Salamandria de'l Sol, vestido *estrellas*, *P,185*
Quantas el celestial zaphiro *estrellas*. *P,367*
En campos de zaphiro pasce *estrellas*: *S1,6*
aun à pesar de las *estrellas* clara) *S1,72*
Las *estrellas* nocturnas luminarias *S1,215*
De Antharticas *estrellas*. *S1,429*
De copia tal a *estrellas* deua amigas *S1,820*
De *estrellas* fijas, de Astros fugitiuos, *S1,1082*
De el cielo espumas, i de el mar *estrellas*. *S2,215*
De las mudas *estrellas* la saliua: *S2,297*
Las claras, aunque Ethiopes *estrellas*: *S2,614*
Estrellas su cerulea piel al dia, *S2,819*
Que a las *estrellas* oi de'l firmamento *S2,899*

Estremeciendose 1
Desata *estremeciendose* gallardo. *S1,994*

Estremo 1
Hasta el luciente bipartido *estremo* *S2,475*

Estremos 1
Los *estremos* de fausto, i de miseria *S2,207*

Estruendo 3
No solo para, mas el dulce *estruendo* *P,267*
Al venatorio *estruendo* *S1,230*
Entre el confuso pues zeloso *estruendo* *S2,735*

Ethiopes 1
Las claras, aunque *Ethiopes* estrellas: *S2,614*

Ethon 1
Las columnas *Ethon*, que erigió el Griego, *P,339*

Etyopia 1
I blanca la *Etyopia* con dos manos. *S1,785*

Euro 1
A'l animoso Austro, a'l *Euro* ronco, *S1,696*

Europa 3
Las Prouincias de *Europa* son hormigas. *P,144*
En que el mentido robador de *Europa*, *S1,2*
Tu infestador en nuestra *Europa* nueuo *S2,772*

Eurota 1
Que en los blancos estanques de'l *Eurota* *S1,486*

Euterpe 1
Que à tu piedad *Euterpe* agradecida, *SD,35*

Examinando 1
Examinando con el pico adunco *S2,785*

Exceda 2
I las perlas *exceda* de'l rocio *S1,915*
Y hueco *exceda* al alcornoque inculto, *S2,286*

Excede 1
Que iguala, i aun *excede* *S1,1014*

Excedia 1
No *excedia* la oreja *S1,329*

Excedida 1
Alcaçares dexar (donde *excedida* *S2,666*

Excelsa 1
La maior punta de la *excelsa* roca; *P,490*

Excelso 1
O *Excelso* CONDE, en las purpureas horas *P,3*

Excussa 1
Lo que timida *excussa*. *S2,922*

Exemplos 1
Que *exemplos* de dolor à estas orillas. *S2,387*

Exercicio 3
Treguas al *exercicio*, sean, robusto, *P,17*
De las redes la otra, i su *exercicio* *S2,203*

Al *exercicio* piscatorio; quanto *S2,213*

Exercito 1
De *exercito* mas casto, de mas bella *S2,291*

Exhalada 1
Artificiosamente da *exhalada* *S1,649*

Expedido 1
Al *expedido* salto *S1,983*

Expone 1
Fieras te *expone*, que al teñido suelo *SD,10*

Expriman 1
Oro le *expriman* liquido à Minerua, *S1,827*

Exprimida 2
O en pipas guardan la *exprimida* grana *P,150*
Fruta en mimbres hallò, leche *exprimida* *P,225*

Exprimido 1
Oro trillado, i nectar *exprimido*. *S1,908*

Exprimió 1
La sangre, que *exprimió*, cristal fue puro. *P,496*

Exprimir 1
Leche, que *exprimir* vio la Alua aquel dia, *S1,147*

Expuesta 1
A los raios de Iupiter *expuesta* *S1,935*

Expulso 1
Expulso le remite a quien en su<m>ma *S2,873*

Expuso 1
Que le *expuso* en la playa, dio á la roca; *S1,31*

Extraordinarias 1
Con muestras de dolor *extraordinarias*) *S1,214*

Extremo 2
De el Pharo odioso, al Promontorio *extremo*: *P,124*
Que ser quiso en aquel peligro *extremo* *S2,128*

Extremos 3
Sus distantes *extremos*, *S1,608*
Al Zephiro encomienda los *extremos* *S2,114*
Hasta donde se besan los *extremos* *S2,529*

Fabonio 1
Corrio *Fabonio* lisongeramente *P,214*

Fabrica 4
Tu *fabrica* son pobre *S1,102*
Tantos de breue *fabrica*, aunque ruda, *S1,919*
Fabrica escrupulosa, i aunque incierta, *S2,79*
El designio, la *fabrica*, i el modo. *S2,274*

Fabricado 1
Si *fabricado* no de gruessas cañas, *S2,110*

Fabrican 1
Fabrican arcos rosas, *S1,719*

Facil 3
La fragosa montaña *facil* llano, *S1,69*
Tan generosa fe, no *facil* honda, *S2,161*
Abraçado (si bien de *facil* cuerda) *S2,466*

Faciles 1
Otros de escamas *faciles* armados *S2,103*

Falda 1
Libra en la *falda*, en el cothurno ella, *S1,546*

Falta 1
O razon *falta* donde sobran años. *S1,530*

Fama 2
Clarin, i de la *Fama* no segundo, *P,23*
Quando la *Fama* no su trompa a'l viento. *SD,37*

Famoso 1
Cuio *famoso* estrecho *S1,401*

Fanal 2
Que sin *fanal* conduce su venera: *P,116*
Fanal es del arroyo cada honda, *S1,675*

Fantasia 1
Le ha vosquexado ia en su *fantasia*; *P,252*

Farol 2
Farol de vna cauaña, *S1,59*
En el *Farol* de Thetis solicita. *S2,8*

Fatal 3
De'l escollo *fatal* fueron apenas, *P,498*
De la alta *fatal* rueca al huso breue. *S1,900*
Q<u>e a vn bote corbo de'l *fatal* azero *S2,934*

Fatiga 2
Templa en sus ondas tu *fatiga* ardiente: *SD,27*
Neptuno, sin *fatiga* *S1,1030*

Fatigado 1
Que en reclinarse el menos *fatigado* *S1,352*

Fatigados 1
Aunque ociosos, no menos *fatigados* *S2,971*

Fatigando 1
Galan siguio valiente, *fatigando* *S2,766*

Fatigar 1
Peinar el viento, *fatigar* la selua. *P,8*

Fauno 1
De vn *Fauno* medio hombre, medio fiera, *P,194*

Faunos 1
De quantos pisan *Faunos* la montaña. *S1,189*

Fauor 1
Fauor de cera alado. *S1,133*

Fauorecer 1
Para *fauorecer*, no a dos supremos *S2,659*

Fauores 1
Coronados traslada de *fauores* *S2,649*

Fausto 1
Los estremos de *fausto*, i de miseria *S2,207*

Fe 2
Tan generosa *fe*, no facil honda, *S2,161*
Si *fe* tanta no en vano *S2,605*

Fecunda 2
Aura *fecunda* al matizado seno *S2,325*
Cuia *fecunda* madre al genitiuo *S2,726*

Fecundas 1
Fecundas no de aljofar blanco el seno, *S2,557*

Fecundo 2
No en blanco marmol, por su mal *fecundo*, *S1,816*
Fecundo os rinda (en desiguales dias) *S1,906*

Fee 1
Neutra el agua dudaba a qual *fee* preste, *P,423*

Felices 3
A sus vmbrales reuocò *felices* *S1,846*
Viuid *felices*, dixo, *S1,893*
Felices años; i la humedecida, *S2,370*

Felicidad 1
Con mas *felicidad* que el precedente *S1,1020*

Femenil 1
Sigue la *femenil* tropa commigo, *S1,525*

Feo 1
No a Satyro lasciuo, ni a otro *feo* *P,234*

Feroz 3
Que redima *feroz*, salue ligera *P,67*
Feroz ardiente muestra *S1,964*
Marino Dios, que el vulto *feroz* hombre, *S2,463*

Ferro 1
Que sobre el *ferro* està en aquel incierto *S1,60*

Fertiles 1
De cuias siempre *fertiles* espigas *P,143*

Festiuo 1
Que *festiuo* theatro fue algun dia *S1,188*

Festiuos 2
Instrumentos, no, en dos *festiuos* choros, *S1,752*
Festiuos corros en alegre egido, *S2,333*

Fia 2
Fia su intento; i timida, en la vmbria *P,254*
El nacar a las flores *fia* torcido, *S2,882*

Fiado 3
Mientras en su piel lubrica *fiado* *S2,92*
O mar, quien otra vez las ha *fiado* *S2,121*
Las vezes que en *fiado* al viento dada *S2,743*

Fosso   1
El duro son, vencido el *fosso* breue,   *S2,714*

Fracasso   1
Temer ruìna, ó recelar *fracasso*   *S1,553*

Fragantes   2
Sacros troncos sudar *fragantes* gomas,   *S1,923*
Suelo de lilios, que en *fraga<n>tes* copos   *S2,335*

Fragil   1
Iunco *fragil*, carrizo mal seguro.   *S2,590*

Fragiles   1
Que de carriços *fragiles* texido,   *S2,109*

Fragosa   2
La *fragosa* montaña facil llano,   *S1,69*
Por la *fragosa* cuerda de'l atajo   *S1,337*

Fragoso   3
No el aue Reina assi el *fragoso* nido   *P,261*
De aquel *fragoso* monte,   *S1,277*
No el sitio, no, *fragoso*   *S1,303*

Fragrante   1
Fragrante productor de aquel aroma,   *S1,492*

Fraguas   1
Bobeda, o de la *fraguas* de Vulcano,   *P,27*

Fraude   1
Fraude vulgar, no industria generosa,   *S2,781*

Freno   3
Tascando haga el *freno* de oro cano   *P,13*
Si bien su *freno* espumas, illustraua   *P,338*
Fueran dorado *freno*.   *S1,864*

Frente   17
De vn ojo illustra el orbe de su *frente*,   *P,51*
De su *frente* la perla es Erithrea   *P,109*
I con ellas las ondas á su *frente*,   *P,210*
Miréme, i lucir vi vn sol en mi *frente*,   *P,421*
De el fiero mar a la sañuda *frente*   *P,438*
(Media luna las armas de su *frente*,   *S1,3*
De animal tenebroso, cuya *frente*   *S1,75*
Los blancos lilios de su *frente* bella,   *S1,149*
No perdonò a razimo, aun en la *frente*   *S1,155*
La region de su *frente* raio nueuo   *S1,286*
Penda el rugoso nacar de tu *frente*   *S1,312*
Beuer el sudor haze de su *frente*,   *S1,570*
Las rosas gozar dexa de su *frente*;   *S1,637*
I raios, el cabello, de su *frente*.   *S1,772*
Mal lunada la *frente*   *S2,19*
Los cuernos de su *frente*:   *S2,331*
Al Sol leuantò apenas la ancha *frente*   *S2,723*

Fresca   2
Que à mucha *fresca* rosa   *S1,569*
La *fresca* yerba qual la arena ardiente   *S1,597*

Frescas   1
De *frescas* sombras, de menuda gramma.   *P,216*

Fresco   4
A vn *fresco* sitiàl dosel vmbroso;   *P,310*
El *fresco* de los zephiros ruìdo,   *S1,536*
Al *fresco*, á la armonia, i á las flores,   *S1,595*
(Pintadas siempre al *fresco*)   *S1,613*

Frexno   6
Arrima a vn *frexno* el frexno, cuio acero   *SD,13*
Arrima a vn *frexno* el frexno, cuio acero   *SD,13*
Tienda de *frexno* le dio, el robre alimento.   *S1,142*
Concauo *frexno*, á quien gracioso indulto   *S2,283*
En tornéàdo *frexno* la comida   *S2,347*
El aire con el *frexno* arrojadizo,   *S2,483*

Frexnos   1
Que á pesar de esos *frexnos* se diuisa: *S1,524*

Fria   3
Fixò (á despecho de la niebla *fria*)   *S1,81*
Gruessa le dan, i *fria*,   *S1,150*
Cerulea tumba *fria*   *S1,391*

Frio   2
Huiera, mas tan *frio* se desata   *P,221*
La admiracion, vestida un marmol *frio*,   *S1,999*

Frondosa   1
De su *frondosa* pompa al verde aliso   *S1,692*

Frondosas   1
Ser pallios verdes, ser *frondosas* metas,   *S1,1037*

Frondoso   2
El que tapiz *frondoso*   *S1,716*
Quando *frondoso* alcaçar no, de aquella,   *S2,288*

Frustrados   1
Frustrados, tanta Nautica doctrina,   *S1,454*

Fruta   4
De la *fruta* el zurron casi abortada,   *P,74*
Fruta en mimbres hallò, leche exprimida   *P,225*
Entre las ondas, i la *fruta*, imita   *P,325*
Luciente paga de la mejor *fruta*   *P,453*

Frutales   1
Orladas sus orillas de *frutales*,   *S1,202*

Frutas   1
Tanto de *frutas* esta la enriquece,   *P,139*

Fruto   1
Su dulce *fruto* mi robusta mano;   *P,410*

Fuego   10
Sin romper muros, introduce *fuego*.   *P,296*
Su aliento humo, sus relinchos *fuego*,   *P,337*
Su dulce lengua de templado *fuego*,   *S1,39*
Que confusion, i *fuego*   *S1,377*
Cedio al sacro Bolcan de errante *fuego*:   *S1,646*
Da el *fuego* luzes, i el arroyo espejos.   *S1,662*
Sellar (de el *fuego* quiso regalado)   *S1,872*
Humo anhelando, el que no suda *fuego*,   *S1,969*
Si te perdona el *fuego*,   *S2,546*
Vn duro Sacre, en globos no de *fuego*,   *S2,911*

Fuegos   2
Los *fuegos* pues el jouen solemniza,   *S1,652*
Los *fuegos* (cuias lenguas ciento á ciento,   *S1,680*

Fuelle   1
El prodigioso *fuelle* de su voca.   *P,348*

Fuente   7
La nieue de sus miembros, da á vna *fuente*.   *P,180*
Lo Augusto del dosel, ó de la *fuente*   *SD,23*
De donde es *fuente* á donde arroio acaba.   *S1,561*
De la Lybia: i à quantas dà la *fuente*   *S1,598*
Los cristales pisaua de una *fuente*:   *S2,319*
Risueña parte de la dulce *fuente*,   *S2,447*
Que al Betis las primeras ondas *fuente*.   *S2,857*

Fuentes   2
Echos solicitar, desdeñar *fuentes*:   *S1,116*
Los margenes matiça de las *fuentes*   *S1,618*

Fuerça   3
Es *fuerça*, que la admire por lo bello: *P,276*
I no te *fuerça* obligacion precisa,   *S1,519*
Quien me *fuerça* á que huya   *S2,134*

Fuerças   1
Verdugo de las *fuerças* es prolixo.   *S1,679*

Fuerte   4
Membrudo, *fuerte* roble,   *S1,1005*
En tabla redimidos poco *fuerte*   *S2,126*
Vn *fuerte* dardo auia succedido)   *S2,481*
Poco á lo *fuerte*, i à lo bello nada   *S2,708*

Fuertes   2
(Los *fuertes* hombres con las cargas graues   *S1,340*
Quando *fuertes* no Alcides,   *S1,974*

Fuga   4
La *fuga* suspender podra ligera,   *P,134*
Que a la precisa *fuga*, al presto vuelo,   *P,223*
Para la *fuga* appella, nubes pisa,   *S2,228*
Ya à la violencia, ia à la *fuga* el modo   *S2,491*

Fugitiua   5
La *fugitiua* Nimpha en tanto, donde   *P,177*
Correr al mar la *fugitiua* nieue,   *P,482*
Ni isla oi á su buelo *fugitiua*.   *S1,396*
Quando hallò de *fugitiua* plata   *S1,472*
Cenith ya de la turba *fugitiua*.   *S2,909*

Fugitiuo   2
Fugitiuo cristal, pomos de nieue.   *P,328*
(Aljofar vomitando *fugitiuo*   *S2,321*

Fugitiuos   2
Los dulces *fugitiuos* miembros bellos   *S1,1055*
De estrellas fijas, de Astros *fugitiuos*,   *S1,1082*

Fulminada   2
Quando la *fulminada* prision caia   *S2,802*
Descendio *fulminada* en poco humo,   *S2,916*

Fulminado   1
Fulminado ya, señas no ligeras   *S2,561*

Fulminando   1
El cielo, *fulminando* la floresta.   *S1,938*

Fulminante   3
Preuiene rayo *fulminante* trompa.   *P,488*
Escollo, el metal ella *fulminante*   *S1,381*
De el plomo *fulminante*.   *S2,282*

Fulminó   1
El trueno de la voz *fulminó* luego: *P,359*

Funerales   1
De *funerales* barbaros tropheos,   *S1,956*

Furor   1
En quanto á su *furor* perdonò el viento.   *S1,349*

Gaita   1
La *gaita* al baile solicita el gusto,   *S1,669*

Gala   1
La Melionesa *gala*,   *S2,769*

Galan   3
Al *galan* nouio el montañes presenta   *S1,722*
De el *galan* nouio, de la esposa bella,   *S1,1069*
Galan siguio valiente, fatigando   *S2,766*

Galathea   10
Galathea es su nombre, i dulce en ella   *P,99*
Purpureas rosas sobre *GALATHEA*   *P,105*
Deidad, aunque sin templo, es *Galathea*:   *P,152*
El desden hasta alli de *Galathea*.   *P,240*
Bebelo *Galathea*; i da otro passo   *P,287*
Galathea lo diga salteada.   *P,304*
Mas con desuios *Galathea* súaues   *P,322*
Talamo de Acis ya, i de *Galathea*.   *P,336*
Ô bella *Galathea* mas súaue,   *P,361*
Que en dos la restituie *Galathea*.   *P,372*

Galeras   1
Volantes no *galeras*,   *S1,605*

Galeria   1
Vn escollo, apazible *galeria*,   *S1,187*

Gallarda   2
Llegaron todos pues, i con *gallarda*   *S1,852*
Lachesis nueua mi *gallarda* hija,   *S2,435*

Gallardas   1
Las *gallardas* serranas desmentido,   *S1,338*

Gallardo   4
Gallardo el jouen la persona ostenta;   *P,298*
Chopo *gallardo*, cuio liso tronco   *S1,697*
Desata estremeciendose *gallardo*.   *S1,994*
Les ofrece el que jouen ia *gallardo*   *S2,264*

Gallinas   1
Que *gallinas* domesticas al grano,   *S2,253*

Gamo   1
De'l ternezuelo *gamo*,   *S1,331*

Ganadero   1
De sus esquilmos es al *ganadero*.   *P,156*

Ganado   2
Bala el *ganado*, al misero valido   *P,171*
Mas que el siluo al *ganado*.   *S1,105*

Ganados   2
Sin pastor que los silue, los *ganados*   *P,165*
Pastor soy, mas tan rico de *ganados*,   *P,385*

Ganges   2
Colmillo fue de el animal, que el *Ganges*   *P,455*

De el *Ganges* cisne adusto. *S1,668*

Ganimedes 1
Mas à la selua lazos *Ganimedes*. *S2,576*

Garbin 1
De flexúòsas mimbres *garbin* pardo *S2,265*

Garça 1
Tras la *garça* argentada el pie de espuma. *S2,749*

Garças 1
Dos verdes *garças* son de la corriente. *P,212*

Garçon 4
Con el *garçon* dormido en cortesia, *P,266*
I al *garçon* viendo, quantas mouer pudo *P,485*
A Iupiter, mejor que el *garçon* de Ida, *S1,8*
Tanto *garçon* robusto, *S1,663*

Garçones 2
I de *garçones* este accento blando: *S1,766*
Sino a dos entre cañamo *garçones*! *S2,661*

Garganta 1
De su pie, o su *garganta*. *S1,555*

Garra 1
Raio su *garra*, su ignorado nido *S2,746*

Garzon 1
Fingiendo sueño al cauto *garzon* halla. *P,256*

Gasta 1
Ni la que en saluas *gasta* impertinentes *S1,117*

Gauan 1
Vn pardo *gauan* fue en el verde suelo; *S1,986*

Gauia 1
Gauia no tan capaz, estraño todo *S2,273*

Gelanda 1
De'l aire, honor robusto de *Gelanda*, *S2,754*

Gemido 1
El misero *gemido* *S1,13*

Gemidores 1
Con remos *gemidores*, *S2,34*

Gemidos 2
Paloma se caló, cuios *gemidos* *P,319*
A mis *gemidos* son rocas al viento, *P,378*

Gemino 1
Al *gemino* rigor, en cuias alas *S2,929*

Gemir 1
De la mano à las ondas *gemir* hizo *S2,482*

Genero 2
Su *genero* noticia; pias arenas *S2,510*
Deste *genero* alado, *S2,897*

Generosa 3
Tan *generosa* fe, no facil honda, *S2,161*
Quanta la *generosa* cetreria *S2,737*
Fraude vulgar, no industria *generosa*, *S2,781*

Generoso 3
El *generoso* paxaro su pluma, *P,10*
Honrre súàue *generoso* nudo *SD,33*
Tardo, mas *generoso* *S2,787*

Generosos 1
Generosos affectos de vna pia *S2,635*

Genitiuo 1
Cuia fecunda madre al *genitiuo* *S2,726*

Gente 2
La *gente* parecia, *S1,138*
Aduocaron á si toda la *gente* *S1,1025*

Gentil 2
Arco digo *gentil*, bruñida aljaua, *P,457*
Artifice *gentil* de dobladuras *S1,859*

Geometra 1
Geometra prudente el orbe mida *S2,381*

Gèometria 1
A la *Gèòmetria* se rebela, *S2,670*

Gigantes 1
Gigantes de cristal los teme el cielo; *SD,8*

Gima 1
Gima el lebrel en el cordon de seda; *P,15*

Gime 4
Tan golosos, que *gime* *S1,300*
Solo *gime* ofendido *S1,689*
O infausto *gime* paxaro nocturno; *S1,800*
Donde zelosa arrulla, i ronca *gime* *S2,270*

Gimiendo 2
Gimiendo tristes, i bolando graues. *P,40*
Numero i confusion *gimiendo* hazia *S2,806*

Ginete 1
Florida ambrosia al viento diò *ginete*; *S2,728*

Ginoues 1
Segunda tabla a vn *Ginoues* mi gruta *P,449*

Girifalte 2
El *Girifalte*, escandalo bizarro *S2,753*
A vn *Girifalte* Boreàl Harpìa, *S2,906*

Gitano 1
El aspid es *gitano*: *S1,111*

Glauco 2
Ronco si, escucha a *Glauco* la ribera, *P,118*
Glauco en las aguas, en las yerbas Pales. *S2,958*

Globo 1
Graue de pereçosas plumas *globo*, *S2,791*

Globos 3
Quando entre *globos* de agua, entregar veo *P,441*
En *globos* de agua redimir sus Phocas; *S2,426*
Vn duro Sacre, en *globos* no de fuego, *S2,911*

Gloria 6
Gloria de'l mar, honor de su ribera. *P,196*
Que en tanta *gloria* infierno son no breue *P,327*
Minador antes lento de su *gloria*, *S1,741*
Gloria mayor de el soberano choro: *S1,809*
De *gloria*, aunque villano, solicita *S1,1003*
LICIDAS *gloria*, en tanto, *S2,531*

Gloriosa 1
Ostentacion *gloriosa*, alto tropheo *P,238*

Gloríòsa 2
Ciñe las sienes *gloríòsa* rama, *S1,979*
Que de vna i de otra meta *gloríòsa* *S1,1058*

Gloriosas 1
Siempre *gloriosas*, siempre tremolantes, *S1,422*

Gloríòso 1
A *gloríòso* pino, *S1,467*

Gnido 1
Quantas produce Papho, engendra *Gnido*, *P,333*

Golfo 1
Golfo de sombras annunciando el puerto. *S1,61*

Golosa 1
Senos que ignora aun la *golosa* cabra, *P,394*

Golosos 1
Tan *golosos*, que gime *S1,300*

Golpe 2
El *golpe* no remisso *S1,693*
El *golpe* solicita, el vulto mueue *S2,470*

Gomas 1
Sacros troncos sudar fragantes *gomas*, *S1,923*

Goza 1
Que el tiempo buela: *Goza* pues ahora *S2,601*

Gozar 1
Las rosas *gozar* dexa de su frente; *S1,637*

Gracia 2
Mas en la *gracia* igual, si en los desdenes *P,125*
Beldad parlera, *gracia* muda ostenta; *S1,726*

Gracias 3
El terno Venus de sus *gracias* summa: *P,100*
Terno de *gracias* bello repetido *S1,888*
Gracias el pescador á la Diuina *S2,362*

Gracioso 1
Concauo frexno, á quien *gracioso* indulto *S2,283*

Gradúàdamente 1
Y premíàdos *gradúàdamente*, *S1,1024*

Grama 1
Sobre el de *grama* cesped no desnudo, *SD,29*

Gramma 1
De frescas sombras, de menuda *gramma*. *P,216*

Gran 1
Que atrauesado remolcò vn *gran* sollo. *S2,505*

Grana 3
O en pipas guardan la exprimida *grana* *P,150*
Purpureos hilos es de *grana* fina. *S1,162*
Sobre la *grana* que se viste fina. *S1,353*

Grandes 1
Que sin rumor preuino en mesas *grandes*. *S1,857*

Grandeza 1
En modestia ciuil rèàl *grandeza*. *S2,812*

Grangerias 1
De vuestras *grangerias*. *S1,903*

Grano 1
Que gallinas domesticas al *grano*, *S2,253*

Granos 1
Pues si en la vna *granos* de oro llueue, *P,147*

Graue 9
I al *graue* peso junco tan delgado, *P,55*
Al pie, no tanto ia de el temor *graue*, *P,253*
Igual en pompa al paxaro, que *graue* *P,365*
De quantas vomitó riqueças *graue* *P,435*
De canas *graue*, hablò desta manera. *S1,365*
Lo *graue* tanto, que le precipita, *S1,1008*
Vn plomo fiò *graue* à un corcho leue, *S2,467*
Graue de pereçosas plumas globo, *S2,791*
En la vistosa laxa, para el *graue*, *S2,807*

Graues 10
Gimiendo tristes, i bolando *graues*. *P,40*
Acis al siempre aiuno en penas *graues*; *P,326*
Por duras guijas, por espinas *graues* *P,475*
Qual dellos las pendientes summas *graues* *S1,291*
(Los fuertes hombros con las cargas *graues* *S1,340*
De perezosas plumas. Quien de agua *S1,991*
Sus plomos *graues*, i sus corchos leues. *S2,53*
Estas mis quexas *graues*, *S2,118*
I tus prisiones ia arrastraua *graues*: *S2,566*
Mas tardò el desplegar sus plumas *graues* *S2,891*

Graznido 1
Heredado en el vltimo *graznido*. *S2,936*

Grecia 1
I ellas mas tarde á la gulosa *Grecia*, *S1,495*

Greña 2
Troncos robustos son, á cuya *greña* *P,34*
En la rustica *greña* iace occulto *P,281*

Griego 4
Las columnas Ethon, que erigiò el *Griego*, *P,339*
Al Phrigio muro el otro leño *Griego*. *S1,378*
Thyrsos eran del *Griego* Dios nacido *S2,329*
(*Griego* al fin) vna en tanto, que de arriba *S2,915*

Grifaños 1
Appella, entre los Tropicos *grifaños*, *S2,919*

Grillo 2
Su libertad el *grillo* torneado, *S2,851*
Vn *grillo*, i otro enmudecio en su pluma. *S2,874*

Grillos 1
Grillos de nieue fue, plumas de ielo. *P,224*

Grosseramente 1
El pie villano, que *grosseramente* *S2,318*

Grossero 2
El tributo, alimento, aunque *grossero*, *P,87*
Le enuiste incauto; i si con pie *grossero* *S2,227*

Gruesos 1
Que los pies de los arboles mas *gruesos* *P,499*

Gruessa 1
Gruessa le dan, i fria, *S1,150*

Gruessas 2
Las redes califica menos *gruessas* *S2,96*
Si fabricado no de *gruessas* cañas, *S2,110*

Gruesso 1
A vn vaquero de aquellos montes *gruesso*, *S1,1004*

Grullas 1
Sino *grullas* veleras, *S1,606*

Gruta 5
Mordaça es à vna *gruta* de su boca. *P,32*
Segunda tabla a vn Ginoues mi *gruta* *P,449*
De la alta *gruta*, donde se desata, *S1,209*
De jardin culto assi en fingida *gruta* *S2,222*
Trompa Triton de'l agua a la alta *gruta* *S2,594*

Grutas 4
A que el Monarcha de esas *grutas* hondas *P,403*
Candados hizo de otras nueuas *grutas*, *S1,448*
O *grutas* ya la priuilegien hondas; *S2,433*
Si Thetis no (desde sus *grutas* hondas) *S2,624*

Gruttas 1
I argenta el mar desde sus *gruttas* hondas *S1,1029*

Guadalete 1
Soplo vistiendo miembros, *Guadalete* *S2,727*

Guadaña 1
Ella el forçado, i su *guadaña* el remo. *S2,129*

Guante 2
Desde el *guante* hasta el hombro á un jouen cela: *S2,794*
Quexandose venian sobre el *guante* *S2,972*

Guarda 2
Do *guarda* en vez de azero *S1,103*
Oi te conuida al que nos *guarda* sueño *S1,521*

Guardan 3
O en pipas *guardan* la exprimida grana *P,150*
Corchos me *guardan*, mas que aueja flores *P,395*
Oi te *guardan* su mas precioso engaste. *S1,460*

Guarde 1
Muera mi culpa, i tu desden le *guarde* *S2,152*

Guardò 3
Que la almendra *guardò* entre verde, i seca *P,202*
Ofrece ahora, quantos *guardò* el heno *S1,862*
Solicitò curiosa, i *guardò* auara *S2,186*

Guarnicion 2
Guarnicion tosca de este escollo duro *P,33*
(*Guarnicion* desigual á tanto espejo) *S2,28*

Guerra 1
Guerra al calor, ó resistencia al dia. *S1,539*

Guia 1
Cerulea ahora, ia purpurea *guia* *S1,1071*

Guijas 4
Por duras *guijas*, por espinas graues *P,475*
Las duras cuerdas de las negras *guijas* *S1,347*
Tantas orejas, quantas *guijas* laua *S1,560*
Iaspe le han hecho duro blancas *guijas*. *S2,890*

Guirnalda 1
De su *guirnalda* propia: *S1,302*

Gulosa 1
I ellas mas tarde á la *gulosa* Grecia, *S1,495*

Guloso 1
Guloso de los Consules regalo. *S2,101*

Gulosos 1
Los *gulosos* estomagos el rubio, *S1,873*

Gusano 3
De quantas sedas ia hiló *gusano*, *P,315*
Sordo engendran *gusano*, cuio diente, *S1,740*
Parcha es intérìor, breue *gusano*. *S2,611*

Gusto 4
Alterna con las Musas oi el *gusto*, *P,21*
Con *gusto* el jouen i attencion le oìa, *S1,222*
La gaita al baile solicita el *gusto*, *S1,669*
Lisonja breue al *gusto*, *S2,85*

Gyra 1
Dorandole los pies, en quanto *gyra* *S1,130*

Gyros 1
En los dos *gyros* de inuisible pluma, *S2,183*

Habla 1
Muda la admiracion *habla* callando, *S1,197*

Hablò 1
De canas graue, *hablò* desta manera. *S1,365*

Hacerlas 1
Cuyo bello contacto puede *hacerlas* *P,375*

Hacia 1
Lo concauo *hacia* de vna peña *P,309*

Haciendole 1
El vulto vió, i *haciendole* dormido *P,257*

Hado 1
De tu fortuna, aun mas que de su *hado*. *S2,122*

Haga 2
Tascando *haga* el freno de oro cano *P,13*
Suspiro, que mi muerte *haga* leda, *S2,154*

Hagan 1
Blancas ouejas suias *hagan* cano, *S1,825*

Haia 1
A la que de vn Ancon segunda *haia* *S2,45*

Haias 1
Monstro escamado de robustas *haias* *S1,375*

Halagos 1
Sabe el tiempo hazer verdes *halagos*. *S1,221*

Halla 3
Fingiendo sueño al cauto garzon *halla*. *P,256*
Las canas de Tithon *halla* las mias, *S2,395*
En su madre se esconde; donde *halla* *S2,964*

Hallar 1
Dexate vn rato *hallar* de'l pie acertado, *SD,30*

Halle 2
Tranquilidad os *halle* labradora, *S1,940*
Nudos les *halle* vn dia, bien que agenos) *S2,234*

Hallò 6
Fruta en mimbres *hallò*, leche exprimida *P,225*
Do *hallò* reparo, si perdió camino. *P,432*
Hallò hospitalidad donde *hallò* nido *S1,27*
Hallò hospitalidad donde hallò nido *S1,27*
Quando *hallò* de fugitiua plata *S1,472*
En tanta plaia *hallò* tanta rúina. *S2,511*

Halló 1
La sangre *halló* por do la muerte entrada. *S2,487*

Hamadrias 1
Ser menos las que verdes *Hamadrias* *S1,261*

Harà 1
(Sangre sudando) en tiempo *harà* breue *SD,14*

Hará 1
La segur de los zelos *hará* aguda. *P,356*

Harmonia 1
De metrica *harmonia*. *S1,270*

Harmonìoso 1
Harmonìoso numero se esconde *S2,251*

Harpìa 1
A vn Girifalte Boréàl *Harpìa*, *S2,906*

Harpon 2
Su blanco pecho de vn *harpon* dorado: *P,244*
Harpon vibrante supo mal Protheo *S2,425*

Harpyas 1
A las que esta montaña engendra *Harpyas*. *P,448*

Hasta 9
El desden *hasta* alli de Galathea. *P,240*
La *hasta* de tu luciente jaualina; *SD,21*
Hasta los jaspes liquidos, adonde *S1,210*
Conculcado *hasta* alli de otro ninguno, *S1,415*
Cuya *hasta* breue dessangrò la Phoca) *S2,449*
Hasta el luciente bipartido estremo *S2,475*
De sacudir el *hasta*; *S2,492*
Hasta donde se besan los extremos *S2,529*
Desde el guante *hasta* el hombro á un jouen cela: *S2,794*

Haya 1
A las arenas Ligurina *haya* *P,442*

Haze 8
Restituir le *haze* á las arenas; *S1,36*
Que *haze* oy á Narciso *S1,115*
Haze de blanca espuma *S1,559*
Beuer el sudor *haze* de su frente, *S1,570*
Que los Herculeos troncos *haze* breues: *S1,1049*
Haze de Augusta Coia Peruana, *S2,66*
De los cauallos ruda *haze* armonia *S2,736*
El duro braço debil *haze* junco, *S2,784*

Hazen 1
Mezcladas *hazen* todas *S1,623*

Hazer 3
Sabe el tiempo *hazer* verdes halagos. *S1,221*
La dulce confusion *hazer* podia, *S1,485*
Virgen tan bella, que *hazer* podria *S1,783*

Hazia 1
Numero i confusion gimiendo *hazia* *S2,806*

Hazìa 1
En duda ponen qual maior *hazìa*, *S1,538*
Hazìa bien de pobos, bien de alisos *S1,575*

Hazian 1
Que *hazian* desigual, confusamente *S1,43*

Hazienda 2
De su persona fue, de su *hazienda*, *P,450*
Donde con mi *hazienda* *S1,500*

Haziendo 4
Qual, *haziendo* el villano *S1,68*
Haziendo escollos, o de marmol Pario, *S1,488*
El peregrino pues, *haziendo* en tanto *S2,112*
Bien que *haziendo* circulos perfectos: *S2,502*

Haziendole 1
Haziendole atalaias de el Occaso *S1,640*

Hecha 1
Paz *hecha* con las plantas inuiolable. *S2,313*

Hechas 1
Treguas *hechas* súàues) *S1,341*

Hecho 7
En su imaginacion Cupido *hecho* *P,271*
En telas *hecho* antes que en flor el lino < ? > *S1,373*
Estanque dexò *hecho*, *S1,400*
Cabo me han *hecho*, hijo, *S1,516*
Pielago duro *hecho* á su rúina. *S1,1011*
Vn lustro ha *hecho* á mi dudosa mano, *S2,147*
Iaspe le han *hecho* duro blancas guijas. *S2,890*

Helvecias 1
De *Helvecias* picas es muralla aguda: *P,428*

Heno 3
La serua, a quien le da rugas el *heno*; *P,77*
Ofrece ahora, quantos guardò el *heno* *S1,862*
I de la firme tierra el *heno* blando *S2,689*

Herbir 1
Herbir las olas vio templadamente, *S2,501*

Herculeos 1
Que los *Herculeos* troncos haze breues: *S1,1049*

Hereda 1
En cuia orilla el viento *hereda* ahora *S1,954*

Heredado 1
Heredado en el vltimo graznido. *S2,936*

Herida 2
Es el mas torpe vna *herida* cierua, *S1,1043*
Montes de espuma concitò *herida* *S2,489*

Herido 1
El cabo rompio; i bien, que al cieruo *herido* *S2,497*

Hermana 1
Hermana de Phaeton, verde el cabello, *S2,263*

Hermanas 1

Este sitio las bellas seis *hermanas* *S2,337*

Hermano 1
  Que en el vno cedi, i el otro *hermano* *S2,390*

Hermosa 4
  En Simetis, *hermosa* Nimpha, auido, *P,195*
  Inundacion *hermosa*, *S1,263*
  Hermosa esquadra con ligero passo, *S1,639*
  Blanca, *hermosa* mano, cuias venas *S1,877*

Hermoso 1
  De este *hermoso* tercio de serranas: *S1,517*

Hermosura 4
  La vista de *hermosura*, i el oido *S1,269*
  Merced de la *hermosura* que ha hospedado: *S1,344*
  Abreuia su *hermosura* virgen rosa, *S1,728*
  Para su *hermosura*; *S2,668*

Heroe 1
  de vn *Heroe*, si no Augusto, esclarecido *S1,733*

Herradas 1
  Que vuestras bacas tarde, o nunca *herradas*. *S1,912*

Hespaña 1
  El Bahari, a quien fue en *Hespaña* cuna *S2,758*

Hespañol 1
  Rapido al *Hespañol* alado mira *S2,863*

Hibléo 1
  Nectar le chupa *Hibléo*. *S1,804*

Hiço 2
  Relacion de el naufragio *hiço* horrenda. *P,452*
  Littoral *hiço*, aun antes *S2,643*

Hiere 1
  Ingeníosa *hiere* otra, que dudo, *S1,252*

Hierro 5
  El sagrado Laurel de el *hierro* agudo: *S1,690*
  O filos ponga<n> de homicida *hierro* *S2,159*
  El breue *hierro*, cuio corbo diente *S2,237*
  Al *hierro* sigue que en la Phoca huye, *S2,432*
  Deidad dirigio amante el *hierro* agudo: *S2,485*

Hierua 1
  El campo, que no pisan alas *hierua*: *S1,1042*

Hija 8
  Nympha, de Doris *hija*, la mas bella *P,97*
  Si artificiosa no, su honesta *hija*. *P,160*
  Sorda *hija* de el mar, cuias orejas *P,377*
  Apenas *hija* oi, madre mañana. *S1,834*
  Bien preuino la *hija* de la espuma *S1,1090*
  Que (siempre *hija* bella *S2,88*
  Lachesis nueua mi gallarda *hija*, *S2,435*
  Dexò sin dulce *hija*, *S2,978*

Hijas 5
  De las *hijas* de Tetys, i el mar vea, *P,370*
  Las blancas *hijas* de sus conchas bellas, *S1,432*
  Por seis *hijas*, por seis deidades bellas, *S2,214*
  Tres *hijas* suyas candidas le ofrecen, *S2,218*
  De mis *hijas* oiràs; ambiguo choro *S2,422*

Hijo 9
  Este, que (de Neptuno *hijo* fiero) *P,50*
  Que adusto *hijo* de este Pyrineo *P,62*
  Vn rubio *hijo* de vna encina hueca, *P,206*
  Conuencida la madre, imita al *hijo*, *P,462*
  De aquellos montes *hijo*, *S1,199*
  Que'l viento su caudal, el mar su *hijo*. *S1,506*
  Cabo me han hecho, *hijo*, *S1,516*
  Hijo de'l bosque, i padre de mi vida, *S2,550*
  El veloz *hijo* ardiente *S2,724*

Híjo 1
  De el Iuppiter soi *híjo* de las ondas, *P,401*

Hijos 5
  Tremulos *hijos*, sed de mi fortuna *S1,63*
  Mañosos, al fin *hijos* de la tierra, *S1,973*
  Mis *hijos* dos en vn batel despido, *S2,412*
  Que admita iernos los que el trato *hijos* *S2,642*
  I de sus propios *hijos* abraçado. *S2,647*

Hijuelos 1
  Al aire los *hijuelos* den alados *S1,794*

Hila 1
  Ya *hila*, ia deuana su carrera, *S2,437*

Hilada 1
  Nieue *hilada*, i por sus manos bellas *S2,343*

Hilan 1
  I en ruecas de oro raios de el Sol *hilan*. *P,400*

Hilo 3
  La menor onda chupa al menor *hilo*. *S1,41*
  Sin romper *hilo* alguno *S2,97*
  Que engaños construyendo estan de *hilo*. *S2,219*

Hiló 1
  De quantas sedas ia *hiló* gusano, *P,315*

Hilos 4
  Que en yerbas se recline, o en *hilos* penda, *P,454*
  Purpureos *hilos* es de grana fina. *S1,162*
  A quien *hilos* el Sol tributò ciento *S2,67*
  Verdes *hilos* de aljofares risueños. *S2,862*

Hircano 1
  Que clima infamò *Hircano*, *S1,367*

Historias 1
  Con las de su edad corta *historias* largas, *S1,508*

Histriádas 1
  Si de purpureas conchas no *histriádas*, *S2,383*

Hiziera 1
  Passos *hiziera* dar el menor passo *S1,554*

Hizieron 2
  Hizieron á su curso acelerado, *S1,348*
  Hizieron dos robustos luchadores *S1,965*

Hizo 11
  Seguir se *hizo* de sus azucenas: *P,220*
  Carcax de cristal *hizo*, si no aljaua *P,243*
  Dexar *hizo* al serrano, *S1,227*
  Que la montaña *hizo* populosa *S1,264*
  Candados *hizo* de otras nueuas grutas, *S1,448*
  Cabo le *hizo* de Esperança buena. *S1,452*
  Ceniças *hizo* las que su memoria *S1,738*
  De la mano à las ondas gemir *hizo* *S2,482*
  Hizo á mi forma (ó dulce mi enemiga) *S2,571*
  Que io al mar el que à vn Dios *hizo* valiente *S2,582*
  Mucho theatro *hizo* poca arena. *S2,771*

Hoja 2
  Contra la seca *hoja* *S1,174*
  Bien que su menor *hoja* vn ojo fuera *S1,1063*

Hojas 3
  Musicas *hojas* viste el menor ramo *S1,590*
  Texio de verdes *hojas* la arboleda, *S1,717*
  De arbol, que nadante ignorò *hojas*, *S2,593*

Hombre 2
  De vn Fauno medio *hombre*, medio fiera, *P,194*
  Marino Dios, que el vulto feroz *hombre*, *S2,463*

Hombro 4
  De aquel la mano, de esta el *hombro* agraua: *P,461*
  El *hombro* sin aljaua: *S1,274*
  Tropheo ia su numero es a un *hombro*, *S1,307*
  Desde el guante hasta el *hombro* á un jouen cela: *S2,794*

Hombros 2
  Sobre dos *hombros* larga vara ostenta *S1,315*
  (Los fuertes *hombros* con las cargas graues *S1,340*

Homicida 1
  O filos ponga<n> de *homicida* hierro *S2,159*

Homicidas 1
  Metales *homicidas*. *S1,434*

Honda 3
  I tantas despidió la *honda* piedras, *P,471*
  Fanal es del arroyo cada *honda*, *S1,675*
  Tan generosa fe, no facil *honda*, *S2,161*

Hondas 5
  De las *hondas*; si en vez de'l pastor pobre, *P,167*
  A que el Monarcha de esas grutas *hondas* *P,403*

I argenta el mar desde sus gruttas *hondas* *S1,1029*
  O grutas ya la priuilegien *hondas*; *S2,433*
  Si Thetis no (desde sus grutas *hondas*) *S2,624*

Honesta 2
  Si artificiosa no, su *honesta* hija. *P,160*
  Mas los ojos *honesta*, *S1,257*

Honestamente 1
  Y *honestamente* al fin correspondido *S2,242*

Honesto 1
  De *honesto* rosicler, preuiene el dia *S1,781*

Honestos 1
  De los nudos, q<ue> *honestos*, mas suaues *P,473*

Honor 5
  I de la encina, *honor* de la montaña, *P,85*
  Gloria de'l mar, *honor* de su ribera. *P,196*
  Luciente *honor* del cielo, *S1,5*
  De'l carro, pereçoso *honor* de'l cielo: *S2,617*
  De'l aire, *honor* robusto de Gelanda, *S2,754*

Honra 1
  De quantas *honra* el mar Deidades era; *P,114*

Honre 1
  En piedras si firmeza *honre* Hymeneo, *S2,599*

Honrra 1
  Premio los *honrra* igual, i de otros quatro *S1,978*

Honrraràs 1
  Veràs curioso, i *honrraràs* testigo *S1,526*

Honrre 1
  Honrre súaue generoso nudo *SD,33*

Hora 7
  Aluergue à qualquier *hora*, *S1,95*
  Aluergue à qualquier *hora*! *S1,107*
  Aluergue, à cualquier *hora*! *S1,123*
  Aluergue à cualquier *hora*! *S1,135*
  La postrimera *hora*; *S1,941*
  De perlas cada *hora*. *S2,68*
  Que cisnes me recuerdan à la *hora*, *S2,393*

Horas 4
  O Excelso CONDE, en las purpureas *horas* *P,3*
  Desmintieron la noche algunas *horas*, *S1,681*
  En breues *horas* caducar la yerba, *S1,826*
  Las *horas* ia de numeros vestidas *S2,677*

Hormigas 2
  Las Prouincias de Europa son *hormigas*. *P,144*
  Qual prouidas *hormigas* á sus miesses *S1,510*

Horrenda 2
  Relacion de el naufragio hiço *horrenda*. *P,452*
  Su *horrenda* voz, no su dolor interno *P,465*

Horrendo 1
  No al fiero Tiburon verdugo *horrendo* *S2,455*

Horror 4
  A POLIPHEMO (*horror* de aquella sierra) *P,43*
  Mortal *horror*, al que con passo lento *P,70*
  La fiera (*horror* del agua) cometiendo *S2,490*
  (Injurias de la luz, *horror* dél viento) *S2,975*

Horrores 1
  Horrores dexa el Nilo que le baña. *S2,830*

Hortelano 1
  El cuerno vierte el *hortelano* entero *P,158*

Hospeda 1
  La piedad que en mi alma ia te *hospeda* *S1,520*

Hospedado 1
  Merced de la hermosura que ha *hospedado*: *S1,344*

Hospedage 1
  I en tan noble occasion tal *hospedage*. *S1,533*

Hospedò 1
  Que *hospedò* al forastero *S1,139*

Hospitalidad 1
  Hallò *hospitalidad* donde hallò nido *S1,27*

Houero 1
  Al bayo, quando no esplendor *houero* *S2,678*

Houeros 1

　Los *houeros*, si no esplendores baios, *S2,732*

Huebos 1

　Sobre tus *huebos* coronaba el dia, *P,418*

Hueca 1

　Vn rubio hijo de vna encina *hueca*, *P,206*

Hueco 1

　Y *hueco* exceda al alcornoque inculto, *S2,286*

Huella 1

　Dos vezes *huella* la campaña al dia, *S2,12*

Huellas 1

　Pisò las *huellas* casi de el primero *S1,1021*

Huelua 1

　Si ya los muros no te ven de *Huelua P,7*

Huerto 4

　Copa es de Baccho, *huerto* de Pomona: *P,138*
　Rico de quanto el *huerto* offrece pobre, *P,199*
　El *huerto* le da esotras, á quien debe *S2,220*
　De'l *huerto*, en cuios troncos se desata *S2,326*

Huesos 1

　Corriente plata al fin sus blancos *huesos*, *P,501*

Huesped 7

　Alto don, segun ya mi *huesped* dixo *P,460*
　Al *huesped* al camino reduziendo, *S1,229*
　Con su *huesped*, que admira cortesano, *S1,714*
　Dando el *huesped* licencia para ello, *S2,73*
　Acogio al *huesped* con vrbano estilo, *S2,216*
　De el *huesped* admirado *S2,231*
　Ô canas, dixo el *huesped*, no peinadas *S2,364*

Huesso 1

　Arnes de *huesso*, donde *S2,84*

Huessos 4

　O tumba de los *huessos* de Tipheo; *P,28*
　A tus *huessos* desdeñas. *S1,446*
　Calle mis *huessos*, i eleuada cima *S2,168*
　Que mis *huessos* vinculan, en su orilla *S2,547*

Hueuos 1

　Viuificando estan muchos sus *hueuos*, *S2,256*

Huie 3

　Sordo *huie* el baxel a vela, i remo; *P,95*
　Huie la Nimpha bella, i el marino *P,129*
　Segun el pie, segun los labios *huie*. *S1,601*

Huiera 1

　Huiera, mas tan frio se desata *P,221*

Humana 1

　La *humana* suya el caminante errado *P,429*

Humano 3

　O al cielo *humano*, o al Cyclope celeste. *P,424*
　No la que en bulto començando *humano*, *S1,112*
　Iuntaua el cristal liquido al *humano* *S1,244*

Humedecida 1

　Felices años; i la *humedecida*, *S2,370*

Humedecido 1

　Ceuase, i fiero dexa *humedecido* *P,173*

Humèros 1

　Quantos *humèros* quenta la aldehuela. *S1,641*

Humidas 1

　Poluo el cabello, *humidas* centellas, *P,187*

Humido 1

　En el *humido* templo de Neptuno *S1,478*

Humildad 1

　De aluergues, donde la *humildad* contenta *S2,198*

Humilde 2

　Breue flor, ierba *humilde*, i tierra poca, *P,350*
　Rebelde Nimpha (*humilde* ahora caña) *S2,831*

Humo 5

　Su aliento *humo*, sus relinchos fuego, *P,337*
　Humo anhelando, el que no suda fuego, *S1,969*
　Que en sonoroso *humo* se resueluen. *S1,1083*
　Que á mucho *humo* abriendo *S2,729*

　Descendio fulminada en poco *humo*, *S2,916*

Humor 2

　El celestial *humor* recien quaxado, *P,201*
　De'l tierno *humor* las venerables canas, *S1,514*

Humosos 1

　No de *humosos* vinos agrauado *S1,167*

Hurta 2

　Hurta vn laurel su tronco al Sol ardiente, *P,178*
　En quanto el *hurta* blando *S1,543*

Hurten 1

　O dormida te *hurten* a mis quexas *P,379*

Hurtó 1

　Que fingen sus dos alas, *hurtó* el viento. *S2,184*

Hurtos 1

　No los *hurtos* de Amor, no las cautelas *S1,840*

Huso 1

　De la alta fatal rueca al *huso* breue. *S1,900*

Huya 1

　Quien me fuerça á que *huya* *S2,134*

Huye 1

　Al hierro sigue que en la Phoca *huye*, *S2,432*

Huyen 1

　Mintiendo remission à las que *huyen*, *S2,913*

Huyendo 1

　Que *huyendo* la Aurora *S2,394*

Hydropica 1

　Hydropica de viento, *S1,109*

Hymeneo 23

　Que *Hymeneo* à sus mesas te destina: *S1,314*
　Orientales aldauas, *Hymeneo*. *S1,708*
　Hymeneo añudando, *S1,763*
　Ven, *Hymeneo*, ven, donde de espera *S1,767*
　Ven, Hymeneo, ven; ven, *Hymeneo*. *S1,779*
　Ven, *Hymeneo*, ven; ven, Hymeneo. *S1,779*
　Ven, *Hymeneo*, donde entre arreboles *S1,780*
　Ven, *Hymeneo*, ven; ven, Hymeneo. *S1,792*
　Ven, Hymeneo, ven; ven, *Hymeneo*. *S1,792*
　Ven, *Hymeneo*, i plumas no vulgares *S1,793*
　Ven *Hymeneo*, ven; ven, Hymeneo. *S1,805*
　Ven Hymeneo, ven; ven *Hymeneo*. *S1,805*
　Ven, *Hymeneo*, i las volantes pias, *S1,806*
　Ven, Hymeneo, ven; ven Hymeneo. *S1,818*
　Ven, Hymeneo, ven; ven *Hymeneo*. *S1,818*
　Ven *Hymeneo*, i nuestra agricultura *S1,819*
　Ven, *Hymeneo*, ven; ven, Hymeneo. *S1,831*
　Ven, Hymeneo, ven; ven, *Hymeneo*. *S1,831*
　Ven *Hymeneo*, i tantas le dè á Pales, *S1,832*
　Ven *Hymeneo*, ven; ven Hymeneo. *S1,844*
　Ven Hymeneo, ven; ven *Hymeneo*. *S1,844*
　A templarse en las ondas; *Hymeneo*, *S1,1067*
　En piedras si firmeza honre *Hymeneo*, *S2,599*

Hymno 1

　De el *Hy<m>no* culto dio el vltimo accento *S1,944*

Hypocrita 1

　De la manzana *hypocrita*, que engaña *P,83*

I 255

　Que es rosas la Alua, *i* rosicler el dia. *P,4*
　I al cuerno al fin la cythara suceda. *P,16*
　Clarin, *i* de la Fama no segundo, *P,23*
　Gimiendo tristes, *i* bolando graues. *P,40*
　I redil espacioso, donde encierra *P,45*
　Que vn siluo junta, i vn peñasco sella. *P,48*
　I al graue peso junco tan delgado, *P,55*
　Que vn dia era baston, *i* otro cayado. *P,56*
　La rubia paja; *i* palida tutora *P,79*
　La niega avara, *i* prodiga la dora. *P,80*
　I entre el membrillo, o verde, o datilado, *P,82*
　I de la encina, honor de la montaña, *P,85*
　Cera *i* cañamo vnio (que no debiera) *P,89*
　De mas echos, que vniò cañamo *i* cera, *P,91*
　Sordo huie el baxel a vela, *i* remo; *P,95*

　Galathea es su nombre, *i* dulce en ella *P,99*
　Son vna, *i* otra luminosa estrella *P,101*
　I condenado su esplendor, la deja *P,111*
　Inuidia de las Nymphas, *i* cuidado *P,113*
　De la que aun no le oiò, *i* calzada plumas *P,127*
　Huie la Nimpha bella, *i* el marino *P,129*
　Lo que a Ceres, *i* aun mas, su vega llana; *P,146*
　Arde la juuentud, *i* los arados *P,161*
　De cerro en cerro, *i* sombra en sombra iace; *P,170*
　Ceuase, *i* fiero dexa humedecido *P,173*
　El silencio de'l can sigan, *i* el sueño. *P,176*
　Vn ruiseñor à otro; *i* dulcemente *P,182*
　Llegò Acis, *i* de ambas luzes bellas *P,189*
　Su boca diò, *i* sus ojos quanto pudo *P,191*
　Rinden las bacas, *i* fomenta el robre, *P,200*
　Que la almendra guardò entre verde, *i* seca *P,202*
　I vn copo en verdes juncos de manteca: *P,204*
　I con ellas las ondas á su frente, *P,210*
　Mas discursiua, *i* menos alterada. *P,232*
　I aun siente, que a su dueño sea devoto, *P,247*
　Fia su intento; *i* timida, en la vmbria *P,254*
　Cama de campo, *i* campo de batalla, *P,255*
　El vulto vió, *i* haciendole dormido *P,257*
　Bebelo Galathea; *i* da otro passo *P,287*
　I al marfil luego de sus pies rendido, *P,299*
　Mas agradable, *i* menos zahareña, *P,305*
　Dulce ia concediendole, *i* risueña *P,307*
　I verdes celosias vnas iedras, *P,311*
　Trepando troncos, *i* abrazando piedras. *P,312*
　I artifice texió la Primauera, *P,316*
　Vna, *i* otra lasciua, si ligera *P,318*
　I el applauso al concento de las aues: *P,324*
　Entre las ondas, *i* la fruta, imita *P,325*
　Talamo de Acis ya, *i* de Galathea. *P,336*
　Linterna es ciega, *i* atalaya muda. *P,344*
　Arbitro de montañas, *i* ribera, *P,345*
　La Nimpha los oyó, *i* ser mas quisiera *P,349*
　Breue flor, ierba humilde, *i* tierra poca, *P,350*
　Muerta de amor, *i* de temor no viua. *P,352*
　Que dulce muere, *i* en las aguas mora: *P,364*
　De las hijas de Tetys, *i* el mar vea, *P,370*
　I los caudales seco de los rios: *P,388*
　Leche corren *i* lagrimas; que iguales *P,391*
　I en ruecas de oro raios de el Sol hilan. *P,400*
　I en los cielos desde esta roca puedo *P,415*
　Miréme, *i* lucir vi vn sol en mi frente, *P,421*
　Iugo aquel dia, *i* iugo bien súaue *P,437*
　I de Mala/co Rey, a Deidad laua *P,459*
　I tantas despidió la honda piedras, *P,471*
　I al garçon viendo, quantas mouer pudo *P,485*
　Concurren todas, *i* el peñasco duro *P,495*
　Lamiendo flores, *i* argentando arenas, *P,502*
　I en quanto dà el solicito montero *SD,16*
　I entregados tus miembros al reposo *SD,28*
　Naufrago, *i* desdeñado sobre ausente, *S1,9*
　Fiò, *i* su vida à vn leño. *S1,21*
　(Alga todo, *i* espumas) *S1,26*
　Besa la arena, *i* de la rota naue *S1,29*
　Lento le enviste, *i* con súaue estilo *S1,40*
　Llegò pues el mancebo, *i* saludado *S1,90*
　Gruessa le dan, *i* fria, *S1,150*
　Breue de barba, *i* duro no de cuerno, *S1,159*
　Durmio, *i* recuerda al fin, quando las aues *S1,176*
　Dexò, *i* en su carroça *S1,180*
　Dexa el aluergue, *i* sale acompañado *S1,183*
　Llegò, *i* a vista tanta *S1,190*
　Confunde el Sol, *i* la distancia niega. *S1,196*
　Su orgullo pierde, *i* su memoria esconde. *S1,211*
　Iazen ahora, *i* sus desnudas piedras *S1,218*
　Que á rúinas, *i* a estragos *S1,220*
　Con gusto el jouen *i* attencion le oìa, *S1,222*
　Quando torrente de armas, *i* de perros, *S1,223*
　Tierno discurso, *i* dulce compañia *S1,226*
　Numero crece, *i* multiplica vozes. *S1,232*
　Rosas traslada, *i* lilios al cabello, *S1,248*
　Tantas al fin el arroiuelo, *i* tantas *S1,259*

Icaro montañes, su mismo peso;   *S1,1009*

Ida   1
A Iupiter, mejor que el garçon de *Ida*,   *S1,8*

Idiòmas   1
En *idiòmas* cantan differentes,   *S2,357*

Idolatra   1
Que acero sigue, *idolatra* venera,   *P,198*

Idolo   1
El bello iman, el *idolo* dormido,   *P,197*

Iedra   1
Que qual abraça *iedra*   *S1,380*

Iedras   3
I verdes celosias vnas *iedras*,   *P,311*
Seis chopos de seis *iedras* abraçados   *S2,328*
Entre las verdes roscas de las *iedras*   *S2,352*

Ielo   3
Grillos de nieue fue, plumas de *ielo*.   *P,224*
La emulacion, calçada vn duro *ielo*,   *S1,1001*
Cuia vestida nieue anima un *ielo*,   *S2,865*

Ierba   5
De la piadosa *ierba* encomendada: *P,76*
Tantos jazmines, quanta *ierba* esconde   *P,179*
Breue flor, *ierba* humilde, i tierra poca,   *P,350*
En la *ierba* menuda.   *S1,629*
O entre la verde *ierba*   *S2,877*

Ierno   1
Ierno le saludó, le aclamó rio.   *P,504*

Iernos   1
Que admita *iernos* los que el trato hijos   *S2,642*

Ierra   1
Que el desden solicita? Ô quanto *ierra*   *P,135*

Ierua   1
De la menuda *ierua* el seno blando   *S1,1010*

Ignora   2
Senos que *ignora* aun la golosa cabra,   *P,394*
Tus vmbrales *ignora*   *S1,124*

Ignorado   1
Raio su garra, su *ignorado* nido   *S2,746*

Ignoran   2
Los cruxidos *ignoran* resonantes   *P,166*
I el appetito *ignoran* igualmente   *S1,866*

Ignorante   1
El mas timido al fin mas *ignorante*   *S2,281*

Ignorò   1
De arbol, que nadante *ignorò* hojas,   *S2,593*

Igual   7
Mas en la gracia *igual*, si en los desdenes   *P,125*
Igual en pompa al paxaro, que graue   *P,365*
Arbitro *igual*, è inexpugnable muro;   *S1,55*
Con *igual* pie, que el raso;   *S1,80*
Con pecho *igual* de aquel candor primero,   *S1,140*
Premio los honrra *igual*, i de otros quatro   *S1,978*
Con siluo *igual*, dos vezes diez saetas.   *S1,1040*

Iguala   2
Que al vno menosprecia, al otro *iguala*:   *S1,246*
Que *iguala*, i aun excede   *S1,1014*

Igualar   1
De neruios Parthos *igualar* presuma   *S2,845*

Igualàra   1
Riscos, que aun *igualàra* mal bolando   *S1,49*

Igualarme   1
Por *igualarme* la montaña en vano;   *P,414*

Iguales   5
Leche corren i lagrimas; que *iguales*   *P,391*
Quando en numero *iguales*, i en belleza   *S1,617*
La distancia syncòpan tan *iguales*,   *S1,1052*
Iguales, aunque pocas,   *S2,305*
En redes ambos, i en edad *iguales*.   *S2,518*

Igualmente   2
Viendo pues que *igualmente* les quedaua   *S1,630*

I el appetito ignoran *igualmente*   *S1,866*

Illustra   3
De vn ojo *illustra* el orbe de su frente,   *P,51*
Con la que *illustra* el Sur cola escamada   *S1,428*
Que el templo *illustra*, i á los aires vanos   *S1,648*

Illustraua   1
Si bien su freno espumas, *illustraua*   *P,338*

Ilustren   1
Ilustren obeliscos las ciudades,   *S1,934*

Imagen   1
A la que *imagen* decima de'l cielo   *S2,306*

Imaginacion   1
En su *imaginacion* Cupido hecho   *P,271*

Iman   1
El bello *iman*, el idolo dormido,   *P,197*

Imita   2
Entre las ondas, i la fruta, *imita*   *P,325*
Conuencida la madre, *imita* al hijo,   *P,462*

Imitada   1
Vrna de Aquario la *imitada* peña   *S2,226*

Imitador   2
Negro el cabello, *imitador* vndoso   *P,57*
Imitador suàve de la cera,   *S1,874*

Imitar   2
No ha sabido *imitar* verdes alfombras.   *S1,615*
Imitar en la bella labradora   *S1,745*

Imitàra   1
Sobre vna alfombra, que *imitàra* en vano   *P,313*

Imite   1
Que á la encina viuaz robusto *imite*,   *S2,285*

Immobil   3
Corona *immobil*, mientras no desciende,   *P,262*
Immobil se quedò sobre vn lentisco,   *S1,192*
De firmes islas no la *immobil* flota   *S1,481*

Immortal   3
Varada pende á la *immortal* memoria   *S1,479*
Immortal arador fue de su pena: *S1,742*
Que Níobe *immortal* la admire el mundo,   *S1,815*

Impacìénte   1
Concurso *impacìénte*   *S1,756*

Impedida   2
Vuestra planta *impedida*   *S2,382*
Pobre choça de redes *impedida*   *S2,672*

Impedidas   1
Coiundas *impedidas*:   *S2,681*

Impedido   5
Ô tu, que de venablos *impedido*,   *SD,5*
Dulcemente *impedido*   *S1,238*
Al tiempo, que de flores *impedido*   *S1,284*
Piedras las duras manos *impedido*,   *S1,992*
El piscatorio cantico *impedido*,   *S2,621*

Impedidos   1
De reciprocos nudos *impedidos*,   *S1,970*

Impenetrable   1
Impenetrable casi à la cuchara   *S1,151*

Imperìóso   1
Imperìóso mira la campaña   *S1,186*

Impertinentes   1
Ni la que en saluas gasta *impertinentes*   *S1,117*

Impetre   1
En oracion *impetre* officìòsa   *S2,640*

Impetúòso   1
Vn torrente es su barba *impetúòso*,   *P,61*

Impide   3
I sierpe de cristal, juntar le *impide*   *S1,426*
Que *impide* Amor que aun otro chopo lea.   *S1,700*
De piel le *impide* blanda.   *S2,757*

Impidiendole   1
Impidiendole el dia al forastero   *S2,248*

Impido   1

Que los valles *impido* mas vacios,   *P,386*

Implica   1
Amor la *implica*, si el temor la anuda   *P,354*

Implicantes   1
Qual duros olmos de *implicantes* vides,   *S1,971*

Imponiendole   1
Imponiendole estaua, si no al viento   *P,439*

Importuna   1
A la reja *importuna*,   *S1,904*

Importunas   1
Tal redimiendo de *importunas* aues   *P,477*

Importuno   1
Océano *importuno*   *S2,376*

Impressa   1
Desafia las rocas, donde *impressa*   *S2,606*

Impresso   1
Lee quanto han *impresso* en tus arenas   *S2,568*

Improuisa   2
Salio *improuisa* de vna, i de otra plaia   *S2,47*
Salteò al labrador pluuia *improuisa*   *S2,223*

Impulso   2
Torpe se arraiga. Bien que *impulso* noble   *S1,1002*
Alterno *impulso* de valientes palas   *S2,925*

Inca   1
Que al precìòsamente *Inca* desnudo,   *S2,779*

Incauto   2
Incauto messeguero sus sembrados,   *P,478*
Le enuiste *incauto*; i si con pie grossero   *S2,227*

Incentiua   1
Mas *incentiua* esconde: *S2,86*

Incierta   4
En la *incierta* ribera   *S2,27*
Fabrica escrupulosa, i aunque *incierta*,   *S2,79*
Vezina luego, pero siempre *incierta*.   *S2,712*
Que á luz le condenò *incierta* la ira   *S2,792*

Inciertas   1
De las *inciertas* formas de la Luna,   *S2,408*

Incierto   1
Que sobre el ferro està en aquel *incierto*   *S1,60*

Inciertos   4
Quedese amigo, en tan *inciertos* mares,   *S1,499*
En los *inciertos* de su edad segunda   *S1,776*
De cristales *inciertos* á la seña,   *S2,224*
Metros *inciertos* si pero suàues   *S2,356*

Inclina   1
Eleuada la *inclina*   *S1,388*

Inclinar   1
Sin *inclinar* espiga,   *S1,1033*

Incluies   1
Ô tu, que en dos *incluies* las mas bellas.   *P,368*

Incluyen   1
Que su ecliptica *incluyen*,   *S2,920*

Inconsiderado   1
Al *inconsiderado* peregrino,   *S1,19*

Inconstantes   3
Arboles, mas de seluas *inconstantes*,   *S1,404*
Texio en sus ramas *inconstantes* nidos,   *S2,269*
Penetra pues sus *inconstantes* senos,   *S2,869*

Inculcar   1
En *inculcar* sus limites al mundo: *S1,412*

Inculta   1
En la *inculta* region de aquellos riscos: *S1,320*

Inculto   1
Y hueco exceda al alcornoque *inculto*,   *S2,286*

Indeciso   1
El juizio, al de todos, *indeciso*   *S1,1073*

Indicio   1
Indicio la dexò, aunque estatua elada,   *P,231*

Indigna   2

Piedra, *indigna* Thiara *S1,73*
Cuio numero *indigna* la ribera. *S2,722*

Indignos 1
A los *indignos* de ser muros llega *S2,969*

Indo 1
Dél perezoso Bolga al *Indo* adusto. *P,408*

Inducir 1
Inducir a pisar la bella ingrata *P,119*

Indulto 1
Concauo frexno, á quien gracioso *indulto* *S2,283*

Industria 2
Nautica *industria* inuestigò tal piedra, *S1,379*
Fraude vulgar, no *industria* generosa, *S2,781*

Inexpugnable 1
Arbitro igual, è *inexpugnable* muro; *S1,55*

Infamar 1
Infamar blanquéàndo sus arenas *S1,438*

Infame 1
Infame turba de nocturnas aues, *P,39*

Infamò 2
Que clima *infamò* Hircano, *S1,367*
Infamò la verdura con su pluma, *S2,885*

Infanteria 1
Contra la *infanteria*; que píànte *S2,963*

Infausto 1
O *infausto* gime paxaro nocturno; *S1,800*

Infelice 1
Al *infelice* olmo, que pedazos *P,355*

Infelizmente 1
Negras plumas vistio, que *infelizmente* *S1,739*

Inferiòr 1
Que de'l *inferiòr* peligro al summo *S2,918*

Infestador 1
Tu *infestador* en nuestra Europa nueuo *S2,772*

Inficionando 1
Inficionando pues súàuemente *S2,527*

Infièles 1
Infièles por raros, *S2,867*

Infierno 1
Que en tanta gloria *infierno* son no breue *P,327*

Infinita 1
Con víolencia desgajó *infinita* *P,489*

Informe 1
Burgo eran suyo, el tronco *informe*, el breue *S2,298*

Ingeniòsa 1
Liba inquièta, *ingeniòsa* labra. *P,396*

Ingeniòsa 1
Ingeniòsa hiere otra, que dudo, *S1,252*

Ingeniòso 2
El veneno de'l ciego *ingeniòso*, *S2,633*
Terror de tu sobrino *ingeniòso*, *S2,788*

Ingrata 2
Inducir a pisar la bella *ingrata* *P,119*
Quando, a los verdes margenes *ingrata*, *P,219*

Ingrato 2
Al montañes, que *ingrato* *S1,594*
Si como *ingrato* no, como auariento, *S2,898*

Injurias 1
(*Injurias* de la luz, horror dél viento) *S2,975*

Innocencia 1
La *innocencia* al cabrero, *S1,104*

Innumerables 1
De *innumerables* cabras el verano. *P,412*

Inquièta 1
Liba *inquièta*, ingeniòsa labra. *P,396*

Inquièta 2
Tropa *inquièta* contra el aire armada. *S2,716*
Las orlas *inquièta*, *S2,842*

Insidia 1

Insidia ceua alada, *S2,739*

Inspirados 1
Perdidos vnos, otros *inspirados*. *SD,4*

Instable 1
Vinculo desatado, *instable* puente. *S2,48*

Instante 1
El jouen; al *instante* arrebatado *S1,734*

Instrumento 8
Marino, si agradable no, *instrumento*, *P,382*
Dulcissimas coiundas mi *instrumento*: *P,440*
Su canoro darà dulce *instrumento*, *SD,36*
Segundo de Arion dulce *instrumento*. *S1,14*
De canoro *instrumento*, que pulsado *S1,239*
Sonoroso *instrumento* *S1,255*
Instrumento el baxel, cuerdas los remos, *S2,113*
Y à cada pesqueria su *instrumento* *S2,410*

Instrumentos 1
Instrumentos, no, en dos festiuos choros, *S1,752*

Insultar 1
Al *insultar* los aires? Yo lo dudo; *S2,778*

Insulto 1
O el *insulto* accusaua precedente, *S2,876*

Intempestiua 1
Intempestiua salteo Leona *S2,768*

Intempestiuos 1
Vieras *intempestiuos* algun dia *S2,414*

Intenta 1
El cothurno besar dorado *intenta*: *P,300*

Intento 1
Fia su *intento*; i timida, en la vmbria *P,254*

Intentò 1
Vn cossario *intentò*, i otro bolante, *S2,960*

Intèriòr 1
Parcha es *intèrìor*, breue gusano. *S2,611*

Interno 1
Su horrenda voz, no su dolor *interno* *P,465*

Interposicion 1
Interposicion, quando *S1,66*

Interrumpido 1
Son de caxas fue el sueño *interrumpido*, *S1,172*

Interrumpieron 1
Cabras aqui le *interrumpieron*, quantas *P,466*

Intonso 2
El aspid de el *intonso* prado ameno, *P,282*
Cuio cabello *intonso* dulcemente *S1,769*

Intrepida 1
Veloz *intrepida* ala, *S1,50*

Introduce 1
Sin romper muros, *introduce* fuego. *P,296*

Introduxo 1
Mas armas *introduxo* este marino *S1,374*

Intúitiuo 1
Al oro *intúitiuo* inuidiàdo *S2,896*

Inuencion 1
De'l viejo Alcimedon *inuencion* rara. *S1,152*

Inuestigò 1
Nautica industria *inuestigò* tal piedra, *S1,379*

Inuidia 8
Inuidia de las Nymphas, i cuidado *P,113*
Que alimenten la *inuidia* en nuestra aldea *S1,928*
Neuada *inuidia* sus neuadas plumas. *S2,262*
Inuidia de Syrenas, *S2,533*
Inuidia califique mi figura *S2,579*
Inuidia conuocaua, si no zelo *S2,612*
Ià *inuidia* tuya, Dedalo, aue ahora, *S2,789*
De tanta *inuidia* era, *S2,903*

Inuidíàdo 1
Al oro intúitiuo *inuidíàdo* *S2,896*

Inuidíòsa 1
De *inuidíòsa* barbara arboleda *S1,65*

Inuidiosas 1
Calarse turba de *inuidiosas* aues *S1,989*

Inuiolable 1
Paz hecha con las plantas *inuiolable*. *S2,313*

Inuisible 1
En los dos gyros de *inuisible* pluma, *S2,183*

Inunda 1
Su pecho *inunda*, o tarde, o mal, o en vano, *P,63*

Inundacion 1
Inundacion hermosa, *S1,263*

Inunde 1
Inunde liberal la tierra dura; *S1,823*

Inuoca 1
Las Deidades de el mar, que Acis *inuoca*: *P,494*

Inuocan 1
Mientras *inuocan* su Deidad la alterna *S1,764*

Io 1
Que *io* al mar el que à vn Dios hizo valiente *S2,582*

Iouen 1
El *Iouen* apressura, *S1,78*

Ira 1
Que á luz le condenò incierta la *ira* *S2,792*

Isla 5
Ni *isla* oi á su buelo fugitiua. *S1,396*
Isla, mal de la tierra diuidida, *S2,191*
De la *isla* plebeyo enxambre leue. *S2,301*
O escollos de'sta *isla* diuididos: *S2,434*
De la *Isla* i de'l agua no los dexa. *S2,530*

Islas 3
Rocas abraça, *islas* apprisiona *S1,208*
De firmes *islas* no la immobil flota *S1,481*
El bosque diuidido en *islas* pocas, *S1,491*

Isleño 3
Estas, dixo el *isleño* venerable, *S2,308*
Al venerable *isleño* *S2,315*
De'l venerable *isleño*, *S2,641*

Islote 1
De el breue *islote* occupa su fortuna, *S2,206*

Isthmo 2
Lestrigones el *Isthmo*, aladas fieras: *S1,424*
El *Isthmo* que al Oceàno diuide, *S1,425*

Iubilando 1
Iubilando la red en los que os restan *S2,369*

Iugo 4
Iugo aquel dia, i iugo bien súàue *P,437*
Iugo aquel dia, i *iugo* bien súàue *P,437*
(El *iugo* de ambos sexos sacudido) *S1,283*
De el *iugo* aun no domadas las ceruices, *S1,848*

Iunco 1
Iunco fragil, carrizo mal seguro. *S2,590*

Iuno 2
Pauon de Venus es, cisne de *Iuno*. *P,104*
I la que *Iuno* es oi á nuestra esposa, *S1,812*

Iunon 1
Solicita *Iunon*, Amor no omisso, *S1,1077*

Iuntar 1
Iuntar de sus dos picos los rubies: *P,330*

Iuntaua 1
Iuntaua el cristal liquido al humano *S1,244*

Iupiter 4
A *Iupiter*, mejor que el garçon de Ida, *S1,8*
De *Iupiter* el aue. *S1,28*
De *Iupiter* compulsen; que aun en lino *S1,841*
A los raios de *Iupiter* expuesta *S1,935*

Iuppiter 3
De el *Iuppiter* soi hijo de las ondas, *P,401*
Al *Iuppiter* marino tres Syrenas. *S2,360*
Ô, de'l aue de *Iuppiter* vendado *S2,652*

Jaian 2
Quando de Amor el fiero *jaian* ciego *P,341*

Si bien *jaian* de quanto rapaz buela, *S2,755*

Jardin 2

Antes que de el peinado *jardin* culto *P,283*
De *jardin* culto assi en fingida gruta *S2,222*

Jardines 1

Obliquos nueuos, pensiles *jardines*, *S1,720*

Jaspes 1

Hasta los *jaspes* liquidos, adonde *S1,210*

Jaualina 1

La hasta de tu luciente *jaualina*; *SD,21*

Jayan 1

Viendo el fiero *jayan* con passo mudo *P,481*

Jazmines 2

Tantos *jazmines*, quanta ierba esconde *P,179*
De tantos como vìolas *jazmines*. *S1,721*

Jouen 16

Marino *jouen* las ceruleas sienes *P,121*
Gallardo el *jouen* la persona ostenta; *P,298*
El ronco arrullo al *jouen* solicita; *P,321*
Quando al clauel el *jouen* atreuido *P,331*
Que al *jouen* sobre quien la precipita *P,491*
Desnudo el *jouen*, quanto ya el vestido *S1,34*
Con gusto el *jouen* i attencion le oìa, *S1,222*
Baxaua (entre si) el *jouen* admirando *S1,233*
En lo concauo el *jouen* mantenia *S1,268*
Los fuegos pues el *jouen* solemniza, *S1,652*
El *jouen*; al instante arrebatado *S1,734*
Y al verde, *jouen*, floreciente llano *S1,824*
El Sol, quando arrogante *jouen* llama *S1,982*
Les ofrece el que *jouen* ia gallardo *S2,264*
A vn remo cada *jouen* offrecido. *S2,685*
Desde el guante hasta el hombro á un *jouen* cela: *S2,794*

Jouenes 2

Virgenes bellas, *jouenes* lucidos, *S1,753*
De muscolosos *jouenes* desnudos. *S2,580*

Judiciosa 1

Que la attencion confunden *judiciosa*: *S1,1053*

Juìzio 1

El *juìzio*, al de todos, indeciso *S1,1073*

Juncia 1

Entre la verde *juncia*, *S2,258*

Junco 2

I al graue peso *junco* tan delgado, *P,55*
El duro braço debil haze *junco*, *S2,784*

Juncos 6

I vn copo en verdes *juncos* de manteca: *P,204*
En *juncos*, miel en corcho, mas sin dueño; *P,226*
De secos *juncos*, de calientes plumas *S1,25*
I á su voz, que los *juncos* obedecen, *S2,217*
A los corteses *juncos* (porque el viento *S2,233*
Los *juncos* mas pequeños, *S2,861*

Junta 1

Que vn siluo *junta*, i vn peñasco sella. *P,48*

Juntamente 1

El discurso, i el dia *juntamente* *S2,513*

Juntar 1

I sierpe de cristal, *juntar* le impide *S1,426*

Junto 1

Era de vna serrana *junto* á vn tronco, *S1,240*

Justo 1

Sin valelle al lasciuo ostion el *justo* *S2,83*

Juuentud 3

Arde la *juuentud*, i los arados *P,161*
De *juuentud* florida. *S1,290*
De la cansada *juuentud* vencido, *S1,339*

Juzga 1

Digna la *juzga* esposa *S1,732*

Laba 1

A robusto nogal que azequia *laba* *S1,634*

Laberintho 1

Laberintho nudoso de marino *S2,77*

Labio 1

Con *labio* alterno mucho mar la besa, *S2,607*

Labios 1

Segun el pie, segun los *labios* huie. *S1,601*

Labra 1

Liba inquièta, ingeniòsa *labra*. *P,396*

Labrado 2

En breue corcho, pero bien *labrado*, *P,205*
Y de Berthumno al termino *labrado* *S2,236*

Labrador 4

Al *Labrador* de sus primicias ara, *P,155*
Surcò *labrador* fiero *S1,370*
Canoro *labrador*, el forastero *S2,177*
Salteò al *labrador* pluuia improuisa *S2,223*

Labradora 3

Imitar en la bella *labradora* *S1,745*
Villana Psyches, Nympha *labradora* *S1,774*
Tranquilidad os halle *labradora*, *S1,940*

Labradoras 1

Quatro vezes en doze *labradoras*, *S1,889*

Labradores 4

El thalamo de nuestros *labradores*: *S1,527*
El numeroso al fin de *labradores* *S1,755*
Labradores combida *S1,855*
De valientes desnudos *labradores*. *S1,962*

Lachesis 1

Lachesis nueua mi gallarda hija, *S2,435*

Lado 1

En blanca mimbre se lo puso al *lado*, *P,203*

Lago 1

La turba aun no de'l apazible *lago* *S2,841*

Lagrima 1

Lagrima antes enxuta, que llorada. *S2,157*

Lagrimas 8

Leche corren i *lagrimas*; que iguales *P,391*
Con *lagrimas* la Nympha solicita *P,493*
De *lagrimas* los tiernos ojos llenos, *S1,360*
I en mas anegò *lagrimas* el resto *S1,504*
Lagrimas no enxugò mas de la Aurora *S2,69*
No son dolientes *lagrimas* súaues *S2,117*
Tiernas derramè *lagrimas*! temiendo *S2,454*
A desatarse en *lagrimas* cantando, *S2,552*

Lagrimosas 1

Lagrimosas de amor dulces querellas *S1,10*

Lagrimoso 1

El *lagrimoso* reconocimiento: *S2,180*

Laguna 2

De limpia consultada ya *laguna*: *S2,573*
De una *laguna* breue, *S2,833*

Lambicando 1

Sudando nectar, *lambicando* olores, *P,393*

Lamiendo 1

Lamiendo flores, i argentando arenas, *P,502*

Lamièndole 1

Que *lamièndole* apenas *S1,38*

Lamina 2

Cuia *lamina* cifre desengaños *S1,942*
Entre vna, i otra *lamina*, salida *S2,486*

Laminas 1

Laminas vno de viscoso azero *S2,473*

Lana 2

Copos nieua en la otra mill de *lana*: *P,148*
Vistan de el rio en breue vndosa *lana*: *S1,837*

Lanas 1

Can de *lanas* prolixo (que animoso *S2,799*

Lapidosa 1

Su esphera *lapidosa* de luzeros; *S2,379*

Larga 1

Sobre dos hombros *larga* vara ostenta *S1,315*

Largas 1

Con las de su edad corta historias *largas*, *S1,508*

Largo 1

Largo curso de edad nunca prolixo; *S1,894*

Lasciua 5

Vna, i otra *lasciua*, si ligera *P,318*
Que de su nueuo tronco vid *lasciua*, *P,351*
Lasciua el mouimiento, *S1,256*
Lasciua aueja al virginal acantho *S1,803*
La aue *lasciua* de la Cypria Diosa: *S2,271*

Lasciuo 8

No a Satyro *lasciuo*, ni a otro feo *P,234*
En el *lasciuo* regado seno: *P,284*
Vulgo *lasciuo* erraua, *S1,281*
Cuio *lasciuo* esposo vigilante *S1,293*
Cuio numero, ia que no *lasciuo*, *S1,483*
Sin valelle al *lasciuo* ostion el justo *S2,83*
Las flores, que de vn parto dio *lasciuo* *S2,324*
De'l zephiro *lasciuo*, *S2,725*

Lascìuo 1

Entre vn *lascìuo* enxambre iba de amores *S1,762*

Lasciuos 1

Nymphas bellas, i Satyros *lasciuos*, *S1,1079*

Lastimosamente 1

Sus miembros *lastimosamente* oppresos *P,497*

Lastimosas 2

Señas, aun a los bueytres *lastimosas*, *S1,440*
Para con estas *lastimosas* señas *S1,441*

Lastimoso 1

Lastimoso despojo fue dos dias *P,447*

Latiendo 1

Latiendo el can de'l cielo estaua, quando, *P,186*

Laton 1

Apenas el *laton* segundo escucha, *S2,917*

Laua 4

Entre las ramas de el que mas se *laua* *P,241*
Dó el carro de la luz sus ruedas *laua*: *P,340*
I de Mala/co Rey, a Deidad *laua* *P,459*
Tantas orejas, quantas guijas *laua* *S1,560*

Lauan 1

Que mal las ondas *lauan* *S2,687*

Lauréàdo 1

Montecillo, las sienes *lauréàdo*, *S2,276*

Laurel 2

Hurta vn *laurel* su tronco al Sol ardiente, *P,178*
El sagrado *Laurel* de el hierro agudo: *S1,690*

Laxa 1

En la vistosa *laxa*, para el graue, *S2,807*

Lazo 1

El *lazo* de ambos cuellos *S1,761*

Lazos 1

Mas que à la selua *lazos* Ganimedes. *S2,576*

Le 72

Baston *le* obedecia tan ligero, *P,54*
Al viento que *le* peina proceloso *P,59*
La serua, a quien *le* da rugas el heno; *P,77*
De la que aun no *le* oiò, i calzada plumas *P,127*
Dulce se quexa, dulce *le* responde *P,181*
Ni *le* ha visto, si bien pincel súaue *P,251*
Le ha vosquexado ia en su fantasia; *P,252*
Con el pincel, q<ue> *le* clauò su pecho, *P,272*
Preuista *le* turbò, o prognosticada: *P,303*
Las dos ojas *le* chupa carmesies. *P,332*
La ceruiz *le* opprimiò à vna roca braua, *P,342*
Sufrir muros *le* vió, romper Phalanges. *P,456*
Cabras aqui *le* interrumpieron, quantas *P,466*
Ierno *le* saludó, *le* aclamó rio. *P,504*
Ierno *le* saludó, *le* aclamó rio. *P,504*
Espumoso coral *le* dan al Tormes: *SD,12*
Que *le* expuso en la playa, dio á la roca; *S1,31*
Restituir *le* haze á las arenas; *S1,36*
Y al Sol *le* estiende luego, *S1,37*

Lento *le* enuiste, i con súaue estilo *S1,40*
Tienda el frexno *le* dio, el robre alimento. *S1,142*
Gruessa *le* dan, i fria, *S1,150*
Le coronò el Amor, mas ribal tierno, *S1,158*
Sueño *le* solicitan pieles blandas, *S1,164*
De quien *le* lleua donde leuantado, *S1,184*
Con gusto el jouen i attencion *le* oìa, *S1,222*
Sueño *le* ofrece á quien buscò descanso *S1,342*
Le corre en lecho azul de aguas marinas *S1,417*
I sierpe de cristal, juntar *le* impide *S1,426*
En nueuo mar, que *le* rindio no solo *S1,431*
No *le* bastò despues á este elemento *S1,435*
Cabo *le* hizo de Esperança buena. *S1,452*
Pyra *le* erige, i *le* construie nido. *S1,465*
Pyra *le* erige, i *le* construie nido. *S1,465*
Tarde *le* encomendo el Nilo à sus bocas, *S1,494*
De Alcides *le* lleuò luego à las plantas, *S1,659*
Terminos *le* da el sueño al regozijo, *S1,677*
Le condenò á su oluido. *S1,736*
Este pues Sol, que á oluido *le* condena, *S1,737*
Nectar *le* chupa Hibléo. *S1,804*
Oro *le* expriman liquido à Minerua, *S1,827*
Ven Hymeneo, i tantas *le* dè á Pales, *S1,832*
La barbara corona que *le* escucha. *S1,984*
Lo graue tanto, que *le* precipita, *S1,1008*
Serrano *le* succede, *S1,1013*
Muera mi culpa, i tu desden *le* guarde *S2,152*
Quando no *le* suceda, *S2,155*
Esta que *le* fiarè ceniza breue, *S2,170*
No oya al piloto, ó *le* responda fiero: *S2,174*
Tres hijas suyas candidas *le* ofrecen *S2,218*
El huerto *le* da esotras, á quien debe *S2,220*
Le enuiste incauto; i si con pie grossero *S2,227*
Las plantas *le* mordia cultamente. *S2,238*
Con dilaciones sordas, *le* diuierte *S2,249*
Tosco *le* à encordonado, pero bello. *S2,266*
A pocos passos *le* admirò no menos *S2,275*
Quantas vozes *le* di! Quantas (en vano) *S2,453*
(Penda, o nade) la vista no *le* pierda, *S2,469*
Entra ahora, i *le* dexas! *S2,673*
A la barquilla, donde *le* esperauan *S2,684*
La admiracion que al arte se *le* deue *S2,706*
O *le* esconde el Olympo, ó densa es nube, *S2,747*
De piel *le* impide blanda. *S2,757*
Que á luz *le* condenò incierta la ira *S2,792*
El oro que súaue *le* enfrenaua; *S2,817*
Horrores dexa el Nilo que *le* baña. *S2,830*
Que en sonoro metal *le* va siguiendo) *S2,852*
El primer bello *le* concediò pollo, *S2,856*
Que torpe á unos carrizos *le* retira, *S2,866*
Expulso *le* remite a quien en su<m>ma *S2,873*
Iaspe *le* han hecho duro blancas guijas. *S2,890*
En quantas *le* densò nieblas su aliento, *S2,968*

Lea 1
Que impide Amor que aun otro chopo *lea*. *S1,700*

Lean 1
Que en letras pocas *lean* muchos años. *S1,943*

Lebrel 1
Gima el *lebrel* en el cordon de seda; *P,15*

Leche 4
Fruta en mimbres hallò, *leche* exprimida *P,225*
Leche corren i lagrimas; que iguales *P,391*
Leche, que exprimir vio la Alua aquel dia, *S1,147*
La distinguieron de la *leche* apenas. *S1,878*

Lecho 4
Caliginoso *lecho* el seno obscuro *P,37*
Le corre en *lecho* azul de aguas marinas *S1,417*
El dulce *lecho* conyugal, en quanto *S1,802*
Casta Venus, que el *lecho* ha preuenido *S1,1085*

Leda 3
Rayos, les dize, ya que no de *Leda* *S1,62*
Suspiro, que mi muerte haga *leda*, *S2,154*
(Aves digo de *Leda*) *S2,524*

Lee 1

Lee quanto han impresso en tus arenas *S2,568*

Lejos 1
No *lejos* de vn escollo coronado *S1,24*

Lengua 2
Su dulce *lengua* de templado fuego, *S1,39*
En la *lengua* de'l agua ruda escuela, *S2,58*

Lenguado 1
Mallas visten de cañamo al *lenguado*, *S2,91*

Lenguas 1
Los fuegos (cuias *lenguas* ciento á ciento, *S1,680*

Lentisco 1
Immobil se quedò sobre vn *lentisco*, *S1,192*

Lento 7
Mortal horror, al que con passo *lento* *P,70*
De el *lento* arroio emmudecer querria *P,268*
Lento le enuiste, i con súaue estilo *S1,40*
De'l perezoso arroio el paso *lento*, *S1,542*
El *lento* esquadron luego *S1,642*
Minador antes *lento* de su gloria, *S1,741*
I siguiendo al mas *lento* *S1,1045*

Leño 11
Fiò, i su vida à vn *leño*. *S1,21*
Besò ia tanto *leño*: *S1,127*
Al Phrigio muro el otro *leño* Griego. *S1,378*
Tiphis el primer *leño* mal seguro *S1,397*
Los senos occupò de'l maior *leño* *S2,54*
Dedalo, si de *leño* no, de lino *S2,78*
Sea de oi mas a vuestro *leño* ocioso; *S2,374*
Cansado *leño* mio, *S2,549*
El menor *leño* de la maior vrca, *S2,564*
Los dos reduce al vno y otro *leño*, *S2,675*
Vestir un *leño* como viste un ala. *S2,848*

Leños 1
Segundos *leños* dio á segundo Polo *S1,430*

Leona 1
Intempestiua salteò *Leona* *S2,768*

Leopardo 1
Al aiuno *Leopardo*, *S1,1015*

Les 15
Rayos, *les* dize, ya que no de Leda *S1,62*
Si mucho poco mappa *les* despliega, *S1,194*
Que *les* miente la voz, i verde cela *S1,588*
Viendo pues que igualmente *les* quedaua *S1,630*
Les siruieron; i en oro no luciente, *S1,867*
Su nectar *les* desata; *S1,869*
Vellones *les* desnuda. *S1,918*
Quantos *les* enseñò corteses modos *S2,57*
Nudos *les* halle vn dia, bien que agenos) *S2,234*
Les ofrece el que jouen ia gallardo *S2,264*
(Tremula, si veloz) *les* arrebata, *S2,514*
Ronca *les* salteò trompa sonante, *S2,710*
Les responden la ecliptica ascendiendo; *S2,734*
De'l aguila, *les* diò, a la mariposa. *S2,782*
Principe *les* succede, abreuiàda *S2,811*

Lestrigones 1
Lestrigones el Isthmo, aladas fieras: *S1,424*

Leteo 1
De las obscuras aguas de el *Leteo*, *P,58*

Letheo 1
Escollo oi de el *Letheo*: *S1,817*

Letras 1
Que en *letras* pocas lean muchos años. *S1,943*

Leuadiça 1
Leuadiça offrecio puente no leue *S2,715*

Leuanta 1
Al mancebo *leuanta* venturoso; *P,306*

Leuantada 1
Onda, pues, sobre onda *leuantada* *S2,488*

Leuantadas 1
Leuantadas las mesas, al canoro *S1,883*

Leuantado 4

En el arroio myrtho *leuantado*, *P,242*
La fiera, cuyo cerro *leuantado* *P,427*
Al duro robre, al pino *leuantado* *SD,17*
De quien le lleua donde *leuantado*, *S1,184*

Leuantados 1
Los cerros desparezco *leuantados*, *P,387*

Leuantan 1
Qual pinos se *leuantan* arraigados *S1,976*

Leuantando 1
I *leuantando* al forastero, dixo. *S1,515*

Leuantò 1
Al Sol *leuantò* apenas la ancha frente *S2,723*

Leue 6
Si ai ondas mudas, i si ai tierra *leue*. *S2,171*
De la isla plebeyo enxambre *leue*. *S2,301*
Aladas Musas, que de pluma *leue* *S2,354*
Vn plomo fiò graue a un corcho *leue*, *S2,467*
Leuadiça offrecio puente no *leue* *S2,715*
Aun el copo mas *leue* *S2,835*

Leues 2
Pero las plantas *leues* *S1,1050*
Sus plomos graues, i sus corchos *leues*. *S2,53*

Leusipe 1
De la culta *LEVSIPE*, *S2,538*

Lexos 1
Que estauan no muy *lexos* *S1,660*

Liba 2
Liba inquièta, ingeniòsa labra. *P,396*
O el sudor de los cielos, quando *liba* *S2,296*

Libar 1
A *libar* flores, i á chupar crystales, *S1,325*

Liberal 1
Inunde *liberal* la tierra dura; *S1,823*

Liberalmente 1
Liberalmente de los pescadores *S2,81*

Libertad 3
Libertad de Fortuna perseguida; *SD,34*
Sin *libertad* no siempre apprisionada, *S2,741*
Su *libertad* el grillo torneado; *S2,851*

Libia 1
Que á vna *Libia* de ondas su camino *S1,20*

Libico 1
De quantos ciñen *Libico* turbante, *S2,763*

Libra 2
Libra en la falda, en el cothurno ella, *S1,546*
Su vista *libra* toda el estrangero. *S2,930*

Librada 1
Librada en vn pie toda sobre el pende, *P,258*

Libre 1
Los pielagos de el aire *libre* algunas *S1,604*

Libres 1
Libres discurren, su nociuo diente *S2,312*

Licencia 1
Dando el huesped *licencia* para ello, *S2,73*

Licidas 1
LICIDAS gloria, en tanto, *S2,531*

Licote 1
Tantos Palemo à su *Licote* bella *S2,587*

Lides 1
Triunphador siempre de zelosas *lides* *S1,157*

Liebre 1
Timida *liebre*, quando *S2,767*

Liebres 1
De *liebres* dirimiò copia assi amiga, *P,479*

Lièo 1
Claua empuñe *Lièo*. *S1,830*

Ligera 4
Que redima feroz, salue *ligera* *P,67*
La fuga suspender podra *ligera*, *P,134*
Vna, i otra lasciua, si *ligera* *P,318*

De Pompa tan *ligera.* *S2,798*

Ligeras 1

Fulminado ya, señas no *ligeras* *S2,561*

Ligereza 1

La espumosa del Betis *ligereza* *S2,813*

Ligero 6

Baston le obedecia tan *ligero,* *P,54*

De'l espumoso mar su pie *ligero,* *P,154*

Hermosa esquadra con *ligero* passo, *S1,639*

De el pie *ligero* bipartida seña. *S1,1019*

De el concurso *ligero,* *S1,1074*

Y al ceuarse en el complice *ligero* *S2,478*

Ligurina 1

A las arenas *Ligurina* haya *P,442*

Lilio 1

Si purpura la rosa, el *lilio* nieue. *S2,221*

Lilios 6

La Alua entre *lilios* candidos deshoja: *P,106*

Los blancos *lilios* de su frente bella, *S1,149*

Rosas traslada, i *lilios* al cabello, *S1,248*

De errantes *lilios,* vnas, la floresta *S1,835*

Suelo de *lilios,* que en fraga<n>tes copos *S2,335*

Los *lilios* de tu Aurora; *S2,602*

Lilybeo 1

El pie argenta de plata al *Lilybeo,* *P,26*

Limita 1

A su audacia los terminos *limita,* *P,323*

Limites 1

En inculcar sus *limites* al mundo: *S1,412*

Limpia 2

En la mas seca, en la mas *limpia* anea *S2,255*

De *limpia* consultada ya laguna: *S2,573*

Limpio 3

Limpio saial (en vez de blanco lino) *S1,143*

Quando el que ves sayal fue *limpio* azero: *S1,217*

El padrino con tres de *limpio* azero *S1,1075*

Lince 3

Lince penetrador de lo que piensa, *P,293*

De el *lince* mas agudo. *S1,1064*

Pollo, si alado no, *lince* sin vista, *S2,653*

Lino 6

Limpio saial (en vez de blanco *lino*) *S1,143*

En telas hecho antes que en flor el *lino*<?> *S1,373*

De Iupiter compulsen; que aun en *lino* *S1,841*

Mientras casero *lino* Ceres tanta *S1,861*

De el blanco *lino,* que de el bello obscuro. *S1,967*

Dedalo, si de leño no, de *lino* *S2,78*

Linterna 1

Linterna es ciega, i atalaya muda. *P,344*

Liquidar 1

Ondas endurecer, *liquidar* rocas. *S2,41*

Liquidas 2

Las no *liquidas* perlas, que al momento *S2,232*

Alas batiendo *liquidas,* i en ellas *S2,515*

Liquido 7

Calçò el *liquido* aljofar de sus venas. *P,500*

Iuntaua el cristal *liquido* al humano *S1,244*

En celdas de oro *liquido,* en panales *S1,326*

Oro le expriman *liquido* à Minerua, *S1,827*

En dulce se desaten *liquido* oro. *S1,925*

Liquido pues diamante *S2,167*

De'l *liquido* elemento. *S2,472*

Liquidos 3

Hasta los jaspes *liquidos,* adonde *S1,210*

Quantos murò de *liquidos* cristales *S1,703*

En el de muros *liquidos* que offrece *S2,927*

Liso 3

Chopo gallardo, cuio *liso* tronco *S1,697*

El congrio, que biscosamente *liso* *S2,93*

Lo mas *liso* trepò, lo mas sublime *S2,267*

Lisongéàn 1

Lisongéàn apenas *S2,359*

Lisongear 1

Lisongear pudieron breue rato *S1,593*

Lisongéàr 1

Lisongéàr de agradecidas señas. *S1,33*

Lisongera 1

De que Marte se viste, i *lisongera* *S1,382*

Lisongeramente 1

Corrio Fabonio *lisongeramente* *P,214*

Lisonja 5

La sombra aun de *lisonja* tan pequeña. *S1,334*

Lisonja breue al gusto, *S2,85*

Lisonja no, serenidad lo diga *S2,572*

Alterno canto dulce fue *lisonja*! *S2,627*

Lisonja, si confusa, regulada *S2,717*

Littoral 1

Littoral hiço, aun antes *S2,643*

Liuianas 1

Con las mesas, cortezas ia *liuianas* *S2,340*

Liuor 1

De'l *liuor* aun purpureo de las Phocas: *S2,688*

Llama 2

Polyphemo te *llama:* No te escondas, *P,405*

El Sol, quando arrogante jouen *llama* *S1,982*

Llamárale 1

Llamárale, aunque muda, mas no sàbe *P,249*

Llamò 1

Llamò catarribera. *S2,945*

Llana 1

Lo que a Ceres, i aun mas, su vega *llana*; *P,146*

Llano 6

Pallidas señas ceniçoso vn *llano,* *P,29*

La fragosa montaña facil *llano,* *S1,69*

Que del sublime espaciòso *llano* *S1,228*

Y al verde, jouen, floreciente *llano* *S1,824*

Quantos la sierra dio, quantos dio el *llano* *S1,854*

Cierços de el *llano,* i Austros de la sierra *S1,1026*

Llanto 5

A Doris llega, que con *llanto* pio *P,503*

Aspides mas que en la region de'l *llanto:* *S1,929*

Deste metrico *llanto.* *S2,115*

Sorda à mis vozes pues, ciega à mi *llanto,* *S2,465*

Curso de'l *llanto* metrico te fio, *S2,554*

Llaue 3

Vna i otra de Alcides *llaue* cierra. *S1,402*

O à la que torcio *llaue* el fontanero; *S2,225*

Llaue de la alta puerta *S2,713*

Llega 2

A Doris *llega,* que con llanto pio *P,503*

A los indignos de ser muros *llega* *S2,969*

Llegan 1

Al pueblo *llegan* con la luz, que el dia *S1,645*

Llegaran 1

Llegaran conducidos. *S1,754*

Llegaron 2

Llegaron todos pues, i con gallarda *S1,852*

Llegaron luego donde al mar se atreue, *S2,302*

Llegò 5

Llegò Acis, i de ambas luzes bellas *P,189*

Llegò pues el mancebo, i saludado *S1,90*

Llegò, i a vista tanta *S1,190*

Llegò la desposada apenas, quando *S1,963*

Llegò todo el lugar, i despedido, *S1,1084*

Lleno 1

Cercado es, quanto mas capaz, mas *lleno* *P,73*

Llenos 1

De lagrimas los tiernos ojos *llenos,* *S1,360*

Lleua 1

De quien le *lleua* donde leuantado, *S1,184*

Lleuar 1

Que mal *lleuar* se dexa: *S1,332*

Lleuò 1

De Alcides le *lleuò* luego à las plantas, *S1,659*

Llora 1

(si es nectar lo que *llora*) *S1,322*

Llorada 1

Lagrima antes enxuta, que *llorada.* *S2,157*

Llorò 1

Lo que *llorò* la Aurora *S1,321*

Llueue 1

Pues si en la vna granos de oro *llueue,* *P,147*

Llueuen 1

Llueuen sobre el que Amor quiere que sea *P,335*

Lo 43

Ser de la negra noche, nos *lo* enseña *P,38*

A *lo* palido no, a lo arrebolado; *P,84*

A lo palido no, a *lo* arrebolado; *P,84*

Lo que a Ceres, i aun mas, su vega llana; *P,146*

En sangre de vna *lo* que la otra pace: *P,174*

En blanca mimbre se *lo* puso al lado, *P,203*

Que si por *lo* sùaue no la admira, *P,275*

Es fuerça, que la admire por *lo* bello: *P,276*

En *lo* viril desata de su vulto *P,285*

Lo mas dulce el Amor de su veneno: *P,286*

Lince penetrador de *lo* que piensa, *P,293*

Galathea *lo* diga salteada. *P,304*

Lo concauo hacia de vna peña *P,309*

O *lo* sagrado supla de la encina *SD,22*

Lo Augusto del dosel, ó de la fuente *SD,23*

La alta cenefa *lo* magestúòso *SD,24*

En *lo* que ya de el mar redimio fiero, *S1,47*

Mucho es mas *lo* que (nieblas desatando) *S1,195*

O por *lo* matizado, o por lo bello, *S1,249*

O por lo matizado, o por *lo* bello, *S1,249*

En *lo* concauo el jouen mantenia *S1,268*

Lo que llorò la Aurora *S1,321*

(si es nectar *lo* que llora) *S1,322*

Por *lo* bello agradable, i por lo vario *S1,484*

Por lo bello agradable, i por *lo* vario *S1,484*

Lo que al Sol para el lobrego Occidente: *S1,632*

Montañeses, qual suele de *lo* alto *S1,988*

Pisò de el viento *lo* que de el egido *S1,997*

Que agil, á pesar de *lo* robusto, *S1,1006*

Lo graue tanto, que le precipita, *S1,1008*

Bobedas *lo* coronan de espadañas. *S2,111*

Lo que agradable mas se determina *S2,205*

Lo mas liso trepò, *lo* mas sublime *S2,267*

Lo mas liso trepò, lo mas sublime *S2,267*

Si dudas *lo* que sabes, *S2,567*

Lisonja no, serenidad *lo* diga *S2,572*

Marmol al fin tan por *lo* Pario puro, *S2,698*

Poco á *lo* fuerte, i à lo bello nada *S2,708*

Poco á lo fuerte, i à *lo* bello nada *S2,708*

Al insultar los aires? Yo *lo* dudo; *S2,778*

Sino por *lo* que siente *S2,820*

Lo que timida excussa. *S2,922*

Tyranno el Sacre de *lo* menos puro *S2,931*

Lobo 2

Nocturno el *lobo* de las sombras nace; *P,172*

Las personas tras de vn *lobo* traìa) *S1,225*

Lobrego 1

Lo que al Sol para el *lobrego* Occidente: *S1,632*

Loçano 2

Eral *loçano* assi novillo tierno *S2,17*

Mira que de'l almendro mas *loçano* *S2,610*

Lograr 1

Mas los que *lograr* bien no supo Midas *S1,433*

Lomo 1

(Rebelde aun al diamante) el duro *lomo* *S2,474*

Lozano 1

Reclinados: al myrtho mas *lozano* *P,317*

Lubrica 2

Mientras en su piel *lubrica* fiado *S2,92*

Manos 4

Caluroso al arroyo dà a las *manos*, *P,209*
I blanca la Etyopia con dos *manos*. *S1,785*
Piedras las duras *manos* impedido, *S1,992*
Nieue hilada, i por sus *manos* bellas *S2,343*

Manso 1

El ia sañudo arroio, ahora *manso*; *S1,343*

Manteca 1

I vn copo en verdes juncos de *manteca*: *P,204*

Manteles 2

En los que damascò *manteles* Flandes; *S1,860*
Manteles blancos fueron: *S2,345*

Mantenia 1

En lo concauo el jouen *mantenia* *S1,268*

Manto 1

Su *manto* azul de tantos ojos dora, *P,366*

Manzana 1

De la *manzana* hypocrita, que engaña *P,83*

Mañana 3

Estos arboles pues vee la *mañana* *S1,701*
Apenas hija oi, madre *mañana*. *S1,834*
Sobre violas negras la *mañana*, *S2,70*

Mañosos 1

Mañosos, al fin hijos de la tierra, *S1,973*

Mappa 1

Si mucho poco *mappa* les despliega, *S1,194*

Mar 49

Donde espumoso el *mar* Siciliàno *P,25*
La selua se confunde, el *mar* se altera, *P,93*
De quantas honra el *mar* Deidades era; *P,114*
De'l espumoso *mar* su pie ligero, *P,154*
Gloria de'l *mar*, honor de su ribera. *P,196*
De las hijas de Tetys, i el *mar* vea, *P,370*
Sorda hija de el *mar*, cuias orejas *P,377*
De el fiero *mar* a la sañuda frente *P,438*
Venus de el *mar*, Cupido de los montes. *P,464*
Solicitan el *mar* con pies alados, *P,476*
Correr al *mar* la fugitiua nieue, *P,482*
Las Deidades de el *mar*, que Acis inuoca: *P,494*
Da al *mar*; que condolido, *S1,11*
En lo que ya de el *mar* redimio fiero, *S1,47*
De'l *mar* siempre sonante, *S1,53*
Reconociendo el *mar* en el vestido, *S1,361*
Al que ia de'ste, o de aquel *mar* primero *S1,369*
A las que tanto *mar* diuide plaias, *S1,376*
Si bien por vn *mar* ambos, que la tierra *S1,399*
En nueuo *mar*, que le rindio no solo *S1,431*
Quantos abre sepulchros el *mar* fiero *S1,445*
En aquel *mar* del Alua te descriuo, *S1,482*
Que'l viento su caudal, el *mar* su hijo. *S1,506*
Toros dome: y de vn rubio *mar* de espigas *S1,822*
I argenta el *mar* desde sus gruttas hondas *S1,1029*
ENTRASE el *mar* por vn arroio breue, *S2,1*
Medio *mar*, medio ria, *S2,11*
Nudos al *mar* de cañamo fiando, *S2,36*
Que en dos cuernos de el *mar* calo no breues *S2,52*
El *mar* encuentra, cuia espuma cana *S2,63*
O *mar*, quien otra vez las ha fiado *S2,121*
O *mar*! O tu supremo *S2,123*
No es sordo el *mar*, (la erudicion engaña) *S2,172*
Iace en el *mar*, si no continùada *S2,190*
Porque en el *mar* preside comarcano *S2,212*
De el cielo espumas, i de el *mar* estrellas. *S2,215*
Sus pollos este al *mar* conduze nueuos, *S2,259*
Llegaron luego donde al *mar* se atreue, *S2,302*
Y el *mar* que os la diuide quanto cuestan *S2,375*
Sino de'sotro escollo al *mar* pendiente; *S2,400*
Que el *mar* criuando en redes no comunes *S2,413*
Torpe, mas toro al fin, que el *mar* violado *S2,428*
Tumba te bese el *mar* buelta la quilla. *S2,548*
Ni de'l que enciende el *mar* Tyrio veneno, *S2,558*
Priuilegios, el *mar*, à quien di redes, *S2,575*
Que io al *mar* el que à vn Dios hizo valiente *S2,582*
Con labio alterno mucho *mar* la besa, *S2,607*
Quantas al *mar* espumas dan sus remos. *S2,664*
Que al *mar* deue, con termino prescripto, *S2,828*

Marauillas 1

Nauticas venatorias *marauillas* *S2,421*

Marchita 1

Aueja, aun negligente, flor *marchita*. *S2,604*

Mares 1

Quedese amigo, en tan inciertos *mares*, *S1,499*

Marfil 3

I al *marfil* luego de sus pies rendido, *P,299*
Que en las lucientes de *marfil* clauijas *S1,346*
O de terso *marfil* sus miembros bellos, *S1,489*

Margen 2

Sin aras no; que el *margen* donde para *P,153*
De el verde *margen* otra las mejores *S1,247*

Margenes 3

Quando, a los verdes *margenes* ingrata, *P,219*
Los *margenes* matiça de las fuentes *S1,618*
Las *margenes* oculta *S2,832*

Marina 2

Que de las rocas trepa à la *marina*, *S1,1017*
Aura en esto *marina* *S2,512*

Marinas 1

Le corre en lecho azul de aguas *marinas* *S1,417*

Marinero 3

Pompa de el *marinero* niño alado, *P,115*
Al *marinero* menos la tormenta *P,302*
Estigias aguas torpe *marinero*, *S1,444*

Marino 8

Marino jouen las ceruleas sienes *P,121*
Huie la Nimpha bella, i el *marino* *P,129*
Marino, si agradable no, instrumento, *P,382*
Mas armas introduxo este *marino* *S1,374*
Laberintho nudoso de *marino* *S2,77*
Al Iuppiter *marino* tres Syrenas. *S2,360*
Torpe la mas veloz *marino* toro, *S2,427*
Marino Dios, que el vulto feroz hombre, *S2,463*

Mariposa 3

Mariposa en cenizas desatada. *S1,89*
Y su fin (cristalina *mariposa*, *S2,6*
De'l aguila, les diò, a la *mariposa*. *S2,782*

Maritima 1

La *maritima* tropa, *S2,55*

Maritimo 1

Maritimo Alcion, roca eminente *P,417*

Marmol 5

Haziendo escollos, o de *marmol* Pario, *S1,488*
No en blanco *marmol*, por su mal fecundo, *S1,816*
La admiracion, vestida un *marmol* frio, *S1,999*
En marmol engastada siempre vndoso, *S2,368*
Marmol al fin tan por lo Pario puro, *S2,698*

Marte 2

Armado à Pan, o semicapro à *Marte* *S1,234*
De que *Marte* se viste, i lisongera *S1,382*

Mastiles 1

Mastiles coronò menos crecidos *S2,272*

Materia 1

Mas àunque caduca su *materia*: *S2,201*

Maternas 1

De las *maternas* plumas abrigados *S2,955*

Matices 1

El Tyrio sus *matices*, si bien era *P,314*

Matiça 1

Los margenes *matiça* de las fuentes *S1,618*

Matizado 2

O por lo *matizado*, o por lo bello, *S1,249*
Aura fecunda al *matizado* seno *S2,325*

Matutinos 1

Matutinos de el Sol raios vestida, *S1,949*

Mauritania 1

(Desde la *Mauritania* á la Noruega) *S2,738*

Mayo 1

Neuo el *Mayo* à pesar de los seis chopos. *S2,336*

Mayor 4

Emulo casi de el *mayor* luzero: *P,52*
Y el tronco *mayor* dança en la ribera; *S1,672*
Gloria *mayor* de el soberano choro: *S1,809*
De los mancebos dos la *mayor* cuna, *S2,202*

Me 10

ESTAS, que *me* dictò, Rimas sonoras, *P,1*
Corchos *me* guardan, mas que aueja flores *P,395*
Troncos *me* offrecen arboles maiores, *P,397*
Quantos *me* dictò versos dulce Musa *SD,2*
Cabo *me* han hecho, hijo, *S1,516*
Me dan, que de el Ocèano tus paños, *S1,529*
Si vida *me* ha dexado que sea tuia *S2,133*
Quien *me* fuerça á que huya *S2,134*
Que cisnes *me* recuerdan à la hora, *S2,393*
Al flaco da, que *me* construyen muro *S2,589*

Meandro 1

Tales no vio el *Meandro* en su corriente. *S2,526*

Media 2

(*Media* luna las armas de su frente, *S1,3*
A *media* rienda en tanto el anhelante *S2,966*

Medianias 1

Medianias vinculen competentes *S1,931*

Medio 4

De vn Fauno *medio* hombre, medio fiera, *P,194*
De vn Fauno medio hombre, *medio* fiera, *P,194*
Medio mar, *medio* ria, *S2,11*
Medio mar, medio ria, *S2,11*

Mejor 4

De el *mejor* mundo, de el candor primero. *P,88*
Luciente paga de la *mejor* fruta *P,453*
A Iupiter, *mejor* que el garçon de Ida, *S1,8*
De'l alma se quedò la *mejor* prenda, *S1,501*

Mejorada 1

De sitio *mejorada*, attenta mira *P,273*

Mejores 1

De el verde margen otra las *mejores* *S1,247*

Melancolico 1

Bosteço el *melancolico* vazio *P,42*

Meliona 1

En los campos tal vez de *Meliona* *S2,765*

Melionesa 1

La *Melionesa* gala, *S2,769*

Membrillo 2

I entre el *membrillo*, o verde, o datilado, *P,82*
Ni el *membrillo* pudieran anudado, *S1,880*

Membrudo 2

De el villano *membrudo*: *S1,694*
Membrudo, fuerte roble, *S1,1005*

Memoria 4

Su orgullo pierde, i su *memoria* esconde. *S1,211*
Varada pende á la immortal *memoria* *S1,479*
Cuia *memoria* es bueytre de pesares. *S1,502*
Ceniças hizo las que su *memoria* *S1,738*

Menguando 1

Tal vez creciendo, tal *menguando* lunas *S1,607*

Menor 6

La *menor* onda chupa al menor hilo. *S1,41*
La menor onda chupa al *menor* hilo. *S1,41*
Passos hiziera dar el *menor* passo *S1,554*
Musicas hojas viste el *menor* ramo *S1,590*
Bien que su *menor* hoja vn ojo fuera *S1,1063*
El *menor* leño de la maior vrca, *S2,564*

Menos 33

Menos luz deue, menos aire puro *P,35*
Menos luz deue, *menos* aire puro *P,35*

Mas discursiua, i *menos* alterada. *P,232*
Menos offende el rayo preuenido, *P,301*
Al marinero *menos* la tormenta *P,302*
Mas agradable, i *menos* zahareña, *P,305*
Menos cansado, que confuso escala. *S1,51*
Ser *menos* las que verdes Hamadrias *S1,261*
De su madre, no *menos* enramada *S1,288*
El que *menos* peinar puede las flores *S1,301*
Menos en renuciar tardò la encina *S1,350*
Que en reclinarse el *menos* fatigado *S1,352*
I admirado no *menos* *S1,357*
A la que *menos* de el sañudo viento *S1,551*
El *menos* agil quantos comarcanos *S1,566*
Por veerla *menos* bella, *S1,666*
De sus musculos, *menos* defendidos *S1,966*
Sino á las que ambiciosas *menos* penden, *S2,76*
Las redes califica *menos* gruessas *S2,96*
El timon alternar *menos* seguro, *S2,145*
La mas dulce, si no la *menos* clara *S2,187*
La vista saltearon poco *menos* *S2,230*
Mastiles coronò *menos* crecidos *S2,272*
A pocos passos le admirò no *menos* *S2,275*
Menos quizà dio astillas *S2,386*
Mas, ó *menos* nudoso attribúido, *S2,411*
Menos de aljaua, que de red armado; *S2,423*
Menos dio al bosque nudos, *S2,581*
Por sus piedras no *menos*, *S2,696*
Estimandolos *menos* *S2,870*
Tyranno el Sacre de lo *menos* puro *S2,931*
De las ondas no *menos* *S2,951*
Aunque ociosos, no *menos* fatigados *S2,971*

Menosprecia 1
Que al vno *menosprecia*, al otro iguala: *S1,246*

Mentida 1
Que despreciando la *mentida* nube, *S2,907*

Mentido 2
Vrbana al sueño, barbara al *mentido* *P,259*
En que el *mentido* robador de Europa, *S1,2*

Mentidos 1
En el pastor *mentidos*, que con arte *S1,235*

Mentir 2
Mentir florestas, i emular viàles, *S1,702*
Mentir cerdas, zeloso espumar diente. *S2,583*

Mentira 1
No à la soberuia està aqui la *mentira* *S1,129*

Menuda 4
De frescas sombras, de *menuda* gramma. *P,216*
En la ierba *menuda*. *S1,629*
Que la yerba *menuda*, *S1,914*
De la *menuda* ierua el seno blando *S1,1010*

Menudas 1
Rompida el agua en las *menudas* piedras *S2,349*

Mercadante 1
De'l naufrago ambicioso *mercadante*, *S2,456*

Merced 1
Merced de la hermosura que ha hospedado: *S1,344*

Mercedes 1
Las que el cielo *mercedes* *S2,570*

Mercurio 1
Mercurio de'stas nueuas diligente *S2,648*

Mesas 5
Que Hymeneo à sus *mesas* te destina: *S1,314*
Que sin rumor preuino en *mesas* grandes. *S1,857*
Leuantados las *mesas*, al canoro *S1,883*
Pompa el salmon de las Réàles *mesas*, *S2,98*
Con las *mesas*, cortezas ia liuianas *S2,340*

Messeguero 1
Incauto *messeguero* sus sembrados, *P,478*

Meta 3
Meta vmbrosa al vaquero conuecino, *S1,581*
Que de vna i de otra *meta* glorìosa *S1,1058*
Escollo de cristal, *meta* de'l mundo. *S2,541*

Metal 3
Mas qual diente mortal, qual *metal* fino *P,133*
Escollo, el *metal* ella fulminante *S1,381*
Que en sonoro *metal* le va siguiendo) *S2,852*

Metales 1
Metales homicidas. *S1,434*

Metas 1
Ser pallios verdes, ser frondosas *metas*, *S1,1037*

Metrica 1
De *metrica* harmonia. *S1,270*

Metrico 2
Deste *metrico* llanto. *S2,115*
Curso de'l llanto *metrico* te fio, *S2,554*

Metros 1
Metros inciertos si pero súàues *S2,356*

Mexicano 1
I al de plumas vestido *Mexicano*, *S2,780*

Mexillas 1
De sus *mexillas* siempre vergonçosas *S1,790*

Mezcladas 1
Mezcladas hazen todas *S1,623*

Mi 30
Mi voz por dulce, quando no por mia. *P,384*
Su dulce fruto *mi* robusta mano; *P,410*
En pie, sombra capaz es *mi* persona *P,411*
Miréme, i lucir vi vn sol en *mi* frente, *P,421*
Diò ia a *mi* cueua, de piedad desnuda; *P,430*
Dulcissimas coiundas *mi* instrumento: *P,440*
Segunda tabla a vn Ginoues *mi* gruta *P,449*
Alto don, segun ya *mi* huesped dixo *P,460*
Tremulos hijos, sed de *mi* fortuna *S1,63*
Donde con *mi* hazienda *S1,500*
La piedad que en *mi* alma ia te hospeda *S1,520*
Tuya serà *mi* vida: *S2,132*
Audaz *mi* pensamiento *S2,137*
Vn lustro ha hecho á *mi* dudosa mano, *S2,147*
Las alas sepultar de *mi* osadia *S2,149*
Muera *mi* culpa, i tu desden le guarde *S2,152*
Suspiro, que *mi* muerte haga leda, *S2,154*
Fin duro a *mi* destierro: *S2,160*
Agradecido Amor á *mi* pie errante: *S2,166*
(A pesar de *mi* edad) no en la alta cumbre *S2,396*
Lachesis nueua *mi* gallarda hija, *S2,435*
Contra mis redes ia, contra *mi* vida; *S2,459*
Sorda à mis vozes pues, ciega à *mi* llanto, *S2,465*
(Pobre ia cuna de *mi* edad primera) *S2,543*
Hijo de'l bosque, i padre de *mi* vida, *S2,550*
Hizo á *mi* forma (ó dulce mi enemiga) *S2,571*
Hizo á *mi* forma (ó dulce mi enemiga) *S2,571*
I los de *mi* Fortuna *S2,574*
Inuidia califique *mi* figura *S2,579*
Calçandole talares *mi* desseo: *S2,600*

Mia 6
Escucha al son de la çampoña *mia*: *P,6*
Que si la *mia* puede offrecer tanto, *P,22*
Mi voz por dulce, quando no por *mia*. *P,384*
La playa azul de la persona *mia*. *P,420*
O clima proprio planta *mia* perdida, *S2,131*
Esta pues culpa *mia* *S2,144*

Mias 1
Las canas de Tithon halla las *mias*, *S2,395*

Micon 1
De la plaia, *MICON* de sus arenas; *S2,532*

Mida 1
Geometra prudente el orbe *mida* *S2,381*

Midas 1
Mas los que lograr bien no supo *Midas* *S1,433*

Mide 1
Bufando *mide* el campo de las ondas *S2,430*

Midiendo 1
Midiendo la espesura *S1,79*

Miel 1
En juncos, *miel* en corcho, mas sin dueño; *P,226*

Miembro 1
Piadoso *miembro* roto, *S1,17*

Miembros 10
Vn monte era de *miembros* eminente *P,49*
La nieue de sus *miembros*, dá á vna fuente. *P,180*
El sueño de sus *miembros* sacudido, *P,297*
Sus *miembros* lastimosamente oppresos *P,497*
I entregados tus *miembros* al reposo *SD,28*
O de terso marfil sus *miembros* bellos, *S1,489*
Sus *miembros* en cenizas desatados *S1,685*
Los dulces fugitiuos *miembros* bellos *S1,1055*
Soplo vistiendo *miembros*, Guadalete *S2,727*
Si en *miembros* no robusto, *S2,810*

Miente 3
(Si tradicion appocripha no *miente*) *S1,74*
Que les *miente* la voz, i verde cela *S1,588*
Mira que la edad *miente*: *S2,609*

Mientras 14
Corona immobil, *mientras* no desciende, *P,262*
Mientras perdian con ella *S1,148*
Mientras el arroiuelo para oìlla *S1,558*
Mientras el viejo tanta accusa tèa *S1,653*
Mientras inuocan su Deidad la alterna *S1,764*
Mientras coronan pampanos á Alcides, *S1,829*
Mientras casero lino Ceres tanta *S1,861*
Mientras en su piel lubrica fiado *S2,92*
Y *mientras* dulce aquel su muerte annuncia *S2,257*
Mientras cenando en porfidos lucientes *S2,358*
Mientras perdona tu rigor al sueño. *S2,676*
Mientras de su barraca el estrangero *S2,682*
Mientras desenlaçado la cimera, *S2,904*
Mientras ocupan á sus naturales *S2,957*

Mies 1
Entre la no espigada *mies* la tela. *S1,589*

Miesses 2
Qual prouidas hormigas á sus *miesses*) *S1,510*
Surcar pudiera *miesses*, pisar ondas, *S1,1032*

Mil 2
A la ausencia *mil* veces offrecida, *P,229*
Cubran, corderos *mil*, que los cristales *S1,836*

Milanes 1
Purpura Tyria, o *Milanes* brocado. *S1,166*

Milano 3
Rayo con plumas, al *milano* pollo, *P,263*
Y *milano* vencio con pesadumbre) *S2,399*
Vno i otro rapaz digo *milano* *S2,961*

Militar 1
De trompa *militar* no, o de templado *S1,171*

Mill 2
Copos nieua en la otra *mill* de lana: *P,148*
Y nieue de colores *mill* vestida, *S1,627*

Milla 1
El tercio casi de una *milla* era *S1,1047*

Mimbre 2
Sobre la *mimbre*, que texio prolixa, *P,159*
En blanca *mimbre* se lo puso al lado, *P,203*

Mimbres 2
Fruta en *mimbres* hallò, leche exprimida *P,225*
De flexùòsas *mimbres* garbin pardo *S2,265*

Minador 1
Minador antes lento de su gloria, *S1,741*

Minas 1
Cuyas *minas* secretas *S1,459*

Minerua 1
Oro le expriman liquido à *Minerua*, *S1,827*

Ministrar 1
Quando el que *ministrar* podia la copa *S1,7*

Mintiendo 1
Mintiendo remission à las que huyen, *S2,913*

Mio 1

Cansado leño *mio*,   *S2,549*

Mios   1

O deribados de los ojos *mios*,   *P,390*

Mira   7

Mira la offrenda ia con mas cuidado,   *P,246*
De sitio mejorada, attenta *mira*   *P,273*
Imperiòso *mira* la campaña   *S1,186*
Mira que la edad miente: *S2,609*
Mira que de'l almendro mas loçano   *S2,610*
Por dos topazios bellos con que *mira*,   *S2,796*
Rapido al Hespañol alado *mira*   *S2,863*

Miréme   1

Miréme, i lucir vi vn sol en mi frente,   *P,421*

Mis   18

A *mis* gemidos son rocas al viento,   *P,378*
O dormida te hurten a *mis* quexas   *P,379*
En numero a mis bienes son *mis* males.   *P,392*
En numero a *mis* bienes son mis males.   *P,392*
Escribir *mis* desdichas con el dedo?   *P,416*
Estas *mis* quexas graues,   *S2,118*
Moderador piadoso de *mis* daños!   *S2,124*
Tuyos seran *mis* años   *S2,125*
De su prision, dexando *mis* cadenas   *S2,135*
Calle *mis* huessos, i eleuada cima   *S2,168*
Mis hijos dos en vn batel despido,   *S2,412*
De *mis* hijas oiràs; ambiguo choro   *S2,422*
Contra *mis* redes ia, contra mi vida;   *S2,459*
Sorda à *mis* vozes pues, ciega à mi llanto,   *S2,465*
Que *mis* huessos vinculan, en su orilla   *S2,547*
De *mis* ceniças dieron tus riberas.   *S2,562* ·
(A pesar de los vientos) *mis* cadenas.   *S2,569*
Los rudos troncos oi de *mis* umbrales.   *S2,597*

Miserablemente   2

Besó la plaia *miserablemente*,   *P,434*
I *miserablemente*   *S1,656*

Miseria   1

Los estremos de fausto, i de *miseria*   *S2,207*

Misero   3

Bala el ganado, al *misero* valido   *P,171*
El *misero* gemido   *S1,13*
Quando entregado el *misero* estrangero   *S1,46*

Misma   4

Piedras son de su *misma* sepultura.   *S1,686*
Ella, la *misma* pompa de las flores,   *S1,759*
La esphera *misma* de los raios bellos.   *S1,760*
De blancos cisnes, de la *misma* suerte   *S2,252*

Mismo   2

Icaro montañes, su *mismo* peso;   *S1,1009*
A quien el *mismo* escollo   *S2,854*

Mismos   1

Murieron, i en si *mismos* sepultados   *S1,684*

Mitad   1

En la *mitad* de vn oualo de plata,   *S2,520*

Moço   1

De el suelto *moço*, i con airoso buelo   *S1,996*

Modelos   1

Borrò designios, bosquejò *modelos*,   *S1,98*

Moderador   1

Moderador piadoso de mis daños!   *S2,124*

Moderando   1

Moderando. En la plancha los recibe   *S2,208*

Moderno   1

No *moderno* artificio   *S1,97*

Modesta   1

En la cumbre *modesta*   *S2,691*

Modestas   1

Modestas accusando en blancas telas,   *S1,839*

Modestia   1

En *modestia* ciuil rèàl grandeza.   *S2,812*

Modo   2

El designio, la fabrica, i el *modo*.   *S2,274*

Ya á la violencia, ia à la fuga el *modo*   *S2,491*

Modos   1

Quantos les enseñò corteses *modos*   *S2,57*

Molesta   1

A la açada *molesta*,   *S1,905*

Momento   1

Las no liquidas perlas, que al *momento*   *S2,232*

Monarcha   1

A que el *Monarcha* de esas grutas hondas   *P,403*

Monarchia   2

(De cuia *monarchia*   *S1,406*
Monarchia canora,   *S1,951*

Monstro   3

El *mo<n>stro* de rigor, la fiera braba   *P,245*
Monstro escamado de robustas haias   *S1,375*
Dado al traues el *monstro*, donde apenas   *S2,509*

Montaña   8

I de la encina, honor de la *montaña*,   *P,85*
Por igualarme la *montaña* en vano;   *P,414*
A las que esta *montaña* engendra Harpyas.   *P,448*
De el siempre en la *montaña* oppuesto pino   *S1,15*
La fragosa *montaña* facil llano,   *S1,69*
De quantos pisan Faunos la *montaña*.   *S1,189*
Que la *montaña* hizo populosa   *S1,264*
Encinas la *montaña* contar antes   *S1,910*

Montañas   3

No la Trinacria en sus *montañas* fiera   *P,65*
Arbitro de *montañas*, i ribera,   *P,345*
Murarse de *montañas* espumosas,   *S1,437*

Montañes   5

Que un *montañes* traìa: *S1,328*
De su discurso el *montañes* prolixo,   *S1,505*
Al *montañes*, que ingrato   *S1,594*
Al galan nouio el *montañes* presenta   *S1,722*
Icaro *montañes*, su mismo peso;   *S1,1009*

Montañesa   1

Sigue la dulce esquadra *montañesa*   *S1,541*

Montañesas   1

Montañesas da el prado, que dirias   *S1,260*

Montañeses   2

No començàran ia los *montañeses*   *S1,511*
Montañeses, qual suele de lo alto   *S1,988*

Montaraz   1

Otra con ella *montaraz* zagala   *S1,243*

Monte   4

Vn *monte* era de miembros eminente   *P,49*
De aquel fragoso *monte*,   *S1,277*
Escalar pretendiendo el *monte* en vano,   *S2,13*
Que dexa de ser *monte*   *S2,693*

Montecillo   1

Montecillo, las sienes lauréàdo,   *S2,276*

Monteria   1

La virginal desnuda *monteria*;   *S1,487*

Montero   1

I en quanto dà el solicito *montero*   *SD,16*

Montes   11

De los *montes* esconde, copia bella,   *P,47*
Venus de el mar, Cupido de los *montes*.   *P,464*
Bates los *montes*, que de nieue armados   *SD,7*
Montes de agua, y pielagos de montes,   *S1,44*
Montes de agua, y pielagos de *montes*,   *S1,44*
De aquellos *montes* hijo,   *S1,199*
Sirenas de los *montes* su concento,   *S1,550*
Seis de los *montes*, seis de la campaña,   *S1,885*
A vn vaquero de aquellos *montes* gruesso,   *S1,1004*
I Obeliscos los *montes* sean de'l mundo.   *S2,164*
Montes de espuma concitò herida   *S2,489*

Mora   3

Que dulce muere, i en las aguas *mora*:   *P,364*
No en ti la ambicion *mora*   *S1,108*
Mora, y Pomona se venera culta.   *S2,199*

Moradas   1

Corcho, i *moradas* pobres sus vacios   *S2,299*

Morador   1

Morador de las seluas; cuia rienda   *P,235*

Moradoras   1

Barbaras el Parnaso *moradoras*)   *S1,892*

Moradores   2

Trauiessos despidiendo *moradores*   *S2,277*
Prodigiòsos *moradores* ciento   *S2,471*

Morados   1

Sus *morados* cantuessos, sus copadas   *S1,909*

Mordaça   1

Mordaça es à vna gruta de su boca.   *P,32*

Mordia   2

Las plantas le *mordia* cultamente.   *S2,238*
Cauallo, que colerico *mordia*   *S2,816*

Mordiendo   1

Mordiendo oro, el ecliptico saphiro   *S1,711*

Moren   1

Albergues vuestros las auejas *moren*,   *S1,920*

Morirme   1

A cantar dulce, i a *morirme* luego: *S2,545*

Morro   1

De aquel *morro* difficil (cuias rocas   *S2,397*

Mortal   3

Mortal horror, al que con passo lento   *P,70*
Mas qual diente *mortal*, qual metal fino   *P,133*
Acaba en *mortal* fiera;   *S1,113*

Mosquetas   1

Flechen *mosquetas*, nieven azahares;   *S1,797*

Mouer   1

I al garçon viendo, quantas *mouer* pudo   *P,485*

Mouimiento   4

Lasciua el *mouimiento*,   *S1,256*
Pedaços de cristal, que el *mouimiento*   *S1,545*
Mas el cansancio no, que'l *mouimiento*   *S1,678*
Este con perezoso *mouimiento*   *S2,62*

Mucha   7

Vrna es *mucha*, pyramide no poca.   *P,492*
Que à *mucha* fresca rosa   *S1,569*
I *mucha* sal no solo en poco vaso,   *S2,4*
A la violencia *mucha*   *S2,23*
Concha, si *mucha* no, capaz ostenta   *S2,197*
En breue espacio *mucha* Primauera   *S2,339*
Si la distancia es *mucha*.   *S2,914*

Muchas   2

Muchas eran, i muchas vezes nueue   *S2,353*
Muchas eran, i *muchas* vezes nueue   *S2,353*

Mucho   9

Que *mucho*, si de nubes se corona   *P,413*
Si *mucho* poco mappa les despliega,   *S1,194*
Mucho es mas lo que (nieblas desatando)   *S1,195*
Mucho Oceàno, i pocas aguas prenden,   *S2,75*
Con labio alterno *mucho* mar la besa,   *S2,607*
Que *mucho*, sì auarienta ha sido esponja   *S2,628*
Que *mucho*, si el candor bebiò ia puro   *S2,631*
Que á *mucho* humo abriendo   *S2,729*
Mucho theatro hizo poca arena.   *S2,771*

Muchos   9

Conduxo, *muchos* luego Palinuro;   *S1,398*
Que en letras pocas lean *muchos* años.   *S1,943*
Estos, i *muchos* mas, vnos desnudos,   *S2,102*
Raros, *muchos*, i todos no comprados,   *S2,247*
Viuificando estan *muchos* sus hueuos,   *S2,256*
De *muchos* pocos numeroso dueño,   *S2,316*
Dias ha *muchos* (ô mancebo, dixo   *S2,388*
Muchos hà dulces dias,   *S2,392*
Sus *muchos* años Phebo,   *S2,775*

Muda   6

Llamárale, aunque *muda*, mas no sàbe   *P,249*
Linterna es ciega, i atalaya *muda*.   *P,344*

De la *muda* campaña *S1,54*
Muda la admiracion habla callando, *S1,197*
Theatro dulce, no de scena *muda*, *S1,624*
Beldad parlera, gracia *muda* ostenta; *S1,726*

Mudas 2
Señas *mudas* la dulce voz doliente *S2,42*
Si ai ondas *mudas*, i si ai tierra leue. *S2,171*
De las *mudas* estrellas la saliua: *S2,297*

Mudo 10
O tan *mudo* en la alcandara, que en vano *P,11*
Mudo la noche el can, el dia dormido, *P,169*
Al sonoro cristal, al cristal *mudo*. *P,192*
Viendo el fiero jayan con passo *mudo* *P,481*
Mudo sus ondas, quando no enfrenado; *S1,242*
Vence la noche al fin, i triumpha *mudo* *S1,687*
Fin *mudo* al baile, al tiempo que seguida *S1,945*
Espongîoso pues se bebio, i *mudo* *S2,179*
De las ondas al pez con buelo *mudo* *S2,484*
Verde no *mudo* choro *S2,720*

Mudos 2
Mudos coronen, otros, por su turno *S1,801*
De musicos delphines, aunque *mudos*, *S2,535*

Muera 2
Muera (enemiga amada) *S2,151*
Muera mi culpa, i tu desden le guarde *S2,152*

Muerde 1
O la alta bassa que el Oceano *muerde* *S2,760*

Muere 3
Que dulce *muere*, i en las aguas mora: *P,364*
Nace en sus ondas, i en sus ondas *muere*, *S1,408*
Donde el Sol nace, o donde *muere* el dia. *S2,150*

Muerta 1
Muerta de amor, i de temor no viua. *P,352*

Muertas 1
Muertas pidiendo terminos disformes, *SD,11*

Muerte 5
Redimio con su *muerte* tantas vides) *S1,160*
De la bebida *muerte*, *S2,127*
Suspiro, que mi *muerte* haga leda, *S2,154*
Y mientras dulce aquel su *muerte* annuncia *S2,257*
La sangre halló por do la *muerte* entrada. *S2,487*

Muestra 1
Feroz ardiente *muestra* *S1,964*

Muestras 1
Con *muestras* de dolor extraordinarias) *S1,214*

Mueue 2
Zeloso trueno antiguas ayas *mueue*: *P,486*
El golpe solicìta, el vulto *mueue* *S2,470*

Muflon 1
Al Corcillo trauiesso, al *Muflon* Sardo, *S1,1016*

Mui 1
Voluiase mas no *mui* satisfecha *S2,499*

Multiplica 1
Numero crece, i *multiplica* vozes. *S1,232*

Mundo 8
Tu nombre oiran los terminos de'l *mundo*. *P,24*
De el mejor *mundo*, de el candor primero. *P,88*
Delicias de aquel *mundo*, ya tropheo *P,445*
En inculcar sus limites al *mundo*: *S1,412*
Que Níobe immortal la admire el *mundo*, *S1,815*
I Obeliscos los montes sean de'l *mundo*, *S2,164*
Quanto en vasos de abeto nueuo *mundo* *S2,404*
Escollo de cristal, meta de'l *mundo*. *S2,541*

Murada 1
Siempre *murada*, pero siempre abierta. *S2,80*

Muralla 2
De Helvecias picas es *muralla* aguda: *P,428*
Voz que es trompeta, pluma que es *muralla*. *S2,965*

Muran 1
De los que el Reino *muran* de Neptuno! *S2,657*

Murarse 1

Murarse de montañas espumosas, *S1,437*

Murelo 1
Ciñalo bronce, o *murelo* diamante: *P,294*

Murieron 1
Murieron, i en si mismos sepultados *S1,684*

Muro 7
Que el *muro* penetraron de las yedras. *P,472*
Arbitro igual, è inexpugnable *muro*; *S1,55*
Al Phrigio *muro* el otro leño Griego. *S1,378*
Verde *muro* de aquel lugar pequeño, *S1,523*
Yedra el uno es tenaz de el otro *muro*: *S1,972*
Al flaco da, que me construyen *muro* *S2,589*
Antiguo descubrieron blanco *muro*; *S2,695*

Murò 1
Quantos *murò* de liquidos cristales *S1,703*

Muros 10
Si ya los *muros* no te ven de Huelua *P,7*
Sin romper *muros*, introduce fuego. *P,296*
Sufrir *muros* le vió, romper Phalanges. *P,456*
Muros de abeto, almenas de diamante *SD,6*
De *muros* se corona, *S1,207*
Muros desmantelando pues de arena *S2,9*
Republica ceñida, en vez de *muros*, *S2,292*
Tal vez desde los *muros* de'stas rocas *S2,418*
En el de *muros* liquidos que offrece *S2,927*
A los indignos de ser *muros* llega *S2,969*

Musa 2
Quantos me dictò versos dulce *Musa* *SD,2*
I dulce *Musa* entre ellas (si consiente *S1,891*

Musas 2
Alterna con las *Musas* oi el gusto, *P,21*
Aladas *Musas*, que de pluma leue *S2,354*

Muscolosos 1
De *muscolosos* jouenes desnudos. *S2,580*

Musculos 1
De sus *musculos*, menos defendidos *S1,966*

Musica 2
Tal la *musica* es de Polyphemo. *P,96*
Mas reduxo la *musica* barquilla, *S2,51*

Musicas 1
Musicas hojas viste el menor ramo *S1,590*

Musico 1
De'l *musico* Iayan, el fiero canto. *P,20*

Musicos 1
De *musicos* delphines, aunque mudos, *S2,535*

Muy 1
Que estauan no *muy* lexos *S1,660*

Myrtho 2
En el arroio *myrtho* leuantado, *P,242*
Reclinados: al *myrtho* mas lozano *P,317*

Myrthos 1
Entre dos *myrthos* que de espuma canos *P,211*

Nacar 5
Pender en oro al *nacar* de su oreja. *P,112*
Penda el rugoso *nacar* de tu frente *S1,312*
Que negò al viento el *nacar* bien texido) *S1,887*
Luciente *nacar* te siruio no poca *S2,446*
El *nacar* a las flores fia torcido, *S2,882*

Nacares 1
Bruñe *nacares* boto, agudo raia *S2,585*

Nace 3
Nocturno el lobo de las sombras *nace*; *P,172*
Nace en sus ondas, i en sus ondas muere, *S1,408*
Donde el Sol *nace*, o donde muere el dia. *S2,150*

Nacido 4
El campo undoso en mal *nacido* pino[?] < , > *S1,371*
De bien *nacido* cuerno *S2,18*
Thyrsos eran del Griego Dios *nacido* *S2,329*
Sangriento Chipriota, aunque *nacido* *S2,751*

Nada 2

Diganlo quantos siglos ha que *nada* *S2,193*
Poco á lo fuerte, i à lo bello *nada* *S2,708*

Nadador 1
Amante *nadador* ser bien quisiera *P,130*

Nadando 1
Que *nadando* en un pielago de nudos, *S2,105*

Nadante 3
(Entre vn vulgo *nadante* digno apenas *S2,415*
Nadante vrna de canoro rio. *S2,555*
De arbol, que *nadante* ignorò hojas, *S2,593*

Nade 1
(Penda, o *nade*) la vista no le pierda, *S2,469*

Narciso 1
Que haze oy á *Narciso* *S1,115*

Narcisos 1
A un pedernal orlado de *Narcisos*. *S1,579*

Nariz 1
La fogosa *nariz*, en vn sonoro *S2,730*

Nascido 1
De las aues, *nascido*, Aleto, donde *S2,773*

Natal 1
De su roca *natal* se precipita: *S2,3*

Natural 1
De su caduco *natural*, permite *S2,284*

Naturales 1
Mientras ocupan á sus *naturales* *S2,957*

Naue 3
En tablas diuidida rica *naue* *P,433*
Besa la arena, i de la rota *naue* *S1,29*
Esta pues *naue* ahora *S1,477*

Naufragante 1
A la que *naufragante*, i desterrado *S1,735*

Naufragio 2
Relacion de el *naufragio* hiço horrenda. *P,452*
Naufragio ya segundo, *S2,158*

Naufragios 1
Al Sol, calmas vencidas, i *naufragios*; *S1,456*

Naufrago 2
Naufrago, i desdeñado sobre ausente, *S1,9*
De'l *naufrago* ambicioso mercadante, *S2,456*

Nautica 2
Nautica industria inuestigò tal piedra, *S1,379*
Frustrados, tanta *Nautica* doctrina, *S1,454*

Nauticas 1
Nauticas venatorias marauillas *S2,421*

Nebli 2
El *Nebli*, que relampago su pluma, *S2,745*
De'l *Nebli*, a cuio buelo *S2,803*

Necessidades 1
Entre opulencias, i *necessidades* *S1,930*

Nectar 7
Su *nectar* vinculò la Primauera. *P,208*
Sudando *nectar*, lambicando olores, *P,393*
(si es *nectar* lo que llora) *S1,322*
Nectar le chupa Hibléo. *S1,804*
Su *nectar* les desata; *S1,869*
Oro trillado, i *nectar* exprimido. *S1,908*
De'l *nectar* numeroso *S2,629*

Negar 2
En tercio tal *negar* tal compañia, *S1,532*
Negar pudiera en vano. *S2,700*

Negò 1
Que *negò* al viento el nacar bien texido) *S1,887*

Negra 3
Ser de la *negra* noche, nos lo enseña *P,38*
Negra de cueruas summa *S2,884*
Negra circunvestida piel, al duro *S2,924*

Negras 6

Negras violas, blancos alhelies, *P,334*
Negras piçarras entre blancos dedos *S1,251*
De *negras* baja, de crestadas aues, *S1,292*
Las duras cuerdas de las *negras* guijas *S1,347*
Negras plumas vistio, que infelizmente *S1,739*
Sobre violas *negras* la mañana, *S2,70*

Negro 1

Negro el cabello, imitador vndoso *P,57*

Neptuno 9

Este, que (de *Neptuno* hijo fiero) *P,50*
Si roca de crystal no es de *Neptuno*, *P,103*
Violaron à *Neptuno* *S1,414*
En el humido templo de *Neptuno* *S1,478*
Neptuno, sin fatiga *S1,1030*
Quando no de los campos de *Neptuno*: *S2,99*
Que (el tridente accusando de *Neptuno*) *S2,385*
Que velera vn *Neptuno*, i otro surca, *S2,565*
De los que el Reino muran de *Neptuno*! *S2,657*

Nerea 1

De Espio, i de *Nerea* *S2,260*

Nereo 1

De el sagrado *Nereo*, no ia tanto *S2,210*

Neruios 2

Su agilidad pondera. Quien sus *neruios* *S1,993*
De *neruios* Parthos igualar presuma *S2,845*

Neruiòsos 1

Arcos, ó *neruiòsos*, o azerados, *S1,1039*

Netas 1

Cuyos purpureos senos perlas *netas*, *S1,458*

Neuada 2

O purpura *neuada*, o nieue roja: *P,108*
Neuada inuidia sus neuadas plumas. *S2,262*

Neuadas 1

Neuada inuidia sus *neuadas* plumas. *S2,262*

Neuo 1

Neuo el Mayo à pesar de los seis chopos. *S2,336*

Neutra 1

Neutra el agua dudaba a qual fee preste, *P,423*

Neutralidad 1

Si tu *neutralidad* sufre consejo, *S1,518*

Neutro 1

En tanto pues que el pallio *neutro* pende, *S1,1065*

Ni 14

No a Satyro lasciuo, *ni* a otro feo *P,234*
Ni le ha visto, si bien pincel súaue *P,251*
Ni la que su alimento *S1,110*
Ni la que en saluas gasta impertinentes *S1,117*
Ni de los rayos baja à las espumas *S1,132*
Ni isla oi á su buelo fugitiua. *S1,396*
Ni á la pluuia luciente de oro fino, *S1,842*
Ni al blanco Cisne creo. *S1,843*
Confuso Baccho; *ni* en bruñida plata *S1,868*
Mas *ni* la encarcelada nuez esquiua, *S1,879*
Ni el membrillo pudieran anudado, *S1,880*
Sin dexar *ni* aun pequeña *S1,1018*
Ni al otro cuio nombre *S2,457*
Ni de'l que enciende el mar Tyrio veneno, *S2,558*

Nido 4

No el aue Reina assi el fragoso *nido* *P,261*
Hallò hospitalidad donde hallò *nido* *S1,27*
Pyra le erige, i le construie *nido*. *S1,465*
Raio su garra, su ignorado *nido* *S2,746*

Nidos 1

Texio en sus ramas inconstantes *nidos*, *S2,269*

Niebla 3

Ahora que de luz tu NIEBLA doras, *P,5*
Fixò (á despecho de la *niebla* fria) *S1,81*
La dissonante *niebla* de las aues: *S2,894*

Nieblas 2

Mucho es mas lo que (*nieblas* desatando) *S1,195*
En quantas le densò *nieblas* su aliento, *S2,968*

Niega 6

La *niega* avara, i prodiga la dora. *P,80*
Quando *niega* la luz vn carro de oro, *P,371*
Confunde el Sol, i la distancia *niega*. *S1,196*
Ya que Nymphas las *niega* ser errantes *S1,273*
Niega el bello, que el vulto ha colorido: *S1,770*
Cauallo, que el ardiente sudor *niega* *S2,967*

Niegan 1

Como duerme la luz *niegan* las flores. *P,280*

Nieto 1

Venia al tiempo el *nieto* de la Espuma, *S2,521*

Nieua 1

Copos *nieua* en la otra mill de lana: *P,148*

Nieue 15

O purpura neuada, o *nieue* roja: *P,108*
De quantos siegan oro, esquilan *nieue*, *P,149*
La *nieue* de sus miembros, da á vna fuente. *P,180*
Grillos de *nieue* fue, plumas de ielo. *P,224*
Fugitiuo cristal, pomos de *nieue*. *P,328*
Correr al mar la fugitiua *nieue*, *P,482*
Bates los montes, que de *nieue* armados *SD,7*
Purpuréàr la *nieue*: *SD,15*
En que à pesar de'l Sol quajada *nieue*, *S1,626*
Y *nieue* de colores mill vestida, *S1,627*
Vença no solo en su candor la *nieue*, *S1,897*
Si purpura la rosa, el lilio *nieue*. *S2,221*
Nieue hilada, i por sus manos bellas *S2,343*
De su bolante *nieue*. *S2,836*
Cuia vestida *nieue* anima un ielo, *S2,865*

Nieven 1

Flechen mosquetas, *nieven* azahares; *S1,797*

Nilo 3

Por las vocas de el *Nilo* el Oriènte. *P,436*
Tarde le encomendo el *Nilo* à sus bocas, *S1,494*
Horrores dexa el *Nilo* que le baña. *S2,830*

Nimpha 6

Huie la *Nimpha* bella, i el marino *P,129*
La fugitiua *Nimpha* en tanto, donde *P,177*
En Simetis, hermosa *Nimpha*, auido, *P,195*
La *Nimpha* los oyó, i ser mas quisiera *P,349*
Nimpha, por quien lucientes son corales *S2,596*
Rebelde *Nimpha* (humilde ahora caña) *S2,831*

Ninguno 2

Conculcado hasta alli de otro *ninguno*, *S1,415*
Clarissimo *ninguno* *S2,656*

Ninpha 1

Como la *Ninpha* bella compitiendo *P,265*

Niño 3

Pompa de el marinero *niño* alado, *P,115*
El *niño* Dios entonces de la venda *P,237*
Niño amò la que adora adolescente *S1,773*

Níobe 1

Que *Níobe* immortal la admire el mundo, *S1,815*

Nisida 1

De *Nisida* tributa; *S2,595*

No 213

Si ya los muros *no* te ven de Huelua *P,7*
Clarin, i de la Fama *no* segundo, *P,23*
Quando *no* de el sacrilego desseo, *P,30*
No la Trinacria en sus montañas fiera *P,65*
A lo palido *no*, a lo arrebolado; *P,84*
Cera i cañamo vnio (que *no* debiera) *P,89*
Si roca de crystal *no* es de Neptuno, *P,103*
Verde el cabello, el pecho *no* escamado, *P,117*
De la que aun *no* le oió, i calzada plumas *P,127*
Ia que *no* aspid a su pie diuino, *P,131*
A sus campañas Ceres *no* perdona: *P,142*
Sin aras *no*; que el margen donde para *P,153*
Si artificiosa *no*, su honesta hija. *P,160*
Mal conducidos, quando *no* arrastrados *P,163*
El Zephiro *no* silua, o cruxe el Robre. *P,168*
Por *no* abrasar con tres Soles al dia. *P,184*
Si *no* ardientes aljofares sudando, *P,188*

A la de viento quando *no* sea cama, *P,215*
Este de cortesia *no* pequeño *P,230*
No al Cyclòpe attribuie, no, la offrenda, *P,233*
No al Cyclòpe attribuie, *no*, la offrenda, *P,233*
No a Satyro lasciuo, ni a otro feo *P,234*
Carcax de cristal hizo, si *no* aljaua *P,243*
Llamárale, aunque muda, mas *no* sàbe *P,249*
Al pie, *no* tanto ia de el temor graue, *P,253*
Rhetorico silencio, que *no* entiende: *P,260*
No el aue Reina assi el fragoso nido *P,261*
Corona immobil, mientras *no* desciende, *P,262*
No solo para, mas el dulce estruendo *P,267*
Que si por lo súaue *no* la admira, *P,275*
Paces *no* al sueño, treguas si al reposo: *P,308*
Que en tanta gloria infierno son *no* breue *P,327*
No à las palomas concedió Cupido *P,329*
Que a la playa de escollos *no* desnuda *P,343*
Muerta de amor, i de temor *no* viua. *P,352*
Marino, si agradable *no*, instrumento, *P,382*
Mi voz por dulce, quando *no* por mia. *P,384*
No los que de sus vbres desatados, *P,389*
Aunque pastor. Si tu desden *no* espera *P,402*
Polyphemo te llama: *No* te escondas, *P,405*
Qual otro *no* uió Phebo mas robusto *P,407*
Sentado, a la alta palma *no* perdona *P,409*
Imponiendole estaua, si *no* al viento *P,439*
Su horrenda voz, *no* su dolor interno *P,465*
Vrna es mucha, pyramide *no* poca. *P,492*
Sobre el de grama cesped *no* desnudo, *SD,29*
Quando la Fama *no* su trompa a'l viento, *SD,37*
Breue tabla delphin *no* fue pequeño *S1,18*
No lejos de vn escollo coronado *S1,24*
No bien pues de su luz los orizontes, *S1,42*
Rayos, les dize, ya que *no* de Leda *S1,62*
De vientos *no* conjuracion alguna: *S1,67*
(Si tradicion appocripha *no* miente) *S1,74*
No moderno artificio *S1,97*
No en ti la ambicion mora *S1,108*
No la que en bulto començando humano, *S1,112*
No à la soberuia està aqui la mentira *S1,129*
No pues de aquella sierra engendradora *S1,136*
No perdonò a razimo, aun en la frente *S1,155*
Breue de barba, i duro no de cuerno, *S1,159*
No de humosos vinos agrauado *S1,167*
De trompa militar *no*, o de templado *S1,171*
(Que si precipitados *no* los cerros, *S1,224*
Mudo sus ondas, quando *no* enfrenado: *S1,242*
Si Aurora *no* con rayos, Sol con flores: *S1,250*
De su madre, *no* menos enramada *S1,288*
I de coral barbado, *no* de oro *S1,295*
No el sitio, no, fragoso *S1,303*
No el sitio, *no*, fragoso *S1,303*
No el torcido taladro de la tierra *S1,304*
Si carga *no*, i assombro: *S1,308*
Arrogante esplendor, ia que *no* bello, *S1,310*
No excedia la oreja *S1,329*
Efectos si *no* dulces de'l concento, *S1,345*
I admirado *no* menos *S1,357*
(Que beuerse *no* pudo el Sol ardiente *S1,362*
I con virtud *no* poca *S1,386*
No ai tormentoso cabo que *no* doble, *S1,395*
No ai tormentoso cabo que *no* doble, *S1,395*
Piloto oi la cudicia, *no* de errantes *S1,403*
Los terminos saber todos *no* quiere) *S1,409*
En nueuo mar, que le rindio *no* solo *S1,431*
Mas los que lograr bien *no* supo Midas *S1,433*
No le bastò despues á este elemento *S1,435*
No corbo, mas tendido) *S1,464*
De firmes islas *no* la immobil flota *S1,481*
Cuio numero, ia que *no* lasciuo, *S1,483*
Clauo *no*, espuela si de'l apetito, *S1,496*
No començàran ia los montañeses *S1,511*
I *no* te fuerça obligacion precisa, *S1,519*
Alegres pisan la que si *no* era *S1,534*
Dispensadora de'l crital *no* escasa. *S1,549*
Entre la *no* espigada mies la tela. *S1,589*

Qual *nueua* Phenix en flammantes plumas,   *S1,948*
Lachesis *nueua* mi gallarda hija,   *S2,435*

Nueuas   2
Candados hizo de otras *nueuas* grutas,   *S1,448*
Mercurio de'stas *nueuas* diligente   *S2,648*

Nueue   1
Muchas eran, i muchas vezes *nueue*   *S2,353*

Nueuo   5
Que de su *nueuo* tronco vid lasciua,   *P,351*
La region de su frente raio *nueuo*   *S1,286*
En *nueuo* mar, que le rindio no solo   *S1,431*
Quanto en vasos de abeto *nueuo* mundo   *S2,404*
Tu infestador en nuestra Europa *nueuo*   *S2,772*

Nueuos   2
Obliquos *nueuos*, pensiles jardines,   *S1,720*
Sus pollos este al mar conduze *nueuos*,   *S2,259*

Nuez   1
Mas ni la encarcelada *nuez* esquiua,   *S1,879*

Numero   12
O al dissonante *numero* de almejas,   *P,381*
En *numero* a mis bienes son mis males.   *P,392*
Numero crece, i multiplica vozes.   *S1,232*
Tropheo ia su *numero* es a un hombro,   *S1,307*
Cuio *numero*, ia que no lasciuo,   *S1,483*
A esconder con el *numero* el camino,   *S1,512*
Quando en *numero* iguales, i en belleza   *S1,617*
Su *numero*, i de'l rio   *S1,916*
Harmonîôso *numero* se esconde   *S2,251*
Cuio *numero* indigna la ribera.   *S2,722*
Numero i confusion gimiendo hazia   *S2,806*
Con su *numero* el Sol. En sombra tanta   *S2,886*

Numeros   4
De cuios dulces *numeros* no poca   *S2,181*
En *numeros* no rudos   *S2,536*
Que dictaua los *numeros* que oìa?   *S2,634*
Las horas ia de *numeros* vestidas   *S2,677*

Numerosamente   1
Entró bailando *numerosamente*:   *S1,890*

Numeroso   3
El *numeroso* al fin de labradores   *S1,755*
De muchos pocos *numeroso* dueño,   *S2,316*
De'l nectar *numeroso*   *S2,629*

Nunca   4
Para el Austro de alas *nunca* enjutas,   *S1,449*
Largo curso de edad *nunca* prolixo;   *S1,894*
Que vuestras bacas tarde, o *nunca* herradas.   *S1,912*
Tarde, o *nunca*, pisaron cabras pocas,   *S2,398*

Nuncio   1
Domestico es de'l Sol *nuncio* canoro,   *S1,294*

Nupcial   2
Que á la fiesta *nupcial* de verde tejo   *S2,31*
Nupcial la califique tea luciente: *S2,608*

Nympha   6
Nympha, de Doris hija, la mas bella   *P,97*
La *Nympha* pues la sonorosa plata   *P,217*
Alterada la *Nympha* esté, o suspensa,   *P,291*
Con lagrimas la *Nympha* solicita   *P,493*
Villana Psyches, *Nympha* labradora   *S1,774*
Son de la *Nympha* vn tiempo, ahora caña,   *S1,884*

Nymphas   4
Inuidia de las *Nymphas*, i cuidado   *P,113*
Ya que *Nymphas* las niega ser errantes   *S1,273*
De las que el bosque bellas *Nymphas* cela.   *S1,795*
Nymphas bellas, i Satyros lasciuos,   *S1,1079*

O   76
O Excelso CONDE, en las purpureas horas   *P,3*
O tan mudo en la alcandara, que en vano   *P,11*
Bobeda, *o* de la fraguas de Vulcano,   *P,27*
O tumba de los huessos de Tipheo;   *P,28*
Su pecho inunda, *o* tarde, o mal, *o* en vano,   *P,63*
Su pecho inunda, o tarde, o mal, *o* en vano,   *P,63*
Su pecho inunda, o tarde, *o* mal, o en vano,   *P,63*

I entre el membrillo, *o* verde, o datilado,   *P,82*
I entre el membrillo, o verde, *o* datilado,   *P,82*
O purpura neuada, *o* nieue roja: *P,108*
O purpura neuada, o nieue roja: *P,108*
O en pipas guardan la exprimida grana   *P,150*
El Zephiro no silua, *o* cruxe el Robre.   *P,168*
Reuoca, Amor, los siluos; *o* á su dueño   *P,175*
Alterada la Nympha esté, *o* suspensa,   *P,291*
Ciñalo bronce, *o* murelo diamante: *P,294*
Preuista el turbò, *o* prognosticada: *P,303*
O dormida te hurten a mis quexas   *P,379*
O al dissonante numero de almejas,   *P,381*
O deribados de los ojos mios,   *P,390*
Cuios enxambres, *o* el Abril los abra,   *P,398*
O los desate el Maio, ambar destilan,   *P,399*
O al cielo humano, o al Cyclope celeste.   *P,424*
O al cielo humano, *o* al Cyclope celeste.   *P,424*
Que en yerbas se recline, *o* en hilos penda,   *P,454*
O lo sagrado supla de la encina   *SD,22*
O el Austro brame, ó la arboleda cruja.   *S1,83*
O bienauenturado   *S1,94*
O bienauenturado   *S1,106*
O bienauenturado   *S1,122*
O bienauenturado   *S1,134*
Purpura Tyria, *o* Milanes brocado.   *S1,166*
De trompa militar no, *o* de templado   *S1,171*
Armado à Pan, *o* semicapro à Marte   *S1,234*
O por lo matizado, *o* por lo bello,   *S1,249*
O por lo matizado, o por lo bello,   *S1,249*
Al qual de'ste, *o* de aquel mar primero   *S1,369*
O las colunas bese, o la escarlata,   *S1,475*
O las colunas bese, *o* la escarlata,   *S1,475*
Haziendo escollos, *o* de marmol Pario,   *S1,488*
O de terso marfil sus miembros bellos,   *S1,489*
O razon falta donde sobran años.   *S1,530*
De su pie, *o* su garganta.   *S1,555*
O infausto gime paxaro nocturno;   *S1,800*
Que vuestras bacas tarde, *o* nunca herradas.   *S1,912*
A quien se abaten ocho, *o* diez soberuios   *S1,987*
Arcos, ó neruîôsos, *o* azerados,   *S1,1039*
O mar, quien otra vez las ha fiado   *S2,121*
O mar! O tu supremo   *S2,123*
O mar! *O* tu supremo   *S2,123*
O clima proprio planta mia perdida,   *S2,131*
Donde el Sol nace, *o* donde muere el dia.   *S2,150*
O por breue, o por tibia, o por cansada,   *S2,156*
O por breue, *o* por tibia, o por cansada,   *S2,156*
O por breue, o por tibia, *o* por cansada,   *S2,156*
O filos ponga <n> de homicida hierro   *S2,159*
O à la que torcio llaue el fontanero;   *S2,225*
O el xugo beua de los aires puros,   *S2,295*
O el sudor de los cielos, quando liba   *S2,296*
Tres, *o* quatro dessean para ciento   *S2,310*
Con box dentado, *o* con raiada espina,   *S2,365*
O poco rato enjuta   *S2,371*
Tarde, *o* nunca, pisaron cabras pocas,   *S2,398*
O grutas ya la priuilegien hondas;   *S2,433*
O escollos de'sta isla diuididos: *S2,434*
Quando desatinada pide, *o* quando   *S2,438*
(Penda, *o* nade) la vista no le pierda,   *S2,469*
Que (alterando el abismo, *o* discurriendo   *S2,493*
Escogiò pues de quatro, *o* cinco abetos   *S2,503*
O quanta al peregrino el Ameveo   *S2,626*
O le esconde el Olympo, ó densa es nube,   *S2,747*
O la alta bassa que el Oceano muerde   *S2,760*
Ocioso pues, *o* de su fin pressago   *S2,837*
O el insulto accusaua precedente,   *S2,876*
O entre la verde ierba   *S2,877*
O quantas cometer pyraterias   *S2,959*

Ô   10
Que el desden solicìta? *Ô* quanto ierra   *P,135*
Ô bella Galathea mas sùaue,   *P,361*
Ô tu, que en dos incluies las mas bellas.   *P,368*
Ô tu, que de venablos impedido,   *SD,5*
Ô DVQVE esclarecido!   *SD,26*
Ô si de'l Termodonte   *S1,275*

Prouida mano, *ô* bien viuidos años,   *S2,363*
Ô canas, dixo el huesped, no peinadas   *S2,364*
Dias ha muchos (*ô* mancebo, dixo   *S2,388*
Ô, de'l aue de Iuppiter vendado   *S2,652*

Ó   10
Lo Augusto del dosel, *ó* de la fuente   *SD,23*
O el Austro brame, *ó* la arboleda cruja.   *S1,83*
Guerra al calor, *ó* resistencia al dia.   *S1,539*
Temer ruìna, *ó* recelar fracasso   *S1,553*
Rediman, de el que mas, *ó* tardo buela,   *S1,799*
Arcos, *ó* neruîôsos, o azerados,   *S1,1039*
No oya al piloto, *ó* le responda fiero: *S2,174*
Mas, *ó* menos nudoso attribùido,   *S2,411*
Hizo á mi forma (*ó* dulce mi enemiga)   *S2,571*
O le esconde el Olympo, *ó* densa es nube,   *S2,747*

Obedecen   1
I á su voz, que los juncos *obedecen*,   *S2,217*

Obedecia   1
Baston le *obedecia* tan ligero,   *P,54*

Obedeciendo   2
Obedeciendo la dudosa planta,   *S1,191*
Resiste *obedeciendo*, i tierra pierde.   *S2,26*

Obelisco   1
Raiò el verde *obelisco* de la choça.   *S1,181*

Obeliscos   2
Ilustren *obeliscos* las ciudades,   *S1,934*
I *Obeliscos* los montes sean de'l mundo.   *S2,164*

Obligacion   1
I no te fuerça *obligacion* precisa,   *S1,519*

Obliquos   2
Obliquos nueuos, pensiles jardines,   *S1,720*
En *obliquos* si engaños,   *S2,912*

Obras   1
Obras ambas de artifice prolixo,   *P,458*

Obscura   1
Fingieron dia en la tiniebla *obscura*)   *S1,683*

Obscuras   1
De las *obscuras* aguas de el Leteo,   *P,58*

Obscuro   2
Caliginoso lecho el seno *obscuro*   *P,37*
De el blanco lino, que de el bello *obscuro*.   *S1,967*

Obseruador   1
Barbaro *obseruador* (mas diligente)   *S2,407*

Obstinada   1
Doblaste alegre; i tu *obstinada* entena   *S1,451*

Ocasiones   1
Quan dulces te adjudicas *ocasiones*   *S2,658*

Occasion   1
I en tan noble *occasion* tal hospedage.   *S1,533*

Occaso   1
Haziendole atalaias de el *Occaso*   *S1,640*

Occèano   1
Vrna suya el *Occèano* profundo,   *S2,163*

Occéàno   1
Centauro ya espumoso el *Occéàno*,   *S2,10*

Occidente   4
Dulce *Occidente* viendo al sueño blando;   *P,190*
De'l vltimo *Occidente*,   *S1,311*
Besando las que al Sol el *Occidente*   *S1,416*
Lo que al Sol para el lobrego *Occidente*:   *S1,632*

Occulta   2
Sicilia en quanto *occulta*, en quanto offrece   *P,137*
A pesar pues de el agua que la *occulta*,   *S2,196*

Occulto   1
En la rustica greña iace *occulto*   *P,281*

Occupa   1
De el breue islote *occupa* su fortuna,   *S2,206*

Occupando   1
Verde poso *occupando*,   *S2,888*

Occupò   1

Orbe 2
De vn ojo illustra el *orbe* de su frente, *P,51*
Geometra prudente el *orbe* mida *S2,381*

Orcas 1
Conducir *orcas*, alistar Vallenas, *S1,436*

Orça 1
La *orça* contenia *S1,327*

Orden 2
Vuela sin *orden*, pende sin asseo: *P,60*
Su *orden* de la vista, i de'l oido *S2,718*

Ordena 1
Al viejo sigue, que prudente *ordena* *S2,244*

Oreja 2
Pender en oro al nacar de su *oreja*. *P,112*
No excedia la *oreja* *S1,329*

Orejas 3
Sorda hija de el mar, cuias *orejas* *P,377*
Tantas *orejas*, quantas guijas laua *S1,560*
Sereno dissimula mas *orejas*, *S2,175*

Organos 1
Al viento quexas. *Organos* de pluma *S2,523*

Orgullo 1
Su *orgullo* pierde, i su memoria esconde. *S1,211*

Orientales 1
Orientales aldauas, Hymeneo. *S1,708*

Oriènte 1
Por las vocas de el Nilo el *Oriènte*. *P,436*

Original 1
Contagio *original* quiçà de aquella, *S2,87*

Orilla 3
En cuia *orilla* el viento hereda ahora *S1,954*
No solo dirigio á la opuesta *orilla*, *S2,50*
Que mis huessos vinculan, en su *orilla* *S2,547*

Orillas 2
Orladas sus *orillas* de frutales, *S1,202*
Que exemplos de dolor à estas *orillas*. *S2,387*

Orizonte 1
De vna desigualdad de'l *Orizonte*, *S2,692*

Orizontes 2
Seras a vn tiempo en estos *Orizontes* *P,463*
No bien pues de su luz los *orizontes*, *S1,42*

Orladas 1
Orladas sus orillas de frutales, *S1,202*

Orlado 1
A un pedernal *orlado* de Narcisos. *S1,579*

Orlas 1
Las *orlas* inquièta, *S2,842*

Oro 21
Tascando haga el freno de *oro* cano *P,13*
Pender en *oro* al nacar de su oreja. *P,112*
Pues si en la vna granos de *oro* llueue, *P,147*
De quantos siegan *oro*, esquilan nieue, *P,149*
Quando niega la luz vn carro de *oro*, *P,371*
I en ruecas de *oro* raios de el Sol hilan. *P,400*
I de coral barbado, no de *oro* *S1,295*
En celdas de *oro* liquido, en panales *S1,326*
Mordiendo *oro*, el ecliptico saphiro *S1,711*
Quantos engasta el *oro* de el cabello: *S1,787*
Que azules ojos con pestañas de *oro* *S1,807*
Oro le expriman liquido à Minerua, *S1,827*
Ni á la pluuia luciente de *oro* fino, *S1,842*
Les siruieron; i en *oro* no luciente, *S1,867*
(Sus espaldas raiando el sutil *oro* *S1,886*
Oro trillado, i nectar exprimido. *S1,908*
En dulce se desaten liquido *oro*. *S1,925*
Reina la aueja, *oro* brillando vago, *S2,294*
Zeloso Alcaide de sus trenças de *oro*, *S2,451*
El *oro* que súaue le enfrenaua: *S2,817*
Al *oro* intúitiuo inuidíàdo *S2,896*

Os 8
Referidlo, Pièrides, *os* ruego. *P,360*

Quanto estambre vital Cloto *os* traslada *S1,899*
Fecundo *os* rinda (en desiguales dias) *S1,906*
Corderillos *os* brote la ribera, *S1,913*
I Primaueras tantas *os* desfloren, *S1,921*
Tranquilidad *os* halle labradora, *S1,940*
Iubilando la red en los que *os* restan *S2,369*
Y el mar que *os* la diuide quanto cuestan *S2,375*

Osadia 1
Las alas sepultar de mi *osadia* *S2,149*

Ossas 1
I las *Ossas* dos bellas, *S2,615*

Osso 1
De'l *osso*, que aun besaua atrauesado *SD,20*

Ostenta 4
Gallardo el jouen la persona *ostenta*; *P,298*
Sobre dos hombros larga vara *ostenta* *S1,315*
Beldad parlera, gracia muda *ostenta*; *S1,726*
Concha, si mucha no, capaz *ostenta* *S2,197*

Ostentacion 1
Ostentacion gloriosa, alto tropheo *P,238*

Ostentando 1
De Scila, que *ostentando* en nuestra playa, *P,446*

Ostente 1
Ostente crespas, blancas esculpturas *S1,858*

Ostion 1
Sin valelle al lasciuo *ostion* el justo *S2,83*

Otoño 1
Que el tardo *Otoño* dexa al blando seno *P,75*

Otra 19
Son vna, i *otra* luminosa estrella *P,101*
Copos nieua en la *otra* mill de lana: *P,148*
En sangre de vna lo que la *otra* pace: *P,174*
Vna, i *otra* lasciua, si ligera *P,318*
La vna reparada, la *otra* enjuta *P,451*
Otra con ella montaraz zagala *S1,243*
De el verde margen *otra* las mejores *S1,247*
Ingenìòsa hiere *otra*, que dudo, *S1,252*
Altera otras bailando la floresta. *S1,258*
Vna i *otra* de Alcides llaue cierra. *S1,402*
Cisnes pues una i *otra* pluma, en esta *S1,939*
Que de vna i de *otra* meta glorìòsa *S1,1058*
Al son de *otra* çampoña, que conduce *S1,1078*
No pues de *otra* manera *S2,22*
Salio improuisa de vna, i de *otra* plaia *S2,47*
O mar, quien *otra* vez las ha fiado *S2,121*
De las redes la *otra*, i su exercicio *S2,203*
Entre vna, i *otra* lamina, salida *S2,486*
A la vna luciente i *otra* fiera, *S2,620*

Otras 3
Registra en *otras* puertas el venado *P,425*
Candados hizo de *otras* nueuas grutas, *S1,448*
De Arachnes, *otras*, la arrogancia vana *S1,838*

Otro 23
Que vn dia era baston, i *otro* cayado. *P,56*
Vn ruiseñor à *otro*; i dulcemente *P,182*
No a Satyro lasciuo, ni a *otro* feo *P,234*
Bebelo Galathea; i da *otro* passo *P,287*
Qual *otro* no uió Phebo mas robusto *P,407*
Que al vno menosprecia, al *otro* iguala: *S1,246*
Al Phrigio muro el *otro* leño Griego. *S1,378*
Conculcado hasta alli de *otro* ninguno, *S1,415*
De vn Oceano, i *otro*, siempre vno, *S1,474*
Los consignados premios *otro* dia, *S1,563*
Que impide Amor que aun *otro* chopo lea. *S1,700*
Quantas (de el vno ia, i de el *otro* cuello *S1,788*
Vuestros corchos por uno, i *otro* poro *S1,924*
Yedra el uno es tenaz de el *otro* muro: *S1,972*
Passos *otro* dio al aire, al suelo cozes: *S1,1023*
Que en el vno cedi, i el *otro* hermano *S2,390*
Ni al *otro* cuio nombre *S2,457*
Que velera vn Neptuno, i *otro* surca, *S2,565*
Los dos reduce al vno y *otro* leño, *S2,675*
Relincho, i *otro* saludò sus rayos. *S2,731*

Vn grillo, i *otro* enmudecio en su pluma. *S2,874*
Vn cossario intentò, i *otro* bolante, *S2,960*
Vno i *otro* rapaz digo milano *S2,961*

Otros 6
Perdidos vnos, *otros* inspirados. *SD,4*
I de *otros*, aunque barbaros, sonoros *S1,751*
Mudos coronen, *otros*, por su turno *S1,801*
De el Rei corona de los *otros* rios; *S1,953*
Premio los honrra igual, i de *otros* quatro *S1,978*
Otros de escamas faciles armados *S2,103*

Oualo 1
En la mitad de vn *oualo* de plata, *S2,520*

Oualos 1
Bruñidos eran *oualos* de plata. *S2,705*

Ouas 2
De blancas *ouas*, i de espuma verde *S2,25*
Cespedes, de las *ouas* mal atados. *S2,970*

Ouejas 1
Blancas *ouejas* suias hagan cano, *S1,825*

Oy 2
Aluergue *oy* por tu causa al peregrino, *P,431*
Que haze *oy* á Narciso *S1,115*

Oya 1
No *oya* al piloto, ó le responda fiero: *S2,174*

Oyó 1
La Nimpha los *oyó*, i ser mas quisiera *P,349*

Pace 1
En sangre de vna lo que la otra *pace*: *P,174*

Pacen 1
Que *pacen* campos, que penetran senos; *S2,950*

Paces 1
Paces no al sueño, treguas si al reposo: *P,308*

Pacificas 1
Pacificas banderas. *S1,280*

Padre 5
Al *padre* de las aguas Oceàno *S1,405*
Padre de la que en si bella se esconde: *S1,724*
De el *Padre* de las aguas coronado *S2,24*
El *padre* de los dos, emulo cano *S2,209*
Hijo de'l bosque, i *padre* de mi vida, *S2,550*

Padrino 1
El *padrino* con tres de limpio azero *S1,1075*

Paga 2
Luciente *paga* de la mejor fruta *P,453*
En tumulos de espuma *paga* breue. *S2,406*

Pagizo 1
Al que *pagizo* aluergue los aguarda. *S1,851*

Paja 1
La rubia *paja*; i palida tutora *P,79*

Palabras 1
Sin ambicion, sin pompa de *palabras*, *S1,91*

Palacios 1
De Réáles *Palacios*, cuya arena *S1,126*

Palas 2
Con las *palas* segando, *S2,690*
Alterno impulso de valientes *palas* *S2,925*

Palemo 2
De el mas tierno coral ciñe *Palemo*, *P,122*
Tantos *Palemo* à su Licote bella *S2,587*

Pales 4
A *Pales* su viciosa cumbre deue *P,145*
Templo de *Pales*, alqueria de Flora. *S1,96*
Ven Hymeneo, i tantas le dè á *Pales*, *S1,832*
Glauco en las aguas, en las yerbas *Pales*. *S2,958*

Palestra 2
Olympica *palestra* *S1,961*
Poca *palestra* la region vacia *S2,902*

Palida 1
La rubia paja; i *palida* tutora *P,79*

Palido 1

No solo, no de'l paxaro *pendiente* *S2,858*

Pendientes 4

Qual dellos las *pendientes* summas graues *S1,291*
Y aquellas que *pendientes* de las rocas *S2,309*
De'l luminoso tiro, las *pendientes* *S2,679*
**De'stos *pendientes* agradables casos *S2,937*

Peneida 1

De la *Peneida* virgen desdeñosa *S1,1054*

Penetra 1

Penetra pues sus inconstantes senos, *S2,869*

Penetrador 1

Lince *penetrador* de lo que piensa, *P,293*

Penetran 1

Que pacen campos, que *penetran* senos; *S2,950*

Penetraron 1

Que el muro *penetraron* de las yedras. *P,472*

Penetraste 1

La aromatica selua *penetraste*, *S1,461*

Pensamiento 3

Viuora pisa tal el *pensamiento*, *S1,747*
Coxèa el *pensamiento*: *S1,1046*
Audaz mi *pensamiento* *S2,137*

Pensiles 1

Obliquos nueuos, *pensiles* jardines, *S1,720*

Peña 4

La cauerna profunda, que á la *peña*: *P,36*
Lo concauo hacia de vna *peña* *P,309*
Vrna de Aquario la imitada *peña* *S2,226*
Las peñas envistio *peña* escamada *S2,443*

Peñas 4

(Emulos viuidores de las *peñas*) *SD,18*
Que aun se dexan las *peñas* *S1,32*
Las sombras solicita de unas *peñas*. *S1,359*
Las *peñas* envistio peña escamada *S2,443*

Peñasco 2

Que vn siluo junta, i vn *peñasco* sella. *P,48*
Concurren todas, i el *peñasco* duro *P,495*

Peñascos 1

Que aun los *peñascos* la escuchàran quedos. *S1,253*

Pequeña 2

La sombra aun de lisonja tan *pequeña*. *S1,334*
Sin dexar nì aun *pequeña* *S1,1018*

Pequeño 4

Este de cortesia no *pequeño* *P,230*
Breue tabla delphin no fue *pequeño* *S1,18*
Verde muro de aquel lugar *pequeño*, *S1,523*
De el canoro escogio baxel *pequeño*. *S2,60*

Pequeños 2

Pequeños no vazìos *S1,955*
Los juncos mas *pequeños*, *S2,861*

Pera 1

La *pera*, de quien fue cuna dorada *P,78*

Perderse 1

Que pudo bien Acteon *perderse* en ellos. *S1,490*

Perdian 1

Mientras *perdian* con ella *S1,148*

Perdida 1

O clima proprio planta mia *perdida*, *S2,131*

Perdidos 1

Perdidos vnos, otros inspirados. *SD,4*

Perdió 1

Do hallò reparo, si *perdió* camino. *P,432*

Perdona 7

A sus campañas Ceres no *perdona*: *P,142*
Sentado, a la alta palma no *perdona* *P,409*
Quando á la choça pastoral *perdona* *S1,937*
No *perdona* al azero que la engasta, *S2,495*
Si te *perdona* el fuego, *S2,546*
Mientras *perdona* tu rigor al sueño. *S2,676*
Que timido *perdona* á sus cristales *S2,843*

Perdonado 1

Perdonado algo mas que Polyphemo *P,126*

Perdonados 1

Aquellos *perdonados*, *S2,952*

Perdonando 1

Anchora de'l batel fue, *perdonando* *S2,707*

Perdonàra 1

El cisne *perdonàra*, luminoso:) *S2,805*

Perdonò 2

No *perdonò* a razimo, aun en la frente *S1,155*
En quanto á su furor *perdonò* el viento. *S1,349*

Pereçosamente 1

El remo *pereçosamente* raya, *S2,942*

Pereçosas 1

Graue de *pereçosas* plumas globo, *S2,791*

Pereçoso 1

De'l carro, *pereçoso* honor de'l cielo: *S2,617*

Peregrina 1

Tu, aue *peregrina*, *S1,309*

Peregrino 12

Aluergue oy por tu causa al *peregrino*, *P,431*
PASOS de vn *peregrino* son errante *SD,1*
Al inconsiderado *peregrino*, *S1,19*
Agradecido pues el *peregrino* *S1,182*
Consolle pudiera el *peregrino* *S1,507*
Descubrio la Alua á nuestro *peregrino* *S2,29*
El *peregrino* pues, haziendo en tanto *S2,112*
Estimando seguia el *peregrino* *S2,314*
O quanta al *peregrino* el Ameveo *S2,626*
Al *peregrino* por tu causa vemos *S2,665*
Que al *peregrino* sus ocultos senos *S2,699*
Las caladas registra el *peregrino*, *S2,859*

Perezosa 1

Cuya forma tortuga es *perezosa*. *S2,192*

Perezosas 1

De *perezosas* plumas. Quien de graues *S1,991*

Perezoso 4

Vn temor *perezoso* por sus venas, *P,222*
Dél *perezoso* Bolga al Indo adusto. *P,408*
De'l *perezoso* arroio el paso lento, *S1,542*
Este con *perezoso* mouimiento *S2,62*

Perfectos 1

Bien que haziendo circulos *perfectos*: *S2,502*

Perla 1

De su frente la *perla* es Erithrea *P,109*

Perlas 5

Sin concebir rocío parir *perlas*. *P,376*
Cuyos purpureos senos *perlas* netas, *S1,458*
I las *perlas* exceda de'l rocio *S1,915*
De *perlas* cada hora. *S2,68*
Las no liquidas *perlas*, que al momento *S2,232*

Permite 1

De su caduco natural, *permite* *S2,284*

Permitio 1

Permitio solamente *S2,43*

Pero 8

En breue corcho, *pero* bien labrado, *P,205*
Pero las plantas leues *S1,1050*
Caduco aljofar, *pero* aljofar bello. *S2,72*
Siempre murada, *pero* siempre abierta. *S2,80*
Tosco le à encordonado, *pero* bello. *S2,266*
Duro alimento, *pero* sueño blando. *S2,342*
Metros inciertos si *pero* súaues *S2,356*
Vezina luego, *pero* siempre incierta. *S2,712*

Perros 1

Quando torrente de armas, i de *perros*, *S1,223*

Perseguida 1

Libertad de Fortuna *perseguida*; *SD,34*

Persona 5

Gallardo el jouen la *persona* ostenta; *P,298*
En pie, sombra capaz es mi *persona* *P,411*

La playa azul de la *persona* mia. *P,420*
De su *persona* fue, de su hazienda, *P,450*
En sangre claro, i en *persona* Augusto, *S2,809*

Personas 1

Las *personas* tras de vn lobo traìa) *S1,225*

Peruana 1

Haze de Augusta Coia *Peruana*, *S2,66*

Pesadumbre 2

De ponderosa vana *pesadumbre* *S1,169*
Y milano vencio con *pesadumbre*) *S2,399*

Pesar 13

A *pesar* luego de las ramas, viendo *P,269*
(Aun à *pesar* de las tinieblas bella, *S1,71*
aun à *pesar* de las estrellas clara) *S1,72*
A *pesar* luego de aspides volantes, *S1,419*
Que á *pesar* de esos frexnos se diuisa: *S1,524*
En que á *pesar* de'l Sol quajada nieue, *S1,626*
A *pesar* de el estambre, i de la seda, *S1,715*
Que agil, á *pesar* de lo robusto, *S1,1006*
A *pesar* pues de el agua que la occulta, *S2,196*
Neuo el Mayo à *pesar* de los seis chopos. *S2,336*
(A *pesar* de mi edad) no en la alta cumbre *S2,396*
(A *pesar* de los vientos) mis cadenas. *S2,569*
(A *pesar* de sus pinos eminente) *S2,855*

Pesares 1

Cuia memoria es bueytre de *pesares*. *S1,502*

Pescador 2

Gracias el *pescador* á la Diuina *S2,362*
El *pescador* anciano) *S2,389*

Pescadores 4

Dos pobres se aparecen *pescadores*, *S2,35*
Liberalmente de los *pescadores* *S2,81*
De *pescadores* dos, de dos amantes *S2,517*
De sus barcas Amor los *pescadores* *S2,650*

Pescados 2

Dio la ria *pescados*, *S2,104*
La comida prolixa de *pescados* *S2,246*

Pescar 1

I *pescar* a Diana en dos barquillas: *S2,420*

Peso 2

I al graue *peso* junco tan delgado, *P,55*
Icaro montañes, su mismo *peso*; *S1,1009*

Pesqueria 2

A cada conjuncion su *pesqueria*, *S2,409*
Y à cada *pesqueria* su instrumento *S2,410*

Pestañas 1

Que azules ojos con *pestañas* de oro *S1,807*

Petulante 1

Satyro de la aguas, *petulante* *S2,461*

Pez 1

De las ondas al *pez* con buelo mudo *S2,484*

Phaeton 2

De nocturno *Phaeton* carroça ardiente, *S1,655*
Hermana de *Phaeton*, verde el cabello, *S2,263*

Phalanges 1

Sufrir muros le vió, romper *Phalanges*. *P,456*

Pharo 1

De el *Pharo* odioso, al Promontorio extremo: *P,124*

Phebeo 1

De el carro pues *Phebeo* *S1,709*

Phebo 3

Qual otro no uió *Phebo* mas robusto *P,407*
Aun mas que à los de *Phebo* su corona, *S1,936*
Sus muchos años *Phebo*, *S2,775*

Phenix 1

Qual nueua *Phenix* en flammantes plumas, *S1,948*

Philódoces 1

(De *Philódoces* emula valiente, *S2,448*

Phoca 2

Al hierro sigue que en la *Phoca* huye, *S2,432*
Cuya hasta breue dessangrò la *Phoca*) *S2,449*

Que le expuso en la *playa*, dio á la roca;   *S1,31*
Proxima arena de esa oppuesta *playa*,   *S2,372*

Plebeyo   1
De la isla *plebeyo* enxambre leue.   *S2,301*

Plomo   3
De el *plomo* fulminante.   *S2,282*
Vn *plomo* fiò graue à un corcho leue,   *S2,467*
De'l suspendido *plomo*,   *S2,479*

Plomos   1
Sus *plomos* graues, i sus corchos leues.   *S2,53*

Pluma   15
El generoso paxaro su *pluma*,   *P,10*
Lucientes ojos de su blanca *pluma*,   *P,102*
(Esquilas dulces de sonora *pluma*)   *S1,177*
Pintadas aues, Citharas de *pluma*   *S1,556*
Cisnes pues una i otra *pluma*, en esta   *S1,939*
Su vago pie de *pluma*   *S1,1031*
A batallas de amor campo de *pluma*.   *S1,1091*
En los dos gyros de inuisible *pluma*,   *S2,183*
Aladas Musas, que de *pluma* leue   *S2,354*
Al viento quexas. Organos de *pluma*   *S2,523*
El Nebli, que relampago su *pluma*,   *S2,745*
Q<u>e en vano podra *pluma*   *S2,847*
Vn grillo, i otro enmudecio en su *pluma*.   *S2,874*
Infamò la verdura con su *pluma*,   *S2,885*
Voz que es trompeta, *pluma* que es muralla.   *S2,965*

Plumas   23
De la que aun no le oiò, i calzada *plumas*   *P,127*
Grillos de nieue fue, *plumas* de ielo.   *P,224*
Rayo con *plumas*, al milano pollo,   *P,263*
Blanca, mas que las *plumas* de aquel aue,   *P,363*
De secos juncos, de calientes *plumas*   *S1,25*
La esphera de sus *plumas*,   *S1,131*
Rompieron los que armò de *plumas* ciento   *S1,423*
Las *plumas* de su buelo.   *S1,611*
Negras *plumas* vistio, que infelizmente   *S1,739*
Ven, Hymeneo, i *plumas* no vulgares   *S1,793*
Sus *plumas* son, conduzgan alta Diosa,   *S1,808*
Qual nueua Phenix en flammantes *plumas*,   *S1,948*
De perezosas *plumas*. Quien de graues   *S1,991*
De las *plumas* que baten mas súaues   *S1,1086*
El Cenith escalò, *plumas* vestido,   *S2,138*
De sus vestidas *plumas*   *S2,141*
Neuada inuidia sus neuadas *plumas*.   *S2,262*
Buela rapaz, i (*plumas* dando a quexas)   *S2,674*
I al de *plumas* vestido Mexicano,   *S2,780*
Sus pardas *plumas* el Açor Britano,   *S2,786*
Graue de pereçosas *plumas* globo,   *S2,791*
Mas tardò el desplegar sus *plumas* graues   *S2,891*
De las maternas *plumas* abrigados   *S2,955*

Pluuia   2
Ni á la *pluuia* luciente de oro fino,   *S1,842*
Salteò al labrador *pluuia* improuisa   *S2,223*

Pobos   1
Hazìa bien de *pobos*, bien de alisos   *S1,575*

Pobre   9
De las hondas; si en vez de'l pastor *pobre*,   *P,167*
Rico de quanto el huerto offrece *pobre*,   *P,199*
Tu fabrica son *pobre*   *S1,102*
Al bienauenturado aluergue *pobre*,   *S2,108*
Dos son las choças, *pobre* su artificio,   *S2,200*
De'l *pobre* aluergue á la barquilla pobre   *S2,380*
De'l pobre aluergue á la barquilla *pobre*   *S2,380*
(*Pobre* ia cuna de mi edad primera)   *S2,543*
Pobre choça de redes impedida   *S2,672*

Pobres   2
Dos *pobres* se aparecen pescadores,   *S2,35*
Corcho, i moradas *pobres* sus vacìos   *S2,299*

Poca   10
Breue flor, ierba humilde, i tierra *poca*,   *P,350*
Vrna es mucha, pyramide no *poca*.   *P,492*
Aquella parte *poca*,   *S1,30*
Luz *poca* parecio, tanta es vezina   *S1,87*
I con virtud no *poca*   *S1,386*

No *poca* tierra esconda: *S2,162*
De cuios dulces numeros no *poca*   *S2,181*
Luciente nacar te siruio no *poca*   *S2,446*
Mucho theatro hizo *poca* arena.   *S2,771*
Poca palestra la region vacia   *S2,902*

Pocas   6
El bosque diuidido en islas *pocas*,   *S1,491*
Que en letras *pocas* lean muchos años.   *S1,943*
Que al vno en dulces quexas, i no *pocas*,   *S2,40*
Mucho Oceàno, i *pocas* aguas prenden,   *S2,75*
Iguales, aunque *pocas*,   *S2,305*
Tarde, o nunca, pisaron cabras *pocas*,   *S2,398*

Poco   9
De la copia á la tierra *poco* auara   *P,157*
Si mucho *poco* mappa les despliega,   *S1,194*
I mucha sal no solo en *poco* vaso,   *S2,4*
No agrauan *poco* el negligente robre,   *S2,106*
En tabla redimidos *poco* fuerte   *S2,126*
La vista saltearon *poco* menos   *S2,230*
O *poco* rato enjuta   *S2,371*
Poco á lo fuerte, i à lo bello nada   *S2,708*
Descendio fulminada en *poco* humo,   *S2,916*

Pocos   3
Distante *pocos* passos de'l camino,   *S1,185*
A *pocos* passos le admirò no menos   *S2,275*
De muchos *pocos* numeroso dueño,   *S2,316*

Podia   2
Quando el que ministrar *podia* la copa   *S1,7*
La dulce confusion hazer *podia*,   *S1,485*

Podra   2
La fuga suspender *podra* ligera,   *P,134*
Q<u>e en vano *podra* pluma   *S2,847*

Podria   1
Virgen tan bella, que hazer *podria*   *S1,783*

Poliphemo   1
A *POLIPHEMO* (horror de aquella sierra)   *P,43*

Politica   2
Politica alameda,   *S1,522*
Ruda en esto *politica* agregados   *S2,946*

Politico   2
Politico serrano,   *S1,364*
Politico rapaz! cuia prudente   *S2,654*

Pollo   3
Rayo con plumas, al milano *pollo*,   *P,263*
Pollo, si alado no, lince sin vista,   *S2,653*
El primer bello le concediò *pollo*,   *S2,856*

Pollos   2
Sus *pollos* este al mar conduze nueuos,   *S2,259*
Pollos si de las propias no vestidos,   *S2,954*

Polo   3
Estrella á nuestro *polo* mas vezina: *S1,385*
Segundos leños dio á segundo *Polo*   *S1,430*
Que en desatarse al *polo* ia vezina   *S2,893*

Polos   1
De los volubles *polos* ciudadanos,   *S2,660*

Poluo   3
Poluo el cabello, humidas centellas,   *P,187*
I el cielo con el *poluo*. Enxugò el viejo   *S1,513*
No el *poluo* desparece   *S1,1041*

Poluora   2
La *poluora* de el tiempo mas preciso;   *S1,118*
Luminosas de *poluora* saetas,   *S1,650*

Poluorosa   1
Lucha, ia á la carrera *poluorosa*.   *S1,565*

Polyphemo   3
Tal la musica es de *Polyphemo*.   *P,96*
Perdonado algo mas que *Polyphemo*   *P,126*
Polyphemo te llama: No te escondas,   *P,405*

Pomo   1
Dorado *pomo* a su veloz carrera.   *P,132*

Pomona   2
Copa es de Baccho, huerto de *Pomona*:   *P,138*

Mora, y *Pomona* se venera culta.   *S2,199*

Pomos   2
Fugitiuo cristal, *pomos* de nieue.   *P,328*
Dulces *pomos*, que al curso de Atalanta   *S1,863*

Pompa   9
Pompa de el marinero niño alado,   *P,115*
Igual en *pompa* al paxaro, que graue   *P,365*
Sin ambicion, sin *pompa* de palabras,   *S1,91*
De su frondosa *pompa* al verde aliso   *S1,692*
Ella, la misma *pompa* de las flores,   *S1,759*
Que arrollò su espolon con *pompa* vana   *S2,71*
Pompa el salmon de las Réàles mesas,   *S2,98*
Verde era pompa de vn vallete oculto,   *S2,287*
De *Pompa* tan ligera.   *S2,798*

Pondera   1
Su agilidad *pondera*. Quien sus neruios   *S1,993*

Ponderador   1
Ponderador saluda affectúoso   *S2,239*

Ponderosa   1
De *ponderosa* vana pesadumbre   *S1,169*

Ponen   1
En duda *ponen* qual maior hazìa,   *S1,538*

Pongan   1
O filos ponga<n> de homicida hierro   *S2,159*

Ponian   1
Ponian de chrysolitos lucientes   *S2,680*

Ponto   1
Que á las de el *Ponto* timido atribuie;   *S1,600*

Ponzoña   1
Por apurarle la *ponzoña* al vasso.   *P,288*

Popa   1
Con nuestro forastero, que la *popa*   *S2,59*

Populosa   1
Que la montaña hizo *populosa*   *S1,264*

Populoso   1
Pisar queria, quando el *populoso*   *S1,712*

Porfidos   2
Mientras cenando en *porfidos* lucientes   *S2,358*
Iaspes calçada, i *porfidos* vestida.   *S2,671*

Poro   1
Vuestros corchos por uno, i otro *poro*   *S1,924*

Porque   3
Porque á la par de los escollos viue,   *S2,211*
Porque en el mar preside comarcano   *S2,212*
A los corteses juncos (*porque* el viento   *S2,233*

Poso   1
Verde *poso* occupando,   *S2,888*

Postrimera   1
La *postrimera* hora;   *S1,941*

Prado   2
El aspid de el intonso *prado* ameno,   *P,282*
Montañesas da el *prado*, que dirias   *S1,260*

Precedente   2
Con mas felicidad que el *precedente*   *S1,1020*
O el insulto accusaua *precedente*,   *S2,876*

Precîòsamente   1
Que al *precîòsamente* Inca desnudo,   *S2,779*

Precioso   1
Oi te guardan su mas *precioso* engaste.   *S1,460*

Precipita   3
Que al jouen sobre quien la *precipita*   *P,491*
Lo graue tanto, que le *precipita*,   *S1,1008*
De su roca natal se *precipita*:   *S2,3*

Precipitados   1
(Que si *precipitados* no los cerros,   *S1,224*

Precisa   2
Que a la *precisa* fuga, al presto vuelo,   *P,223*
I no te fuerça obligacion *precisa*,   *S1,519*

Preciso   1
La poluora de el tiempo mas *preciso*;   *S1,118*

Su boca diò, i sus ojos quanto *pudo* P,191
I al garçon viendo, quantas mouer *pudo* P,485
(Que beuerse no *pudo* el Sol ardiente S1,362
Que *pudo* bien Acteon perderse en ellos. S1,490
Mal *pudo* el estrangero agradecido S1,531
El que resistir *pudo* S1,695
Apenas arquear las cejas *pudo*, S1,1000

Pueblo 1
Al *pueblo* llegan con la luz, que el dia S1,645

Pueblos 1
Que vezinos sus *pueblos*, de presentes S1,621

Puede 3
Que si la mia *puede* offrecer tanto, P,22
Cuyo bello contacto *puede* hacerlas P,375
El que menos peinar *puede* las flores S1,301

Puedo 1
I en los cielos desde esta roca *puedo* P,415

Puente 2
Vinculo desatado, instable *puente*. S2,48
Leuadiça offrecio *puente* no leue S2,715

Puerta 1
Llaue de la alta *puerta* S2,713

Puertas 1
Registra en otras *puertas* el venado P,425

Puerto 1
Golfo de sombras annunciando el *puerto*. S1,61

Pues 46
De este *pues* formidable de la tierra P,41
Pues si en la vna granos de oro llueue, P,147
La Nympha *pues* la sonorosa plata P,217
De'l Oceano *pues* antes sorbido, S1,22
No bien *pues* de su luz los orizontes, S1,42
Llegò *pues* el mancebo, i saludado S1,90
No *pues* de aquella sierra engendradora S1,136
Agradecido *pues* el peregrino S1,182
Al son *pues* deste rudo S1,254
El arco de'l camino *pues* torcido, S1,335
En esta *pues* fiandose attractiua S1,393
Tu, cudicia, tu *pues*, de las profundas S1,443
Esta *pues* naue ahora S1,477
Este *pues* centro era S1,580
Passaron todos *pues*, i regulados, S1,602
Viendo *pues* que igualmente les quedaua S1,630
Los fuegos *pues* el jouen solemniza, S1,652
Estos arboles *pues* vee la mañana S1,701
De el carro *pues* Phebeo S1,709
Este *pues* Sol, que á olvido le condena, S1,737
Llegaron todos *pues*, i con gallarda S1,852
Cisnes *pues* una i otra pluma, en esta S1,939
Abraçaronse *pues* los dos, i luego S1,968
Besò la raia *pues* el pie desnudo S1,995
En tanto *pues* que el pallio neutro pende, S1,1065
Muros desmantelando *pues* de arena S2,9
No *pues* de otra manera S2,22
El peregrino *pues*, haziendo en tanto S2,112
Esta *pues* culpa mia S2,144
Liquido *pues* diamante S2,167
Espongìoso *pues* se bebio, i mudo S2,179
A pesar *pues* de el agua que la occulta, S2,196
De cortezas: En esta *pues* Carthago S2,293
Ella *pues* sierpe, i sierpe al fin pisada, S2,320
Sentados *pues* sin ceremonias, ellas S2,346
Comieron *pues*, i rudamente dadas S2,361
Sorda à mis vozes *pues*, ciega à mi llanto, S2,465
Onda, pues, sobre onda leuantada, S2,488
Escojò *pues* de quatro, o cinco abetos S2,503
Inficionando *pues* súauemente S2,527
Que el tiempo buela: Goza *pues* ahora S2,601
Dexaron *pues* las açotadas rocas, S2,686
Entre el confuso *pues* zeloso estruendo S2,735
Esta emulacion *pues* de quanto buela S2,795
Ocioso *pues*, o de su fin pressago S2,837
Penetra *pues* sus inconstantes senos, S2,869

Puesto 1

Puesto en tiempo corona, si no escala S2,849

Pula 1
Templado *pula* en la maestra mano P,9

Pulsado 1
De canoro instrumento, que *pulsado* S1,239

Pululante 1
El *pululante* ramo S1,330

Punta 1
La maior *punta* de la excelsa roca; P,490

Puntas 1
Sus *puntas* desiguales, S2,846

Puro 5
Menos luz deue, menos aire *puro* P,35
La sangre, que exprimió, cristal fue *puro*. P,496
Que mucho, si el candor bebiò ia *puro* S2,631
Marmol al fin tan por lo Pario *puro*, S2,698
Tyranno el Sacre de lo menos *puro* S2,931

Puros 1
O el xugo beua de los aires *puros*, S2,295

Purpura 7
O *purpura* neuada, o nieue roja: P,108
Purpura Tyria, o Milanes brocado. S1,166
Ciñe, sino de *purpura* turbante: S1,296
Vn color, que la *purpura* que cela S1,730
Si *purpura* la rosa, el lilio nieue. S2,221
De la *purpura* viendo de sus venas, S2,429
Cuyo pie Tyria *purpura* colora. S2,790

Purpurea 2
Purpurea terneruela, conducida S1,287
Cerulea ahora, ia *purpurea* guia S1,1071

Purpuréàr 1
Purpuréàr la nieue: SD,15

Purpureas 3
O Excelso CONDE, en las *purpureas* horas P,3
Purpureas rosas sobre GALATHEA P,105
Si de *purpureas* conchas no histriádas, S2,383

Purpureo 3
Purpureo son tropheo. S1,791
De'l liuor aun *purpureo* de las Phocas: S2,688
Purpureo caracol emulo bruto S2,879

Purpureos 4
Purpureos troncos de corales ciento, P,380
Purpureos hilos es de grana fina. S1,162
Cuyos *purpureos* senos perlas netas, S1,458
Purpureos no cometas. S1,651

Puso 2
En blanca mimbre se lo *puso* al lado, P,203
Con que se *puso* termino á la lucha. S1,980

Pyra 1
Pyra le erige, i le construie nido. S1,465

Pyramide 1
Vrna es mucha, *pyramide* no poca. P,492

Pyraterias 1
O quantas cometer *pyraterias* S2,959

Pyrineo 2
Que adusto hijo de este *Pyrineo* P,62
De'l *Pyrineo* la ceniza verde, S2,759

Quadrado 1
Cubriò el *quadrado* pino, S1,144

Quajada 1
En que à pesar de'l Sol *quajada* nieue, S1,626

Qual 24
Duda el Amor *qual* mas su color sea, P,107
Mas *qual* diente mortal, qual metal fino P,133
Mas qual diente mortal, *qual* metal fino P,133
De tardos bueyes, *qual* su dueño, errantes; P,164
Qual otro no uiò Phebo mas robusto P,407
Neutra el agua dudaba a *qual* fee preste, P,423
Qual, haziendo el villano S1,68
Qual dellos las pendientes summas graues S1,291
Qual tigre, la mas fiera, S1,366

Que *qual* abraça iedra S1,380
Qual prouidas hormigas á sus miesses) S1,510
En duda ponen *qual* maior hazia, S1,538
Qual simples codornices al reclamo, S1,587
La fresca yerba *qual* la arena ardiente S1,597
Qual en los Equinoccios surcar vemos S1,603
Qual de aues se calò turba canora. S1,633
Qual de el rizado verde boton, donde S1,727
Que *qual* la Arabia, madre vee de aromas S1,922
Qual nueua Phenix en flammantes plumas, S1,948
Qual duros olmos de implicantes vides, S1,971
Qual pinos se leuantan arraigados S1,976
Montañeses, *qual* suele de lo alto S1,988
Salen *qual* de torcidos S1,1038
Y *qual* mancebos texen anudados S2,332

Qualquier 2
Aluergue à *qualquier* hora, S1,95
Aluergue à *qualquier* hora! S1,107

Quan 1
Quan dulces te adjudicas ocasiones S2,658

Quando 46
Quando no de el sacrilego desseo, P,30
Mal conducidos, *quando* no arrastrados P,163
Latiendo el can de'l cielo estaua, *quando*, P,186
A la de viento *quando* no sea cama, P,215
Quando, a los verdes margenes ingrata, P,219
Quando al clauel el jouen atreuido P,331
Quando de Amor el fiero jaian ciego P,341
Quando niega la luz vn carro de oro, P,371
Mi voz por dulce, *quando* no por mia. P,384
Quando en el cielo vn ojo se vèia. P,422
Quando entre globos de agua, entregar veo P,441
Quando la Fama no su trompa a'l viento. SD,37
Quando el que ministrar podia la copa S1,7
Quando entregado el misero estrangero S1,46
Interposicion, *quando* S1,66
Durmio, i recuerda al fin, *quando* las aues S1,176
Quando el que ves sayal fue limpio azero: S1,217
Quando torrente de armas, i de perros, S1,223
Culto principio dio al discurso; *quando* S1,236
Mudo sus ondas, *quando* no enfrenado: S1,242
Quando hallò de fugitiua plata S1,472
Quando en numero iguales, i en belleza S1,617
Quando á nuestros Antipodas la Aurora S1,636
Pisar queria, *quando* el populoso S1,712
Quando á la choça pastoral perdona S1,937
Llegò la desposada apenas, *quando* S1,963
Quando fuertes no Alcides, S1,974
El Sol, *quando* arrogante jouen llama S1,982
Que *quando* Ceres mas dora la tierra S1,1028
Los escollos el Sol raiaua, *quando* S2,33
Quando no de los campos de Neptuno: S2,99
Quando no le suceda, S2,155
(*Quando* mas escurecen las espumas) S2,261
Quando frondoso alcaçar no, de aquella, S2,288
O el sudor de los cielos, *quando* liba S2,296
Quando los suyos enfreno de un pino S2,317
Quando desatinada pide, o quando S2,438
Quando desatinada pide, o *quando* S2,438
Quando cerca de aquel peinado escollo S2,500
I aun el siguiente Sol no vimos, *quando* S2,507
Quando, de tus dos Soles S2,560
Al bayo, *quando* no esplendor houero S2,678
De'l edificio: *quando* S2,709
Timida liebre, *quando* S2,767
Quando la fulminada prision caia S2,802
Quando solicitada de'l rúido, S2,881

Quanta 5
Tantos jazmines, *quanta* ierba esconde P,179
De *quanta* surca el aire acompañada S1,950
O *quanta* al peregrino el Ameveo S2,626
Quanta la generosa cetreria S2,737
I con siniestra voz conuoca *quanta* S2,883

Quantas 19
De *quantas* honra el mar Deidades era; P,114

De *quantas* sedas ia hiló gusano, *P,315*
Quantas produce Papho, engendra Gnido, *P,333*
Quantas el celestial zaphiro estrellas. *P,367*
Quantas el blanco pie conchas platea, *P,374*
De *quantas* vomitó riqueças graue *P,435*
Cabras aqui le interrumpieron, *quantas* *P,466*
I al garçon viendo, *quantas* mouer pudo *P,485*
Tantas orejas, *quantas* guijas laua *S1,560*
De la Lybia: i à *quantas* dà la fuente *S1,598*
Trençandose el cabello verde à *quantas* *S1,661*
Quantas (de el vno ia, i de el otro cuello *S1,788*
Quantas á Pallas dulces prendas esta, *S1,833*
Quantas vozes le di! Quantas (en vano) *S2,453*
Quantas vozes le di! *Quantas* (en vano) *S2,453*
Quantas al mar espumas dan sus remos. *S2,664*
Quantas de'l Oceàno *S2,701*
O *quantas* cometer pyraterias *S2,959*
En *quantas* le densò nieblas su aliento, *S2,968*

Quanto 30
Ocio attento, silencio dulce, en *quanto* *P,18*
Quanto las cumbres asperas cabrio *P,46*
Cercado es, *quanto* mas capaz, mas lleno *P,73*
Que el desden solicìta? Ô *quanto* ierra *P,135*
Sicilia en *quanto* occulta, en *quanto* offrece *P,137*
Sicilia en *quanto* occulta, en quanto offrece *P,137*
Quanto aquel de racimos la corona. *P,140*
Su boca diò, i sus ojos *quanto* pudo *P,191*
Rico de *quanto* el huerto offrece pobre, *P,199*
I en *quanto* dà el solicito montero *SD,16*
Desnudo el jouen, *quanto* ya el vestido *S1,34*
Dorandole los pies, en *quanto* gyra *S1,130*
De Baccho *quanto* mas en su sarmiento: *S1,156*
Es *quanto* mas despierto, mas burlado. *S1,170*
En *quanto* á su furor perdonò el viento. *S1,349*
Que *quanto* en conocelle tardò Roma *S1,497*
En *quanto* el hurta blando *S1,543*
El dulce lecho conyugal, en *quanto* *S1,802*
Quanto estambre vital Cloto os traslada *S1,899*
Al exercicio piscatorio; *quanto* *S2,213*
Y el mar que os la diuide *quanto* cuestan *S2,375*
Quanto en vasos de abeto nueuo mundo *S2,404*
De escama, *quanto* mas de nombre) atunes *S2,416*
Que algunas vezes despedido, *quanto* *S2,468*
Lee *quanto* han impresso en tus arenas *S2,568*
Si bien jaian de *quanto* rapaz buela, *S2,755*
Esta emulacion pues de *quanto* buela *S2,795*
Por el pendiente caluo escollo; *quanto* *S2,825*
De *quanto* sus dos alas aquel dia *S2,839*
En *quanto* ojos de'l cielo. *S2,901*

Quantos 19
Rico de *quantos* la agua engendra bienes *P,123*
De *quantos* siegan oro, esquilan nieue, *P,149*
Quantos me dictò versos dulce Musa *SD,2*
De *quantos* pisan Faunos la montaña. *S1,189*
Quantos abre sepulchros el mar fiero *S1,445*
El menos agil *quantos* comarcanos *S1,566*
Quantos humèros quenta la aldehuela. *S1,641*
Quantos saluda raios el Bengala; *S1,667*
Quantos murò de liquidos cristales *S1,703*
Quantos engasta el oro de el cabello: *S1,787*
Quantos la sierra dio, quantos dio el llano *S1,854*
Quantos la sierra dio, *quantos* dio el llano *S1,854*
Ofrece ahora, *quantos* guardò el heno *S1,862*
La blanca espuma, *quantos* la tixera *S1,917*
Quantos les enseñò corteses modos *S2,57*
Diganlo *quantos* siglos ha que nada *S2,193*
Quantos pedernal duro *S2,584*
De *quantos* ciñen Libico turbante, *S2,763*
Quantos da la cansada turba passos, *S2,940*

Quatro 5
Que *quatro* vezes auia sido ciento *S1,470*
Quatro vezes en doze labradoras, *S1,889*
Premio los honrra igual, i de otros *quatro* *S1,978*
Tres, o *quatro* dessean para ciento *S2,310*
Escogiò pues de *quatro*, o cinco abetos *S2,503*

Quaxado 1
El celestial humor recien *quaxado*, *P,201*
Quedaua 1
Viendo pues que igualmente les *quedaua* *S1,630*
Quedese 1
Quedese amigo, en tan inciertos mares, *S1,499*
Quedò 3
Immobil se *quedò* sobre vn lentisco, *S1,192*
De'l alma se *quedò* la mejor prenda, *S1,501*
Texido en ellas se *quedò* burlado. *S2,95*
Quedos 1
Que aun los peñascos la escuchàran *quedos*. *S1,253*
Quel 3
Que'l viento repelò a alguna coscoja: *S1,175*
Que'l viento su caudal, el mar su hijo. *S1,506*
Mas el cansancio no, *que'l* mouimiento *S1,678*
Quenta 1
Quantos humèros *quenta* la aldehuela. *S1,641*
Querellas 2
Lagrimosas de amor dulces *querellas* *S1,10*
Dulcissimas *querellas* *S2,516*
Queria 1
Pisar *queria*, quando el populoso *S1,712*
Querria 2
El nombre articular, que mas *querria*: *P,250*
De el lento arroio emmudecer *querria*. *P,268*
Quessillo 1
Quessillo, dulcemente apremìado *S1,875*
Quexa 2
Dulce se *quexa*, dulce le responde *P,181*
El primero se *quexa* *S2,537*
Quexandose 1
Quexandose venian sobre el guante *S2,972*
Quexarse 1
Sobre vn arroyo de *quexarse* ronco, *S1,241*
Quexas 6
O dormida te hurten a mis *quexas* *P,379*
Que al vno en dulces *quexas*, i no pocas, *S2,40*
Estas mis *quexas* graues, *S2,118*
Que sembrò dulces *quexas*, *S2,176*
Al viento *quexas*. Organos de pluma *S2,523*
Buela rapaz, i (plumas dando a *quexas*) *S2,674*
Quiçà 2
Contagio original *quiçà* de aquella, *S2,87*
Por que? Por esculptores *quiçà* vanos *S2,662*
Quien 24
Cyclope, à *quien* el pino mas valiente *P,53*
La serua, a *quien* le da rugas el heno; *P,77*
La pera, de *quien* fue cuna dorada *P,78*
Que al jouen sobre *quien* la precipita *P,491*
Y en box, aunque rebelde, à *quien* el torno *S1,145*
De quien le lleua donde leuantado, *S1,184*
Quien la ceruiz oprime *S1,297*
Sueño le ofrece á *quien* buscò descanso *S1,342*
A *quien* se abaten ocho, o diez soberuios *S1,987*
De perezosas plumas. *Quien* de graues *S1,991*
Su agilidad pondera. *Quien* sus neruios *S1,993*
De *quien* es dulce vena *S2,14*
A *quien* hilos el Sol tributò ciento *S2,67*
O mar, *quien* otra vez las ha fiado *S2,121*
Quien me fuerça á que huya *S2,134*
El huerto le da esotras, á *quien* debe *S2,220*
Concauo frexno, á *quien* gracioso indulto *S2,283*
Priuilegios, el mar, à *quien* di redes, *S2,575*
Nimpha, por *quien* lucientes son corales *S2,596*
El Bahari, a *quien* fue en Hespaña cuna *S2,758*
A *quien* Doral consulta *S2,834*
A *quien* el mismo escollo *S2,854*
Expulso le remite a *quien* en su<m>ma *S2,873*
Atento, á *quien* doctrina ya cetrera *S2,944*
Quiere 4
Quiere que al arbol de su madre sea *P,239*

Llueuen sobre el que Amor *quiere* que sea *P,335*
Quiere la Copia que su cuerno sea; *S1,203*
Los terminos saber todos no *quiere*) *S1,409*
Quieren 1
A dos olmos, que *quieren* abraçados *S1,1036*
Quilla 1
Tumba te bese el mar buelta la *quilla*. *S2,548*
Quinas 1
A las *Quinas* (de'l viento aun veneradas) *S2,377*
Quisiera 3
Amante nadador ser bien *quisiera* *P,130*
La Nimpha los oyó, i ser mas *quisiera* *P,349*
A la turba, que dar *quisiera* vozes *S2,44*
Quiso 4
Sellar (de el fuego *quiso* regalado) *S1,872*
Cuchillos corbos absoluelle *quiso*. *S1,1076*
Las telas burlar *quiso*, *S2,94*
Que ser *quiso* en aquel peligro extremo *S2,128*
Quizà 1
Menos *quizà* dio astillas *S2,386*
Racimos 1
Quanto aquel de *racimos* la corona. *P,140*
Raia 2
Besò la *raia* pues el pie desnudo *S1,995*
Bruñe nacares boto, agudo *raia* *S2,585*
Raiada 1
Con box dentado, o con *raiada* espina, *S2,365*
Raiados 1
Contaua en los *raiados* capiteles, *S2,703*
Raiando 1
(Sus espaldas *raiando* el sutil oro *S1,886*
Raiaua 2
Las dos partes *raiaua* del theatro *S1,981*
Los escollos el Sol *raiaua*, quando *S2,33*
Raio 2
La region de su frente *raio* nueuo *S1,286*
Raio su garra, su ignorado nido *S2,746*
Raiò 1
Raiò el verde obelisco de la choça. *S1,181*
Raios 8
I en ruecas de oro *raios* de el Sol hilan. *P,400*
A mas caminos, que vna estrella *raios*, *S1,574*
Quantos saluda *raios* el Bengala; *S1,667*
La esphera misma de los *raios* bellos. *S1,760*
I *raios*, el cabello, de su frente. *S1,772*
A los *raios* de Iupiter expuesta *S1,935*
Matutinos de el Sol *raios* vestida, *S1,949*
Los *raios* anticipa de la estrella, *S1,1070*
Rama 1
Ciñe las sienes gloriòsa *rama*, *S1,979*
Ramas 5
Entre las *ramas* de el que mas se laua *P,241*
A pesar luego de las *ramas*, viendo *P,269*
Arbitro Alcides en sus *ramas* dudo, *S1,1061*
Texio en sus *ramas* inconstantes nidos, *S2,269*
Blancas primero *ramas*, despues rojas *S2,592*
Ramo 2
El pululante *ramo* *S1,330*
Musicas hojas viste el menor *ramo* *S1,590*
Rapaz 4
Politico *rapaz*! cuia prudente *S2,654*
Buela *rapaz*, i (plumas dando a quexas) *S2,674*
Si bien jaian de quanto *rapaz* buela, *S2,755*
Vno i otro *rapaz* digo milano *S2,961*
Rapido 1
Rapido al Hespañol alado mira *S2,863*
Rara 1
De'l viejo Alcimedon inuencion *rara*. *S1,152*
Raros 2
Raros, muchos, i todos no comprados. *S2,247*
Infièles por *raros*, *S2,867*

Raso   1
Con igual pie, que el *raso*;   *S1,80*

Rastro   1
Rastro en tus ondas, mas que en tus arenas.   *S2,136*

Rato   3
Dexate vn *rato* hallar de'l pie acertado,   *SD,30*
Lisongear pudieron breue *rato*   *S1,593*
O poco *rato* enjuta   *S2,371*

Raudos   1
Los *raudos* torbellinos de Noruega: *S2,973*

Raya   1
El remo pereçosamente *raya*,   *S2,942*

Rayo   3
Rayo con plumas, al milano pollo,   *P,263*
Menos offende el *rayo* preuenido,   *P,301*
Preuiene *rayo* fulminante trompa.   *P,488*

Rayos   7
A los confusos *rayos*, su cabello: *P,278*
Y el Sol todos los *rayos* de su pelo)   *S1,4*
Rayos, les dize, ya que no de Leda   *S1,62*
Ni de los *rayos* baja à las espumas   *S1,132*
Si Aurora no con *rayos*, Sol con flores: *S1,250*
Flores su cuerno es, *rayos* su pelo.   *S2,307*
Relincho, i otro saludò sus *rayos*.   *S2,731*

Razimo   1
No perdonò a *razimo*, aun en la frente   *S1,155*

Razon   2
I con *razon*, que el thalamo desdeña   *S1,333*
O *razon* falta donde sobran años.   *S1,530*

Réàl   2
A la *Réàl* cadena de tu escudo: *SD,32*
En modestia ciuil *réàl* grandeza.   *S2,812*

Réàles   2
De *Réàles* Palacios, cuya arena   *S1,126*
Pompa el salmon de las *Réàles* mesas,   *S2,98*

Rebela   1
A la Geòmetria se *rebela*,   *S2,670*

Rebelde   3
Y en box, aunque *rebelde*, à quien el torno   *S1,145*
(*Rebelde* aun al diamante) el duro lomo   *S2,474*
Rebelde Nimpha (humilde ahora caña)   *S2,831*

Recebille   1
Que á *recebille* con sediento passo   *S2,2*

Recelando   1
Termino luminoso. Y *recelando*   *S1,64*

Recelar   1
Temer ruìna, ó *recelar* fracasso   *S1,553*

Recibe   1
Moderando. En la plancha los *recibe*   *S2,208*

Recien   1
El celestial humor *recien* quaxado,   *P,201*

Reciente   1
En la corteza no abraçò *reciente*   *S1,1056*

Reciprocos   1
De *reciprocos* nudos impedidos,   *S1,970*

Reclamo   1
Qual simples codornices al *reclamo*,   *S1,587*

Reclinados   1
Reclinados: al myrtho mas lozano   *P,317*

Reclinaron   1
Apenas *reclinaron* la cabeça,   *S1,616*

Reclinarse   1
Que en *reclinarse* el menos fatigado   *S1,352*

Recline   1
Que en yerbas se *recline*, o en hilos penda,   *P,454*

Reconociendo   1
Reconociendo el mar en el vestido,   *S1,361*

Reconocimiento   1
El lagrimoso *reconocimiento*:   *S2,180*

Recordò   1

Recordò   1
Recordò al Sol no de su espuma cana,   *S1,705*

Recuerda   1
Durmio, i *recuerda* al fin, quando las aues   *S1,176*

Recuerdan   1
Que cisnes me *recuerdan* à la hora,   *S2,393*

Recurren   1
Recurren, no á las redes, que maiores   *S2,74*

Red   2
Iubilando la *red* en los que os restan   *S2,369*
Menos de aljaua, que de *red* armado;   *S2,423*

Redes   8
Recurren, no á las *redes*, que maiores   *S2,74*
Las *redes* califica menos gruessas   *S2,96*
De las *redes* la otra, i su exercicio   *S2,203*
Que el mar criuando en *redes* no comunes   *S2,413*
Contra mis *redes* ia, contra mi vida;   *S2,459*
En *redes* ambos, i en edad iguales.   *S2,518*
Priuilegios, el mar, à quien di *redes*,   *S2,575*
Pobre choça de *redes* impedida   *S2,672*

Redil   2
I *redil* espacioso, donde encierra   *P,45*
(*Redil* las ondas, i pastor el viento)   *S2,311*

Redima   1
Que *redima* feroz, salue ligera   *P,67*

Rediman   1
Rediman, de el que mas, ó tardo buela,   *S1,799*

Redimidos   1
En tabla *redimidos* poco fuerte   *S2,126*

Redimiendo   1
Tal *redimiendo* de importunas aues   *P,477*

Redimio   2
En lo que ya de el mar *redimio* fiero,   *S1,47*
Redimio con su muerte tantas vides)   *S1,160*

Redimir   1
En globos de agua *redimir* sus Phocas;   *S2,426*

Reduce   1
Los dos *reduce* al vno y otro leño,   *S2,675*

Reducia   1
Los bueies a su aluergue *reducia*,   *P,71*

Reduxo   1
Mas *reduxo* la musica barquilla,   *S2,51*

Reduzida   1
Caseramente á telas *reduzida*,   *S2,344*

Reduziendo   1
Al huesped al camino *reduziendo*,   *S1,229*

Referidlo   1
Referidlo, Pièrides, os ruego.   *P,360*

Reflexo   1
Lux el *reflexo*, la agua vidriera.   *S1,676*

Regado   1
En el lasciuo *regado* seno: *P,284*

Regalado   2
Sobre corchos, despues, mas *regalado*   *S1,163*
Sellar (de el fuego quiso *regalado*)   *S1,872*

Regalo   1
Guloso de los Consules *regalo*.   *S2,101*

Region   5
La *region* de su frente raio nueuo   *S1,286*
En la inculta *region* de aquellos riscos: *S1,320*
Aspides mas que en la *region* de'l llanto: *S1,929*
Poca palestra la *region* vacia   *S2,902*
De'sta primer *region* sañudo espera   *S2,932*

Regiones   1
Regiones pise agenas,   *S2,130*

Registra   3
Registra en otras puertas el venado   *P,425*
Registra el campo de su adarga breue.)   *P,484*
Las caladas *registra* el peregrino,   *S2,859*

Regozijo   1
Terminos le da el sueño al *regozijo*,   *S1,677*

Regulada   1
Lisonja, si confusa, *regulada*   *S2,717*

Regulados   1
Passaron todos pues, i *regulados*,   *S1,602*

Rei   1
De el *Rei* corona de los otros rios;   *S1,953*

Reina   2
No el aue *Reina* assì el fragoso nido   *P,261*
Reina la aueja, oro brillando vago,   *S2,294*

Reino   2
Adora, que viò el *Reino* de la espuma;   *P,98*
De los que el *Reino* muran de Neptuno!   *S2,657*

Reinos   1
Los *Reinos* de la Aurora al fin besaste;   *S1,457*

Reja   1
A la *reja* importuna,   *S1,904*

Relacion   1
Relacion de el naufragio hiço horrenda.   *P,452*

Relampago   1
El Nebli, que *relampago* su pluma,   *S2,745*

Religion   1
(Bien sea *religion*, bien Amor sea)   *P,151*

Relincho   1
Relincho, i otro saludò sus rayos.   *S2,731*

Relinchos   1
Su aliento humo, sus *relinchos* fuego,   *P,337*

Remission   1
Mintiendo *remission* à las que huyen,   *S2,913*

Remisso   1
El golpe no *remisso*   *S1,693*

Remite   1
Expulso le *remite* a quien en su <m>ma   *S2,873*

Remiten   1
El cañamo *remiten* anudado,   *S2,235*

Remo   6
Sordo huie el baxel a vela, i remo;   *P,95*
Ella el forçado, i su guadaña el *remo*.   *S2,129*
El duro *remo*, el cañamo prolixo: *S2,391*
Ephire (en cuia mano al flaco *remo*,   *S2,480*
A vn *remo* cada jouen offrecido.   *S2,685*
El *remo* pereçosamente raya,   *S2,942*

Remolcò   1
Que atrauesado *remolcò* vn gran sollo.   *S2,505*

Remora   1
Remora de sus pasos fue su oído,   *S1,237*

Remos   5
Con *remos* gemidores,   *S2,34*
Instrumento el baxel, cuerdas los *remos*,   *S2,113*
Las ondas el Amor (sus flechas *remos*)   *S2,528*
De tus *remos* ahora conducida   *S2,551*
Quantas al mar espumas dan sus *remos*.   *S2,664*

Remota   1
La *remota* Cambaia   *S2,373*

Rendido   1
I al marfil luego de sus pies *rendido*,   *P,299*

Renuciar   1
Menos en *renuciar* tardò la encina   *S1,350*

Reparada   1
La vna *reparada*, la otra enjuta   *P,451*

Reparo   1
Do hallò *reparo*, si perdió camino.   *P,432*

Reparos   1
Si firmes no por tremulos *reparos*.   *S2,868*

Repelò   1
Que'l viento *repelò* a alguna coscoja: *S1,175*

Repetida   1
La arena de las ondas *repetida*.   *S2,195*

Repetido   3
Albogues, duramente es *repetido*;   *P,92*

Rocío 1

Sin concebir *rocío* parir perlas. *P,376*

Roja 1

O purpura neuada, o nieue *roja*: *P,108*

Rojas 1

Blancas primero ramas, despues *rojas* *S2,592*

Roma 1

Que quanto en conocelle tardò *Roma* *S1,497*

Rompa 1

Tal antes que la opaca nube *rompa* *P,487*

Rompe 1

Rompe Triton su caracol torcido, *P,94*

Romper 3

Sin *romper* muros, introduce fuego. *P,296*
Sufrir muros le vió, *romper* Phalanges. *P,456*
Sin *romper* hilo alguno *S2,97*

Rompida 1

Rompida el agua en las menudas piedras *S2,349*

Rompieron 1

Rompieron los que armó de plumas ciento *S1,423*

Rompio 1

El cabo *rompio*; i bien, que al cieruo herido *S2,497*

Ronca 2

Donde zelosa arrulla, i *ronca* gime *S2,270*
Ronca les salteò trompa sonante, *S2,710*

Ronco 4

Ronco si, escucha a Glauco la ribera, *P,118*
El *ronco* arrullo al jouen solicita; *P,321*
Sobre vn arroyo de quexarse *ronco*, *S1,241*
A'l animoso Austro, a'l Euro *ronco*, *S1,696*

Rosa 3

Que à mucha fresca *rosa* *S1,569*
Abreuia su hermosura virgen *rosa*, *S1,728*
Si purpura la *rosa*, el lilio nieue. *S2,221*

Rosado 1

Al *rosado* balcon, ia á la que sella *S1,390*

Rosas 7

Que es *rosas* la Alua, i rosicler el dia. *P,4*
Purpureas *rosas* sobre GALATHEA *P,105*
Rosas traslada, i lilios al cabello, *S1,248*
En las vestidas *rosas* su cuidado. *S1,355*
Las *rosas* gozar dexa de su frente; *S1,637*
Fabrican arcos *rosas*, *S1,719*
Cadenas) la concordia enga<r>ça *rosas*, *S1,789*

Roscas 1

Entre las verdes *roscas* de las iedras *S2,352*

Rosicler 2

Que es rosas la Alua, i *rosicler* el dia. *P,4*
De honesto *rosicler*, preuiene el dia *S1,781*

Rota 1

Besa la arena, i de la *rota* naue *S1,29*

Roto 1

Piadoso miembro *roto*, *S1,17*

Rubi 1

De'l *rubi* mas ardiente; *S2,880*

Rubia 1

La *rubia* paja; i palida tutora *P,79*

Rubies 4

Iuntar de sus dos picos los *rubies*: *P,330*
En cient aues cient picos de *rubies*, *S1,316*
Claueles de el Abril, *rubies* tempranos *S1,786*
I palidos *rubies*. *S1,871*

Rubio 4

Vn *rubio* hijo de vna encina hueca, *P,206*
Dexa las ondas, dexa el *rubio* choro *P,369*
Toros dome: y de vn *rubio* mar de espigas *S1,822*
Los gulosos estomagos el *rubio*, *S1,873*

Ruda 5

Que ha preuenido la zampoña *ruda* *P,358*
Tantos de breue fabrica, aunque *ruda*, *S1,919*

En la lengua de'l agua *ruda* escuela, *S2,58*
De los cauallos *ruda* haze armonia *S2,736*
Ruda en esto politica agregados *S2,946*

Rudamente 1

Comieron pues, i *rudamente* dadas *S2,361*

Rudo 2

Al son pues deste *rudo* *S1,254*
Papel fue de pastores, aunque *rudo*, *S1,698*

Rudos 2

En numeros no *rudos* *S2,536*
Los *rudos* troncos oi de mis umbrales. *S2,597*

Rueca 1

De la alta fatal *rueca* al huso breue. *S1,900*

Ruecas 1

I en *ruecas* de oro raios de el Sol hilan. *P,400*

Ruedas 1

Dó él carro de la luz sus *ruedas* laua: *P,340*

Ruego 1

Referidlo, Piérides, os *ruego*. *P,360*

Rugas 1

La serua, a quien le da *rugas* el heno; *P,77*

Rugosas 1

Las *rugosas* veneras, *S2,556*

Rugoso 1

Penda el *rugoso* nacar de tu frente *S1,312*

Ruìdo 2

El fresco de los zephiros *ruìdo*, *S1,536*
El silencio, aunque breue, de el *ruìdo*, *S1,688*

Rúido 5

Cient cañas; cuio barbaro *rúido*, *P,90*
Solicitado sale de'l *rúido*, *S2,477*
Mas ai, que de'l *rúido* *S2,618*
Su agradable *rúido*. *S2,719*
Quando solicitada de'l *rúido*, *S2,881*

Ruìna 1

Temer *ruìna*, ó recelar fracasso *S1,553*

Rúina 3

Pielago duro hecho á su *rúina*. *S1,1011*
Mas su *rúina* bebe, *S2,5*
En tanta plaia hallò tanta *rúina*. *S2,511*

Rúinas 2

Que á *rúinas*, i a estragos *S1,220*
De tragicas *rúinas* de alto robre, *S2,384*

Ruiseñor 2

Vn *ruiseñor* à otro; i dulcemente *P,182*
Ruiseñor en los bosques, no, mas blando *S2,37*

Ruiseñores 1

No zephiros en el, no *ruiseñores* *S1,592*

Rumor 1

Que sin *rumor* preuino en mesas grandes. *S1,857*

Rustica 3

En la *rustica* greña iace occulto *P,281*
A la prolixa *rustica* comida, *S1,856*
De *rustica*, vaquera, *S1,876*

Sabe 1

Sabe el tiempo hazer verdes halagos. *S1,221*

Sàbe 1

Llamárale, aunque muda, mas no *sàbe* *P,249*

Sabeo 1

En caxas los aromas de el *Sabeo*, *P,443*

Saber 1

Los terminos *saber* todos no quiere) *S1,409*

Sabes 1

Si dudas lo que *sabes*, *S2,567*

Sabìa 1

Distinguir *sabia* apenas *S2,563*

Sabido 1

No ha *sabido* imitar verdes alfombras. *S1,615*

Sabrosa 1

Si la *sabrosa* oliua *S1,881*

Saca 2

Centellas *saca* de cristal vndoso *S1,578*
Los nouios *saca*: El de años floreciente, *S1,757*

Sacre 3

El *Sacre*, las del Noto alas vestido, *S2,750*
Vn duro *Sacre*, en globos no de fuego, *S2,911*
Tyranno el *Sacre* de lo menos puro *S2,931*

Sacrilegas 1

Vagas el pie, *sacrilegas* el cuerno, *P,467*

Sacrilego 1

Quando no de el *sacrilego* desseo, *P,30*

Sacro 1

Cedio al *sacro* Bolcan de errante fuego: *S1,646*

Sacros 1

Sacros troncos sudar fragantes gomas, *S1,923*

Sacudido 2

El sueño de sus miembros *sacudido*, *P,297*
(El iugo de ambos sexos *sacudido*) *S1,283*

Sacudir 1

De *sacudir* el hasta; *S2,492*

Saeta 1

El Doral: despedida no *saeta* *S2,844*

Saetas 2

Luminosas de poluora *saetas*, *S1,650*
Con siluo igual, dos vezes diez *saetas*. *S1,1040*

Sagrado 3

O lo *sagrado* supla de la encina *SD,22*
El *sagrado* Laurel de el hierro agudo: *S1,690*
De el *sagrado* Nereo, no ia tanto *S2,210*

Saial 1

Limpio *saial* (en vez de blanco lino) *S1,143*

Sal 1

I mucha *sal* no solo en poco vaso, *S2,4*

Salamandria 1

Salamandria de'l Sol, vestido estrellas, *P,185*

Sale 4

Dexa el aluergue, i *sale* acompañado *S1,183*
Tal *sale* aquella que sin alas buela, *S1,638*
La nouia *sale* de villanas ciento *S1,946*
Solicitado *sale* de'l rúido, *S2,477*

Salen 1

Salen qual de torcidos *S1,1038*

Salia 1

Dulcemente *salia* despedido *S2,683*

Salida 1

Entre vna, i otra lamina, *salida* *S2,486*

Salieron 1

Salieron retoçando á pisar flores, *S2,280*

Salio 1

Salio improuisa de vna, i de otra plaia *S2,47*

Saliua 1

De las mudas estrellas la *saliua*: *S2,297*

Salmon 1

Pompa el *salmon* de las Réàles mesas, *S2,98*

Salpicando 1

De las sublimes rocas *salpicando*, *S2,442*

Salteada 1

Galathea lo diga *salteada*. *P,304*

Saltearon 1

La vista *saltearon* poco menos *S2,230*

Salteo 1

Intempestiua *salteo* Leona *S2,768*

Salteò 2

Salteò al labrador pluuia improuisa *S2,223*
Ronca les *salteò* trompa sonante, *S2,710*

Salto 3

Ya al formidable *salto*, ia á la ardiente *S1,564*
En la lucha, en el *salto*, en la carrera. *S1,572*
Al expedido *salto* *S1,983*

Señas mudas la dulce voz doliente   *S2,42*
Fulminado ya, *señas* no ligeras   *S2,561*

Sepulchros 2
Quantos abre *sepulchros* el mar fiero   *S1,445*
Campo ya de *sepulchros*, que sediento   *S2,403*

Sepultados 1
Murieron, i en si mismos *sepultados*   *S1,684*

Sepultar 1
Las alas *sepultar* de mi osadia   *S2,149*

Sepultura 1
Piedras son de su misma *sepultura*.   *S1,686*

Serà 2
Tuya *serà* mi vida: *S2,132*
Buzo *serà* bien de profunda ria,   *S2,800*

Seran 1
Tuyos *seran* mis años   *S2,125*

Seras 1
Seras a vn tiempo en estos Orizontes   *P,463*

Serena 1
Bien de *serena* plaia,   *S2,801*

Serenàra 1
No *serenàra* el Baccanal diluvio.   *S1,882*

Serenaua 1
El que ya *serenaua*   *S1,285*

Serenidad 1
Lisonja no, *serenidad* lo diga   *S2,572*

Sereno 1
Sereno dissimula mas orejas,   *S2,175*

Serrana 1
Era de vna *serrana* junto á vn tronco,   *S1,240*

Serranas 3
Las gallardas *serranas* desmentido,   *S1,338*
De este hermoso tercio de *serranas*:   *S1,517*
Sedientas las *serranas*,   *S1,586*

Serrano 5
Dexar hizo al *serrano*,   *S1,227*
Politico *serrano*,   *S1,364*
Lugarillo el *serrano*   *S1,713*
Serrano le succede,   *S1,1013*
De vn mancebo *Serrano*   *S2,783*

Serranos 3
De los *serranos*, que correspondido,   *S1,358*
Vencedores se arrogan los *serranos*   *S1,562*
Alcançan de *serranos*;   *S1,643*

Serua 1
La *serua*, a quien le da rugas el heno;   *P,77*

Seruido 1
Seruido ia en cecina,   *S1,161*

Sexo 1
Que vario *sexo* unió, y vn surco abriga.   *P,480*

Sexos 1
(El iugo de ambos *sexos* sacudido)   *S1,283*

Si 92
Culta *si*, aunque bucolica Thalia,   *P,2*
Si ya los muros no te ven de Huelua   *P,7*
Que *si* la mia puede offrecer tanto,   *P,22*
Si roca de crystal no es de Neptuno,   *P,103*
Ronco *si*, escucha a Glauco la ribera,   *P,118*
Mas en la gracia igual, *si* en los desdenes   *P,125*
Pues *si* en la vna granos de oro llueue,   *P,147*
Si artificiosa no, su honesta hija.   *P,160*
De las hondas; *si* en vez de'l pastor pobre,   *P,167*
Si no ardientes aljofares sudando,   *P,188*
Si bien al dueño debe agredecida   *P,227*
Carcax de crystal hizo, *si* no aljaua   *P,243*
Ni le ha visto, *si* bien pincel súaue   *P,251*
Que *si* por lo súaue no la admira,   *P,275*
Paces no al sueño, treguas *si* al reposo: *P,308*
El Tyrio sus matices, *si* bien era   *P,314*
Vna, i otra lasciua, *si* ligera   *P,318*
Si bien su freno espumas, illustraua   *P,338*

Amor la implica, *si* el temor la anuda   *P,354*
Marino, *si* agradable no, instrumento,   *P,382*
Aunque pastor. *Si* tu desden no espera   *P,402*
Que mucho, *si* de nubes se corona   *P,413*
Do hallò reparo, *si* perdió camino.   *P,432*
Imponiendole estaua, *si* no al viento   *P,439*
(*Si* tradicion appocripha no miente)   *S1,74*
Es Sisifo en la cuesta, *si* en la cumbre   *S1,168*
De can *si*, embrauecido   *S1,173*
Si mucho poco mappa les despliega,   *S1,194*
Si al animal armaron de Amalthea   *S1,204*
(Que *si* precipitados no los cerros,   *S1,224*
Baxaua (entre *si*) el iouen admirando   *S1,233*
Si Aurora no con rayos, Sol con flores: *S1,250*
Ô *si* de'l Termodonte   *S1,275*
Si carga no, i assombro: *S1,308*
(*si* es nectar lo que llora)   *S1,322*
Efectos *si* no dulces de'l concento,   *S1,345*
Si bien por vn mar ambos, que la tierra   *S1,399*
Clauo no, espuela *si* de'l apetito,   *S1,496*
Si (vinculados todos á sus cargas,   *S1,509*
Si tu neutralidad sufre consejo,   *S1,518*
Alegres pisan la que *si* no era   *S1,534*
Murieron, i en *si* mismos sepultados   *S1,684*
Padre de la que en *si* bella se esconde: *S1,724*
de vn Heroe, *si* no Augusto, esclarecido   *S1,733*
Si, de çampoñas ciento,   *S1,750*
Si la sabrosa oliua   *S1,881*
I dulce Musa entre ellas (*si* consiente   *S1,891*
I *si* prolixo, en nudos amorosos   *S1,895*
Si no tan corpulento, mas adusto   *S1,1012*
Aduocaron á *si* toda la gente   *S1,1025*
Dedalo, *si* de leño no, de lino   *S2,78*
Si fabricado no de gruessas cañas,   *S2,110*
Si de aire articulado   *S2,116*
Si vida me ha dexado que sea tuia   *S2,133*
Si no ha dado su nombre á tus espumas,   *S2,140*
Selle *si*, mas no opprima   *S2,169*
Si ai ondas mudas, i *si* ai tierra leue.   *S2,171*
Si ai ondas mudas, i *si* ai tierra leue.   *S2,171*
La mas dulce, *si* no la menos clara   *S2,187*
Iace en el mar, *si* no continúàda   *S2,190*
Concha, *si* mucha no, capaz ostenta   *S2,197*
Si purpura la rosa, el lilio nieue.   *S2,221*
Le enuiste incauto; i *si* con pie grossero   *S2,227*
Si Promontorio no, vn cerro eleuado   *S2,303*
Metros inciertos *si* pero súaues   *S2,356*
Si de purpureas conchas no histriádas,   *S2,383*
De cuio, *si* no alado   *S2,424*
Si Cloto no de la escamada fiera,   *S2,436*
Abraçado (*si* bien de facil cuerda)   *S2,466*
(Tremula, *si* veloz) les arrebata,   *S2,514*
Si te perdona el fuego,   *S2,546*
El doliente, *si* blando   *S2,553*
Si dudas lo que sabes,   *S2,567*
En piedras *si* firmeza honre Hymeneo,   *S2,599*
Si fe tanta no en vano   *S2,605*
Inuidia conuocaua, *si* no zelo   *S2,612*
Si Thetis no (desde sus grutas hondas)   *S2,624*
Que mucho, *si* auarienta ha sido esponja   *S2,628*
Que mucho, *si* el candor bebiò ia puro   *S2,631*
Pollo, *si* alado no, lince sin vista,   *S2,653*
Lisonja, *si* confusa, regulada   *S2,717*
Los houeros, *si* no esplendores baios,   *S2,732*
Si bien jaian de quanto rapaz buela   *S2,755*
Si en miembros no robusto,   *S2,810*
Puesto en tiempo corona, *si* no escala   *S2,849*
Si firmes no por tremulos reparos.   *S2,868*
Si como ingrato no, como auariento,   *S2,898*
En obliquos *si* engaños,   *S2,912*
Si la distancia es mucha,   *S2,914*
Dexò al viento, *si* no restitúido,   *S2,935*
Bucolicos aluergues; *si* no flacas   *S2,948*
Pollos *si* de las propias no vestidos,   *S2,954*

Sicanna 1
Desconfiança, a la *Sicanna* Diosa   *S2,977*

Sicilia 1
Sicilia en quanto occulta, en quanto offrece   *P,137*

Sicilíano 1
Donde espumoso el mar *Sicilíano*   *P,25*

Sido 2
Que quatro vezes auia *sido* ciento   *S1,470*
Que mucho, si auarienta ha *sido* esponja   *S2,628*

Siegan 1
De quantos *siegan* oro, esquilan nieue,   *P,149*

Siempre 25
De cuias *siempre* fertiles espigas   *P,143*
Argos es *siempre* attento a su semblante: *P,292*
Acis al *siempre* aiuno en penas graues;   *P,326*
De el *siempre* en la montaña oppuesto pino   *S1,15*
De'l mar *siempre* sonante,   *S1,53*
Triunphador *siempre* de zelosas lides   *S1,157*
Las que *siempre* darà ceruleas señas)   *S1,363*
Siempre gloriosas, *siempre* tremolantes,   *S1,422*
Siempre gloriosas, siempre tremolantes,   *S1,422*
De vn Oceano, i otro, *siempre* vno,   *S1,474*
(Pintadas *siempre* al fresco)   *S1,613*
De sus mexillas *siempre* vergonçosas   *S1,790*
Siempre viuid Esposos.   *S1,896*
Dexe, que vuestras cabras *siempre* errantes,   *S1,911*
Siempre murada, pero siempre abierta.   *S2,80*
Siempre murada, pero *siempre* abierta.   *S2,80*
Que (*siempre* hija bella   *S2,88*
En marmol engastada *siempre* vndoso,   *S2,368*
Sino algun *siempre* verde, *siempre* cano   *S2,460*
Sino algun *siempre* verde, siempre cano   *S2,460*
Las *siempre* desiguales   *S2,591*
Sediento *siempre* tiro   *S2,616*
Vezina luego, pero *siempre* incierta.   *S2,712*
Sin luz no *siempre* ciega,   *S2,740*
Sin libertad no *siempre* apprisionada,   *S2,741*

Siendo 2
Que *siendo* Amor vna Deidad alada,   *S1,1089*
Syllaba, *siendo* en tanto   *S2,188*

Sienes 3
Marino jouen las ceruleas *sienes*   *P,121*
Ciñe las *sienes* gloriòsa rama,   *S1,979*
Montecillo, las *sienes* laurèado,   *S2,276*

Siente 3
I aun *siente*, que a su dueño sea devoto,   *P,247*
Desdorados los *siente*:   *S1,45*
Sino por lo que *siente*   *S2,820*

Sierpe 3
I *sierpe* de cristal, juntar le impide   *S1,426*
Ella pues sierpe, i *sierpe* al fin pisada,   *S2,320*
Ella pues *sierpe*, i sierpe al fin pisada,   *S2,320*

Sierpes 1
Sierpes de aljofar, aun maior veneno,   *S1,599*

Sierra 7
A POLIPHEMO (horror de aquella *sierra*)   *P,43*
No pues de aquella *sierra* engendradora   *S1,136*
De aquellas, que la *sierra* dio Bacchantes,   *S1,272*
Priuilegiò en la *sierra*   *S1,305*
Quantos la *sierra* dio, quantos dio el llano,   *S1,854*
En los profundos senos de la *sierra*.   *S1,977*
Cierços de'l llano, i Austros de la *sierra*   *S1,1026*

Sigan 1
El silencio de'l can *sigan*, i el sueño.   *P,176*

Siglo 1
Que pauellon al *siglo* fue dorado,   *P,86*

Siglos 1
Diganlo quantos *siglos* ha que nada   *S2,193*

Sigue 8
Delphin, que *sigue* en agua Corza en tierra!   *P,136*
Que acero *sigue*, idolatra venera,   *P,198*
Attento *sigue* aquella   *S1,70*
Y ciega vn rio *sigue*, que luciente   *S1,198*
Sigue la femenil tropa commigo,   *S1,525*

Sigue la dulce esquadra montañesa   *S1,541*
Al viejo *sigue*, que prudente ordena   *S2,244*
Al hierro *sigue* que en la Phoca huye,   *S2,432*

Siguiendo   2
I *siguiendo* al mas lento   *S1,1045*
Que en sonoro metal le va *siguiendo*)   *S2,852*

Siguiendole   1
El can sobra *siguiendole* la flecha.   *S2,498*

Siguiente   1
I aun el *siguiente* Sol no vimos, quando   *S2,507*

Siguio   1
Galan *siguio* valiente, fatigando   *S2,766*

Silencio   7
Ocio attento, *silencio* dulce, en quanto   *P,18*
El *silencio* de'l can sigan, i el sueño.   *P,176*
Rhetorico *silencio*, que no entiende: *P,260*
No ai *silencio* à que prompto no responda,   *S1,674*
El *silencio*, aunque breue, de el ruìdo,   *S1,688*
Con ceño dulce, i con *silencio* afable   *S1,725*
Con *silencio* siruieron: *S2,348*

Sileno   1
El *Sileno* buscaua   *S1,271*

Silua   1
El Zephiro no *silua*, o cruxe el Robre.   *P,168*

Silue   1
Sin pastor que los *silue*, los ganados   *P,165*

Siluo   3
Que vn *siluo* junta, i vn peñasco sella.   *P,48*
Mas que el *siluo* al ganado.   *S1,105*
Con *siluo* igual, dos vezes diez saetas.   *S1,1040*

Siluos   1
Reuoca, Amor, los *siluos*; o á su dueño   *P,175*

Simetis   1
En *Simetis*, hermosa Nimpha, auido,   *P,195*

Simples   1
Qual *simples* codornices al reclamo,   *S1,587*

Sinceridad   1
Que la *sinceridad* burla villana   *S1,120*

Siniestra   1
I con *siniestra* voz conuoca quanta   *S2,883*

Sino   11
Ciñe, *sino* de purpura turbante: *S1,296*
Sino grullas veleras,   *S1,606*
Sino los dos topazios, que batia,   *S1,707*
Sino en vidrio topacios carmesiès,   *S1,870*
No alada, *sino* ondosa)   *S1,970*
Sino á las que ambiciosas menos penden,   *S2,76*
Sino con verdaderos desengaños;   *S2,366*
Sino de'sotro escollo al mar pendiente;   *S2,400*
Sino algun siempre verde, siempre cano   *S2,460*
Sino a dos entre cañamo garçones!   *S2,661*
Sino por lo que siente   *S2,820*

Sintiò   1
Bullir *sintiò* de el arroiuelo apenas;   *P,218*

Sirena   1
La adulacion, *Sirena*   *S1,125*

Sirenas   1
Sirenas de los montes su concento,   *S1,550*

Siruieron   2
Les *siruieron*; i en oro no luciente,   *S1,867*
Con silencio *siruieron*:   *S2,348*

Siruio   1
Luciente nacar te *siruio* no poca   *S2,446*

Sisifo   1
Es *Sisifo* en la cuesta, si en la cumbre   *S1,168*

Sitiàl   1
A vn fresco *sitiàl* dosel vmbroso;   *P,310*

Sitiál   1
Del *sitiàl* a tu Deidad deuido,   *SD,25*

Sitio   5

De *sitio* mejorada, attenta mira   *P,273*
No el *sitio*, no, fragoso   *S1,303*
De el *sitio* pisa ameno   *S1,596*
El apazible *sitio*: Espacio breue,   *S1,625*
Este *sitio* las bellas seis hermanas   *S2,337*

Soberano   2
Gloria mayor de el *soberano* choro: *S1,809*
De esclarecido, i aun de *soberano*   *S2,821*

Soberanos   1
(Aurora de sus ojos *soberanos*)   *S1,782*

Soberuia   1
No à la *soberuia* està aqui la mentira   *S1,129*

Soberuios   1
A quien se abaten ocho, o diez *soberuios*   *S1,987*

Sobra   1
El can *sobra* siguiendole la flecha.   *S2,498*

Sobran   1
O razon falta donde *sobran* años.   *S1,530*

Sobre   21
Purpureas rosas *sobre* GALATHEA   *P,105*
Sobre la mimbre, que texio prolixa,   *P,159*
Librada en vn pie toda *sobre* el pende,   *P,258*
Sobre vna alfombra, que imitàra en vano   *P,313*
Llueuen *sobre* el que Amor quiere que sea   *P,335*
Sobre tus huebos coronaba el dia,   *P,418*
Que al jouen *sobre* quien la precipita   *P,491*
Sobre el de grama cesped no desnudo,   *SD,29*
Naufrago, i desdeñado *sobre* ausente,   *S1,9*
Que *sobre* el ferro està en aquel incierto   *S1,60*
Retamas *sobre* robre   *S1,101*
Sobre el corbo cayado.   *S1,121*
Sobre corchos, despues, mas regalado   *S1,163*
Immobil se quedò *sobre* vn lentisco,   *S1,192*
Sobre vn arroyo de quexarse ronco,   *S1,241*
Sobre el crespo zaphiro de tu cuello,   *S1,313*
Sobre dos hombros larga vara ostenta   *S1,315*
Sobre la grana que se viste fina.   *S1,353*
Sobre violas negras la mañana,   *S2,70*
Onda, pues, *sobre* onda leuantada   *S2,488*
Quexandose venian *sobre* el guante   *S2,972*

Sobrino   1
Terror de tu *sobrino* ingeníoso,   *S2,788*

Soi   1
De el Iuppiter *soi* hijo de las ondas,   *P,401*

Sol   35
Hurta vn laurel su tronco al *Sol* ardiente,   *P,178*
Salamandria de'l *Sol*, vestido estrellas,   *P,185*
De el casi tramontado *Sol* aspira   *P,277*
I en ruecas de oro raios de el *Sol* hilan.   *P,400*
Miréme, i lucir vi vn *sol* en mi frente,   *P,421*
Y el *Sol* todos los rayos de su pelo)   *S1,4*
Y al *Sol* le estiende luego,   *S1,37*
De'l Alua a'l *Sol*, que el pauellon de espuma   *S1,179*
Confunde el *Sol*, i la distancia niega.   *S1,196*
Si Aurora no con rayos, *Sol* con flores: *S1,250*
Domestico es de'l *Sol* nuncio canoro,   *S1,294*
I antes que el *Sol* enjuga   *S1,323*
(Que beuerse no pudo el *Sol* ardiente   *S1,362*
El *Sol*, que cada dia   *S1,407*
Besando las que al *Sol* el Occidente   *S1,416*
Sombra de'l *Sol*, i tossigo de'l viento,   *S1,420*
Al *Sol*, calmas vencidas, i naufragios;   *S1,456*
De'l *Sol*, este elemento,   *S1,469*
En que à pesar de'l *Sol* quajada nieue,   *S1,626*
Lo que al *Sol* para el lobrego Occidente: *S1,632*
Que abreuiàra el *Sol* en vna estrella,   *S1,665*
Cuias luzes (de el *Sol* competidoras)   *S1,682*
Recordò al *Sol* no de su espuma cana,   *S1,705*
Este pues *Sol*, que á oluido le condena,   *S1,737*
Matutinos de el *Sol* raios vestida,   *S1,949*
El *Sol*, quando arrogante jouen llama   *S1,982*
Los escollos el *Sol* raiaua, quando   *S2,33*
A quien hilos el *Sol* tributò ciento   *S2,67*
Donde el *Sol* nace, o donde muere el dia.   *S2,150*

Al *Sol* en seis luzeros diuidido;   *S2,241*
I aun el siguiente *Sol* no vimos, quando   *S2,507*
Que al tramontar de'l *Sol* mal solicìta   *S2,603*
El *Sol* trenças desata   *S2,702*
Al *Sol* leuantò apenas la ancha frente   *S2,723*
Con su numero el *Sol*. En sombra tanta   *S2,886*

Sola   1
En segundo baxel se engolfò *sola*.   *S2,452*

Solamente   1
Permitio *solamente*   *S2,43*

Soledad   1
En *soledad* confusa,   *SD,3*

Solemniza   1
Los fuegos pues el jouen *solemniza*,   *S1,652*

Soles   3
Por no abrasar con tres *Soles* al dia.   *P,184*
Torrida la Noruega con dos *Soles*,   *S1,784*
Quando, de tus dos *Soles*   *S2,560*

Solicita   8
El ronco arrullo al jouen *solicita*;   *P,321*
Con lagrimas la Nympha *solicita*   *P,493*
Las sombras *solicita* de unas peñas.   *S1,359*
Solicita el que mas brilla diamante   *S1,383*
La gaita al baile *solicita* el gusto,   *S1,669*
De gloria, aunque villano, *solicita*   *S1,1003*
Solicita Iunon, Amor no omisso,   *S1,1077*
En el Farol de Thetis *solicita*.   *S2,8*

Solicìta   4
Que el desden *solicìta*? Ô quanto ierra   *P,135*
Del que mas *solicìta* los desuios   *S2,300*
El golpe *solicìta*, el vulto mueue   *S2,470*
Que al tramontar de'l Sol mal *solicìta*   *S2,603*

Solicitada   1
Quando *solicitada* de'l rúido,   *S2,881*

Solicitado   1
Solicitado sale de'l rúido,   *S2,477*

Solicitan   3
Solicitan el mar con pies alados.   *P,476*
Sueño le *solicitan* pieles blandas,   *S1,164*
Solicitan su pecho, á que (sin arte   *S2,638*

Solicitando   1
Solicitando en vano   *S2,148*

Solicitar   1
Echos *solicitar*, desdeñar fuentes: *S1,116*

Solicito   1
I en quanto dà el *solicito* montero   *SD,16*

Solicitò   1
Solicitò curiosa, i guardò auara   *S2,186*

Solicitud   1
A la *solicitud* de una atalaya   *S2,943*

Sollo   1
Que atrauesado remolcò vn gran *sollo*.   *S2,505*

Solo   9
No *solo* para, mas el dulce estruendo   *P,267*
En nueuo mar, que le rindio no *solo*   *S1,431*
Conuoca el caso, el *solo* desafia,   *S1,567*
Solo gime ofendido   *S1,689*
Vença no *solo* en su candor la nieue,   *S1,897*
I mucha sal no *solo* en poco vaso,   *S2,4*
No *solo* dirigio á la opuesta orilla,   *S2,50*
Bebiò no *solo*, mas la desatada   *S2,814*
No *solo*, no de'l paxaro pendiente   *S2,858*

Sombra   8
De cerro en cerro, i sombra en *sombra* iace;   *P,170*
De cerro en cerro, i *sombra* en sombra iace;   *P,170*
En pie, *sombra* capaz es mi persona   *P,411*
La *sombra* aun de lisonja tan pequeña.   *S1,334*
Sombra de'l Sol, i tossigo de'l viento,   *S1,420*
La *sombra* vio florida   *S1,628*
I en la *sombra* no mas de la açucena,   *S1,743*
Con su numero el Sol. En *sombra* tanta   *S2,886*

Sombras   5

Nocturno el lobo de las *sombras* nace;   *P,172*
De frescas *sombras*, de menuda gramma.   *P,216*
Golfo de *sombras* annunciando el puerto.   *S1,61*
Las *sombras* solicita de unas peñas.   *S1,359*
Ellas en tanto en bobedas de *sombras*   *S1,612*

Son   22
Escucha al *son* de la çampoña mia: *P,6*
Troncos robustos *son*, á cuya greña   *P,34*
Son vna, i otra luminosa estrella   *P,101*
Las Prouincias de Europa *son* hormigas.   *P,144*
Dos verdes garças *son* de la corriente.   *P,212*
Que en tanta gloria infierno *son* no breue   *P,327*
A mis gemidos *son* rocas al viento,   *P,378*
En numero a mis bienes *son* mis males.   *P,392*
PASOS de vn peregrino *son* errante   *SD,1*
Tu fabrica *son* pobre   *S1,102*
Son de caxas fue el sueño interrumpido,   *S1,172*
Al *son* pues deste rudo   *S1,254*
Piedras *son* de su misma sepultura.   *S1,686*
Purpureo *son* tropheo.   *S1,791*
Sus plumas *son*, conduzgan alta Diosa,   *S1,808*
Son de la Nympha vn tiempo, ahora caña,   *S1,884*
Al *son* de otra çampõa, que conduce   *S1,1078*
No *son* dolientes lagrimas súaues   *S2,117*
Vozes de sangre, i sangre *son* del' alma;   *S2,119*
Dos *son* las choças, pobre su artificio,   *S2,200*
Nimpha, por quien lucientes *son* corales   *S2,596*
El duro *son*, vencido el fosso breue,   *S2,714*

Sonante   4
De'l mar siempre *sonante*,   *S1,53*
Cristalina *sonante* era thiorba,   *S2,350*
De la *sonante* esphera,   *S2,619*
Ronca les salteò trompa *sonante*,   *S2,710*

Sonora   1
(Esquilas dulces de *sonora* pluma)   *S1,177*

Sonoras   1
ESTAS, que me dictò, Rimas *sonoras*,   *P,1*

Sonoro   3
Al *sonoro* cristal, al cristal mudo.   *P,192*
La fogosa nariz, en vn *sonoro*   *S2,730*
Que en *sonoro* metal le va siguiendo)   *S2,852*

Sonoros   1
I de otros, aunque barbaros, *sonoros*   *S1,751*

Sonorosa   1
La Nympha pues la *sonorosa* plata   *P,217*

Sonoroso   2
Sonoroso instrumento   *S1,255*
Que en *sonoroso* humo se resueluen.   *S1,1083*

Soplo   1
Soplo vistiendo miembros, Guadalete   *S2,727*

Sorbido   1
De'l Oceano pues antes *sorbido*,   *S1,22*

Sorda   2
Sorda hija de el mar, cuias orejas   *P,377*
Sorda à mis vozes pues, ciega à mi llanto,   *S2,465*

Sordas   1
Con dilaciones *sordas*, le diuierte   *S2,249*

Sordo   4
Sordo huie el baxel a vela, i remo;   *P,95*
Sordo engendran gusano, cuio diente,   *S1,740*
No es *sordo* el mar, (la erudicion engaña)   *S2,172*
Con *sordo* luego strepitu despliega   *S2,974*

Soto   1
Confuso alcaide mas el verde *soto*.   *P,248*

Soy   1
Pastor *soy*, mas tan rico de ganados,   *P,385*

Strepitu   1
Con sordo luego *strepitu* despliega   *S2,974*

Stygia   2
De'l bello de la *Stygia* Deidad robo,   *S2,793*
I á la *stygia* Deidad con bella esposa.   *S2,979*

Súaue   8

Ni le ha visto, si bien pincel *súaue*   *P,251*
Que si por lo *súaue* no la admira,   *P,275*
Ô bella Galathea mas *súaue*,   *P,361*
Iugo aquel dia, i iugo bien *súaue*   *P,437*
Honrre *súaue* generoso nudo   *SD,33*
Lento le enviste, i con *súaue* estilo   *S1,40*
Que aun de seda no ai vinculo *súaue*.   *S2,808*
El oro que *súaue* le enfrenaua: *S2,817*

Súàuemente   1
Inficionando pues *súàuemente*   *S2,527*

Suaues   1
De los nudos, q<ue> honestos, mas *suaues*   *P,473*

Súàues   5
Mas con desuios Galathea *súàues*   *P,322*
Treguas hechas *súàues*   *S1,341*
De las plumas que baten mas *súàues*   *S1,1086*
No son dolientes lagrimas *súàues*   *S2,117*
Metros inciertos si pero *súàues*   *S2,356*

Súàve   1
Imitador *súàve* de la cera,   *S1,874*

Súàves   1
Señas dieron *súàves*   *S1,178*

Sube   2
Que pisa cuando *sube*   *S2,748*
A luz mas cierta *sube*;   *S2,908*

Sublime   3
El *sublime* edificio: *S1,100*
Que del *sublime* espacìoso llano   *S1,228*
Lo mas liso trepò, lo mas *sublime*   *S2,267*

Sublimes   1
De las *sublimes* rocas salpicando,   *S2,442*

Sublimidad   1
De la *sublimidad* la vista) appella   *S2,667*

Succede   2
Serrano le *succede*,   *S1,1013*
Principe les *succede*, abreuìàda   *S2,811*

Succedido   1
Vn fuerte dardo auia *succedido*)   *S2,481*

Suceda   2
I al cuerno al fin la cythara *suceda*.   *P,16*
Quando no le *suceda*,   *S2,155*

Suda   1
Humo anhelando, el que no *suda* fuego,   *S1,969*

Sudando   3
Si no ardientes aljofares *sudando*,   *P,188*
Sudando nectar, lambicando olores,   *P,393*
(Sangre *sudando*) en tiempo harà breue   *SD,14*

Sudar   1
Sacros troncos *sudar* fragantes gomas,   *S1,923*

Sudor   3
Beuer el *sudor* haze de su frente,   *S1,570*
O el *sudor* de los cielos, quando liba   *S2,296*
Cauallo, que el ardiente *sudor* niega   *S2,967*

Suegro   2
Ciuil magnificencia el *suegro* anciano   *S1,853*
Al flaco pie de'l *suegro* desseado.   *S2,651*

Suele   1
Montañeses, qual *suele* de lo alto   *S1,988*

Suelo   4
Fieras te expone, que al teñido *suelo*   *SD,10*
Vn pardo gauan fue en el verde *suelo*;   *S1,986*
Passos otro dio al aire, al *suelo* cozes.   *S1,1023*
Suelo de lilios, que en fraga<n>tes copos   *S2,335*

Suelto   1
De el *suelto* moço, i con airoso buelo   *S1,996*

Sueltos   1
De tres *sueltos* zagales   *S1,1051*

Sueño   18
El silencio de'l can sigan, i el *sueño*.   *P,176*
Al *sueño* da sus ojos la armonia,   *P,183*
Dulce Occidente viendo al *sueño* blando;   *P,190*

Su deidad culta, venerado el *sueño*.   *P,228*
El *sueño* afflija, que affloxò el deseo.   *P,236*
Fingiendo *sueño* al cauto garzon halla.   *P,256*
Vrbana al *sueño*, barbara al mentido   *P,259*
La bruxula de el *sueño* vigilante,   *P,290*
El *sueño* de sus miembros sacudido,   *P,297*
Paces no al *sueño*, treguas si al reposo: *P,308*
Tropheos dulces de vn canoro *sueño*.   *S1,128*
Sueño le solicitan pieles blandas,   *S1,164*
Son de caxas fue el *sueño* interrumpido,   *S1,172*
Sueño le ofrece á quien buscò descanso   *S1,342*
Oi te conuida al que nos guarda *sueño*   *S1,521*
Terminos le da el *sueño* al regozijo,   *S1,677*
Duro alimento, pero *sueño* blando.   *S2,342*
Mientras perdona tu rigor al *sueño*.   *S2,676*

Suerte   1
De blancos cisnes, de la misma *suerte*   *S2,252*

Sufre   1
Si tu neutralidad *sufre* consejo,   *S1,518*

Sufrir   1
Sufrir muros le vió, romper Phalanges.   *P,456*

Suias   1
Blancas ouejas *suias* hagan cano,   *S1,825*

Summa   4
El terno Venus de sus gracias *summa*:   *P,100*
Concetùòsa *summa*   *S2,182*
Expulso le remite a quien en su<m>ma   *S2,873*
Negra de cueruas *summa*   *S2,884*

Summas   1
Qual dellos las pendientes *summas* graues   *S1,291*

Summo   1
Que de'l inferìòr peligro al *summo*   *S2,918*

Supla   1
O lo sagrado *supla* de la encina   *SD,22*

Supo   3
Mas los que lograr bien no *supo* Midas   *S1,433*
Harpon vibrante *supo* mal Protheo   *S2,425*
Templarte *supo*, di, barbara mano   *S2,777*

Supremo   1
O mar! O tu *supremo*   *S2,123*

Supremos   1
Para fauorecer, no a dos *supremos*   *S2,659*

Sur   2
Con la que illustra el *Sur* cola escamada   *S1,428*
Entre las conchas oi de'l *Sur* esconde   *S2,774*

Surca   2
De quanta *surca* el aire acompañada   *S1,950*
Que velera vn Neptuno, i otro *surca*,   *S2,565*

Surcada   1
Surcada avn de los dedos de su mano.   *P,64*

Surcado   1
Nouillos (breue termino *surcado*)   *S1,849*

Surcar   2
Qual en los Equinoccios *surcar* vemos   *S1,603*
Surcar pudiera miesses, pisar ondas,   *S1,1032*

Surcaron   1
Peinan las tierras que *surcaron* antes,   *P,162*

Surco   1
Que vario sexo unió, y vn *surco* abriga.   *P,480*

Surcò   1
Surcò labrador fiero   *S1,370*

Suspende   1
Suspende; i tantos ella   *S2,588*

Suspender   1
La fuga *suspender* podra ligera,   *P,134*

Suspendido   1
De'l *suspendido* plomo,   *S2,479*

Suspensa   1
Alterada la Nympha esté, o *suspensa*,   *P,291*

Suspiro   1

Suspiro, que mi muerte haga leda, *S2,154*

Suspiros 1

En *suspiros* con esto, *S1,503*

Susurrante 1

Susurrante Amazona, Dido alada, *S2,290*

Sutil 1

(Sus espaldas raiando el *sutil* oro *S1,886*

Suya 2

La humana *suya* el caminante errado *P,429*

Vrna *suya* el Occèano profundo, *S2,163*

Suyas 1

Tres hijas *suyas* candidas le ofrecen, *S2,218*

Suyo 1

Burgo eran *suyo*, el tronco informe, el breue *S2,298*

Suyos 2

Abetos *suyos* tres aquel tridente *S1,413*

Quando los *suyos* enfreno de un pino *S2,317*

Sydon 1

Cubren las que *Sydon* telar Turquesco *S1,614*

Syllaba 1

Syllaba, siendo en tanto *S2,188*

Syncòpan 1

La distancia *syncòpan* tan iguales, *S1,1052*

Syrenas 2

Al Iuppiter marino tres *Syrenas*. *S2,360*

Inuidia de *Syrenas*, *S2,533*

Tabla 3

Segunda *tabla* a vn Ginoues mi gruta *P,449*

Breue *tabla* delphin no fue pequeño *S1,18*

En *tabla* redimidos poco fuerte *S2,126*

Tablas 1

En *tablas* diuidida rica naue *P,433*

Tafiletes 1

Tafiletes calçadas carmesies, *S1,317*

Tal 17

Tal la musica es de Polyphemo. *P,96*

Tal redimiendo de importunas aues *P,477*

Tal antes que la opaca nube rompa *P,487*

Tal diligente, el passo *S1,77*

Nautica industria inuestigò *tal* piedra, *S1,379*

En tercio tal negar *tal* compañia, *S1,532*

En tercio *tal* negar tal compañia, *S1,532*

I en tan noble occasion *tal* hospedage. *S1,533*

Tal vez creciendo, tal menguando lunas *S1,607*

Tal vez creciendo, *tal* menguando lunas *S1,607*

Caracteres *tal* vez formando alados *S1,609*

Tal sale aquella que sin alas buela, *S1,638*

Viuora pisa *tal* el pensamiento, *S1,747*

De copia *tal* a estrellas deua amigas *S1,820*

Bien que *tal* vez sañudo *S2,173*

Tal vez desde los muros de'stas rocas *S2,418*

En los campos *tal* vez de Meliona *S2,765*

Taladra 1

Auxiliàr *taladra* el aire luego *S2,910*

Taladro 1

No el torcido *taladro* de la tierra *S1,304*

Talamo 1

Talamo de Acis ya, i de Galathea. *P,336*

Talares 1

Calçandole *talares* mi desseo: *S2,600*

Tales 2

Tales no oiò el Caistro en su arboleda, *S2,525*

Tales no vio el Meandro en su corriente. *S2,526*

Tan 20

O *tan* mudo en la alcandara, que en vano *P,11*

Baston le obedecia *tan* ligero, *P,54*

I al graue peso junco *tan* delgado, *P,55*

Huiera, mas *tan* frio se desata *P,221*

Pastor soy, mas *tan* rico de ganados, *P,385*

Tan golosos, que gime *S1,300*

La sombra aun de lisonja *tan* pequeña. *S1,334*

Quedese amigo, en *tan* inciertos mares, *S1,499*

I en *tan* noble occasion tal hospedage. *S1,533*

Virgen *tan* bella, que hazer podria *S1,783*

Progenie *tan* robusta, que su mano *S1,821*

Si no tan corpulento, mas adusto *S1,1012*

Mancebos *tan* velozes, *S1,1027*

La distancia syncòpan *tan* iguales, *S1,1052*

Tan generosa fe, no facil honda, *S2,161*

Gauia no *tan* capaz, estraño todo *S2,273*

Marmol al fin *tan* por lo Pario puro, *S2,698*

De Pompa *tan* ligera. *S2,798*

Tan vezino a su cielo *S2,804*

Tan mal offrece como construidos *S2,947*

Tanta 13

Que en *tanta* gloria infierno son no breue *P,327*

(Que a *tanta* vista el Lybico desnudo *P,483*

Luz poca parecio, *tanta* es vezina *S1,87*

Llegò, i a vista *tanta* *S1,190*

Frustrados, *tanta* Nautica doctrina, *S1,454*

Mientras el viejo *tanta* accusa tèa *S1,653*

Tanta offrecen los alamos Zagala, *S1,664*

Mientras casero lino Ceres *tanta* *S1,861*

En *tanta* plaia hallò tanta rúina. *S2,511*

En tanta plaia hallò *tanta* rúina. *S2,511*

Si fe *tanta* no en vano *S2,605*

Con su numero el Sol. En sombra *tanta* *S2,886*

De *tanta* inuidia era, *S2,903*

Tantas 12

Tantas flores pisò, como el espumas. *P,128*

Viendo el fiero pastor, vozes el *tantas*, *P,470*

I *tantas* despidió la honda piedras, *P,471*

Redimio con su muerte *tantas* vides) *S1,160*

Tantas al fin el arroiuelo, i tantas *S1,259*

Tantas al fin el arroiuelo, i *tantas* *S1,259*

Con *tantas* de'l primer atreuimiento, *S1,439*

Tantas orejas, quantas guijas laua *S1,560*

Tantas vezes repita sus vmbrales, *S1,814*

Ven Hymeneo, i *tantas* le dè á Pales, *S1,832*

I Primaueras *tantas* os desfloren, *S1,921*

Espada es *tantas* vezes esgrimida *S2,458*

Tanto 23

Que si la mia puede offrecer *tanto*, *P,22*

Tanto de frutas esta la enriquece, *P,139*

La fugitiua Nimpha en *tanto*, donde *P,177*

Al pie, no *tanto* ia de el temor graue, *P,253*

Las cauernas en *tanto*, los ribazos, *P,357*

Que *tanto* esposo admira la ribera, *P,406*

Besò ia *tanto* leño: *S1,127*

A las que *tanto* mar diuide plaias, *S1,376*

Ellas en *tanto* en bobedas de sombras, *S1,612*

Tanto garçon robusto, *S1,663*

Prospera al fin, mas no espumosa *tanto* *S1,926*

Lo graue *tanto*, que le precipita, *S1,1008*

En *tanto* pues que el pallio neutro pende, *S1,1065*

(Guarnicion desigual á *tanto* espejo) *S2,28*

El peregrino pues, haziendo en *tanto* *S2,112*

Thumulo *tanto* debe *S2,165*

Syllaba, siendo en *tanto* *S2,188*

De el sagrado Nereo, no ia *tanto* *S2,210*

Ephire en *tanto* al cañamo torcido *S2,496*

LICIDAS gloria, en *tanto*, *S2,531*

De sceptro digna. Lubrica no *tanto* *S2,823*

(Griego al fin) vna en *tanto*, que de arriba *S2,915*

A media rienda en *tanto* el anhelante *S2,966*

Tantos 9

Tantos jazmines, quanta ierba esconde *P,179*

Su manto azul de *tantos* ojos dora, *P,366*

Tantos luego Astronomicos presagios *S1,453*

De *tantos* como vìolas jazmines. *S1,721*

Tantos de breue fabrica, aunque ruda, *S1,919*

Tantos Palemo à su Licote bella *S2,587*

Suspende; i *tantos* ella *S2,588*

De *tantos* de tu madre vultos canos, *S2,663*

Tantos en las arenas *S2,941*

Tapete 1

Tapete de la Aurora. *S1,476*

Tapiz 1

El que *tapiz* frondoso *S1,716*

Tarde 8

Su pecho inunda, o *tarde*, o mal, o en vano, *P,63*

Tarde le encomendo el Nilo à sus bocas, *S1,494*

I ellas mas *tarde* á la gulosa Grecia, *S1,495*

Dissueluan *tarde* en senectud dichosa: *S1,811*

Que vuestras bacas *tarde*, o nunca herradas. *S1,912*

El *tarde* ya torrente *S2,15*

Arrepentido *tarde* *S2,153*

Tarde, o nunca, pisaron cabras pocas, *S2,398*

Tardo 4

Que el *tardo* Otoño dexa al blando seno *P,75*

Rediman, de el que mas, ó *tardo* buela, *S1,799*

El mas *tardo* la vista desuanece, *S1,1044*

Tardo, mas generoso *S2,787*

Tardò 3

Menos en renuciar *tardò* la encina *S1,350*

Que quanto en conocelle *tardò* Roma *S1,497*

Mas *tardò* el desplegar sus plumas graues *S2,891*

Tardos 1

De *tardos* bueyes, qual su dueño, errantes; *P,164*

Tascando 1

Tascando haga el freno de oro cano *P,13*

Te 19

Si ya los muros no *te* ven de Huelua *P,7*

O dormida *te* hurten a mis quexas *P,379*

En throno de cristal *te* abrace nuera, *P,404*

Polyphemo *te* llama: No te escondas, *P,405*

Polyphemo te llama: No *te* escondas, *P,405*

Fieras *te* expone, que al teñido suelo *SD,10*

Que Hymeneo à sus mesas *te* destina: *S1,314*

Oi *te* guardan su mas precioso engaste, *S1,460*

En aquel mar del Alua *te* descriuo, *S1,482*

I no *te* fuerça obligacion precisa, *S1,519*

La piedad que en mi alma ia *te* hospeda *S1,520*

Oi *te* conuida al que nos guarda sueño *S1,521*

Ven, Hymeneo, ven, donde *te* espera *S1,767*

Luciente nacar *te* siruio no poca *S2,446*

Que cisne *te* conduzgo a esta ribera? *S2,544*

Si *te* perdona el fuego, *S2,546*

Tumba *te* bese el mar buelta la quilla. *S2,548*

Curso de'l llanto metrico *te* fio, *S2,554*

Quan dulces *te* adjudicas ocasiones *S2,658*

Tea 1

Nupcial la califique *tea* luciente: *S2,608*

Tèa 1

Mientras el viejo tanta accusa *tèa* *S1,653*

Tejo 1

Que á la fiesta nupcial de verde *tejo* *S2,31*

Tela 1

Entre la no espigada mies la *tela*. *S1,589*

Telar 1

Cubren las que Sydon *telar* Turquesco *S1,614*

Telas 4

En *telas* hecho antes que en flor el lino <?> *S1,373*

Modestas accusando en blancas *telas*, *S1,839*

Las *telas* burlar quiso, *S2,94*

Caseramente á *telas* reduzida, *S2,344*

Teme 1

Gigantes de cristal los *teme* el cielo; *SD,8*

Temer 1

Temer ruìna, ó recelar fracasso *S1,553*

Temeridades 1

Temeridades enfrenar segundas. *S1,442*

Temeroso 1

La paz de'l conejuelo *temeroso*; *S1,306*

Temiendo 1

Tiernas derramè lagrimas! *temiendo* *S2,454*

Temor 4

Vn *temor* perezoso por sus venas, *P,222*

Al pie, no tanto ia de el *temor* graue,   *P,253*
Muerta de amor, i de *temor* no viua.   *P,352*
Amor la implica, si el *temor* la anuda   *P,354*

Templa   1
Templa en sus ondas tu fatiga ardiente: *SD,27*

Templadamente   1
Herbir las olas vio *templadamente*,   *S2,501*

Templado   6
Templado pula en la maestra mano   *P,9*
Su dulce lengua de *templado* fuego,   *S1,39*
De trompa militar no, o de *templado*   *S1,171*
Fue *templado* Caton, casta Lucrecia;   *S1,498*
El *templado* color de la que adora.   *S1,746*
Vn Bahari *templado*,   *S2,853*

Templar   1
Por *templar* en los braços el desseo   *S1,1068*

Templarse   1
A *templarse* en las ondas; Hymeneo,   *S1,1067*

Templarte   1
Templarte supo, di, barbara mano   *S2,777*

Templo   5
Deidad, aunque sin *templo*, es Galathea: *P,152*
Templo de Pales, alqueria de Flora.   *S1,96*
En el humido *templo* de Neptuno   *S1,478*
Que el *templo* illustra, i á los aires vanos   *S1,648*
Los nouios de el vezino *templo* santo: *S1,847*

Tempranos   1
Claueles de el Abril, rubies *tempranos*   *S1,786*

Tenaz   1
Yedra el uno es *tenaz* de el otro muro: *S1,972*

Tendido   1
No corbo, mas *tendido*)   *S1,464*

Tenebroso   1
De animal *tenebroso*, cuya frente   *S1,75*

Tenian   1
Que á Vulcano *tenian* coronado.   *S1,93*

Teñido   1
Fieras te expone, que al *teñido* suelo   *SD,10*

Tercio   3
De este hermoso *tercio* de serranas: *S1,517*
En *tercio* tal negar tal compañia,   *S1,532*
El *tercio* casi de una milla era   *S1,1047*

Termino   7
Termino luminoso. Y recelando   *S1,64*
I delicioso *termino* al distante,   *S1,582*
Nouillos (breue *termino* surcado)   *S1,849*
Con que se puso *termino* á la lucha.   *S1,980*
Y de Berthumno al *termino* labrado   *S2,236*
Termino torpe era   *S2,797*
Que al mar deue, con *termino* prescripto,   *S2,828*

Terminos   8
Tu nombre oiran los *terminos* de'l mundo.   *P,24*
A su audacia los *terminos* limita,   *P,323*
Muertas pidiendo *terminos* disformes,   *SD,11*
Los *terminos* saber todos no quiere)   *S1,409*
Terminos le da el sueño al regozijo,   *S1,677*
De los dudosos *terminos* de el dia.   *S1,1072*
Los *terminos* confunda de la cena   *S2,245*
Los *terminos* de cañamo pedidos: *S2,440*

Termodonte   1
Ô si de'l *Termodonte*   *S1,275*

Terneruela   1
Purpurea *terneruela*, conducida   *S1,287*

Ternezuelo   1
De'l *ternezuelo* gamo,   *S1,331*

Terno   2
El *terno* Venus de sus gracias summa: *P,100*
Terno de gracias bello repetido   *S1,888*

Terreno   1
Mas de'l *terreno* cuenta cristalino   *S2,860*

Terror   1

Terror de tu sobrino ingeníôso,   *S2,788*

Terso   1
O de *terso* marfil sus miembros bellos,   *S1,489*

Testigo   2
Veràs curioso, i honrraràs *testigo*   *S1,526*
Sus alas el *testigo*, que en prolija   *S2,976*

Tethis   1
Caçar à *Tethis* veo,   *S2,419*

Tetys   1
De las hijas de *Tetys*, i el mar vea,   *P,370*

Texen   1
Y qual mancebos *texen* anudados   *S2,332*

Texido   3
Que negò al viento el nacar bien *texido*)   *S1,887*
Texido en ellas se quedò burlado.   *S2,95*
Que de carriços fragiles *texido*,   *S2,109*

Texiendo   2
Choros *texiendo* estés, escucha vn dia   *P,383*
Choros *texiendo*, vozes alternando,   *S1,540*

Texio   3
Sobre la mimbre, que *texio* prolixa,   *P,159*
Texio de verdes hojas la arboleda,   *S1,717*
Texio en sus ramas inconstantes nidos,   *S2,269*

Texió   1
I artifice *texió* la Primauera,   *P,316*

Thalamo   3
I con razon, que el *thalamo* desdeña   *S1,333*
Dosel al dia, i *thalamo* á la noche: *S1,471*
El *thalamo* de nuestros labradores: *S1,527*

Thalia   1
Culta si, aunque bucolica *Thalia*,   *P,2*

Theatro   5
Que festiuo *theatro* fue algun dia   *S1,188*
Theatro dulce, no de scena muda,   *S1,624*
Las dos partes raiaua del *theatro*   *S1,981*
De donde ese *theatro* de Fortuna   *S2,401*
Mucho *theatro* hizo poca arena.   *S2,771*

Thetis   2
En el Farol de *Thetis* solicita.   *S2,8*
Si *Thetis* no (desde sus grutas hondas)   *S2,624*

Thiara   1
Piedra, indigna *Thiara*   *S1,73*

Thiorba   1
Cristalina sonante era *thiorba*,   *S2,350*

Throno   1
En *throno* de cristal te abrace nuera,   *P,404*

Thumulo   1
Thumulo tanto debe   *S2,165*

Thyrsos   1
Thyrsos eran del Griego Dios nacido   *S2,329*

Ti   1
No en *ti* la ambicion mora   *S1,108*

Tibia   1
O por breue, o por *tibia*, o por cansada,   *S2,156*

Tiburon   1
No al fiero *Tiburon* verdugo horrendo   *S2,455*

Tiempo   10
Seras a vn *tiempo* en estos Orizontes   *P,463*
(Sangre sudando) en *tiempo* harà breue   *SD,14*
La poluora de el *tiempo* mas preciso;   *S1,118*
Sabe el *tiempo* hazer verdes halagos.   *S1,221*
Al *tiempo*, que de flores impedido   *S1,284*
Son de la Nympha vn *tiempo*, ahora caña,   *S1,884*
Fin mudo al baile, al *tiempo* que seguida   *S1,945*
Venia al *tiempo* el nieto de la Espuma,   *S2,521*
Que el *tiempo* buela: Goza pues ahora   *S2,601*
Puesto en *tiempo* corona, si no escala   *S2,849*

Tienda   1
Tienda el frexno le dio, el robre alimento.   *S1,142*

Tierna   1

De zagalejas candidas voz *tierna*   *S1,765*

Tiernas   1
Tiernas derramè lagrimas! temiendo   *S2,454*

Tierno   6
De el mas *tierno* coral ciñe Palemo,   *P,122*
Mas conculcado el pampano mas *tierno*   *P,469*
Le coronò el Amor, mas ribal *tierno*,   *S1,158*
Tierno discurso, i dulce compañia   *S1,226*
De'l *tierno* humor las venerables canas,   *S1,514*
Eral loçano assi novillo *tierno*   *S2,17*

Tiernos   1
De lagrimas los *tiernos* ojos llenos,   *S1,360*

Tierra   15
De este pues formidable de la *tierra*   *P,41*
Delphin, que sigue en agua Corza en *tierra*!   *P,136*
De la copia á la *tierra* poco auara   *P,157*
Breue flor, ierba humilde, i *tierra* poca,   *P,350*
No el torcido taladro de la *tierra*   *S1,304*
Si bien por vn mar ambos, que la *tierra*   *S1,399*
Inunde liberal la *tierra* dura;   *S1,823*
Mañosos, al fin hijos de la *tierra*,   *S1,973*
Que quando Ceres mas dora la *tierra*   *S1,1028*
Resiste obedeciendo, i *tierra* pierde.   *S2,26*
No poca *tierra* esconda: *S2,162*
Si ai ondas mudas, si ai *tierra* leue.   *S2,171*
Isla, mal de la *tierra* diuidida,   *S2,191*
I de la firme *tierra* el heno blando   *S2,689*
Que de la *tierra* estos admitidos: *S2,953*

Tierras   1
Peinan las *tierras* que surcaron antes,   *P,162*

Tigre   1
Qual *tigre*, la mas fiera,   *S1,366*

Timida   3
Fia su intento; i *timida*, en la vmbria   *P,254*
Timida liebre, quando   *S2,767*
Lo que *timida* excussa.   *S2,922*

Timido   3
Que á las de el Ponto *timido* atribuie;   *S1,600*
El mas *timido* al fin mas ignorante   *S2,281*
Que *timido* perdona á sus cristales   *S2,843*

Timon   1
El *timon* alternar menos seguro,   *S2,145*

Tiniebla   1
Fingieron dia en la *tiniebla* obscura)   *S1,683*

Tinieblas   1
(Aun à pesar de las *tinieblas* bella,   *S1,71*

Tipheo   1
O tumba de los huessos de *Tipheo*;   *P,28*

Tiphis   1
Tiphis el primer leño mal seguro   *S1,397*

Tiranniza   1
Tiranniza los campos vtilmente: *S1,201*

Tiro   3
El luminoso *tiro*   *S1,710*
Sediento siempre *tiro*   *S2,616*
De'l luminoso *tiro*, las pendientes   *S2,679*

Tithon   1
Las canas de *Tithon* halla las mias,   *S2,395*

Tixera   1
La blanca espuma, quantos la *tixera*   *S1,917*

Toda   3
Librada en vn pie *toda* sobre el pende,   *P,258*
Aduocaron a si *toda* la gente   *S1,1025*
Su vista libra *toda* el estrangero.   *S2,930*

Todas   4
Concurren *todas*, i el peñasco duro   *P,495*
De sus aldeas *todas*   *S1,265*
Mezcladas hazen *todas*   *S1,623*
(Bien que *todas* en vano)   *S2,962*

Todo   5
(Alga *todo*, i espumas)   *S1,26*

Troncos me offrecen arboles maiores,   *P,397*
Sacros *troncos* sudar fragantes gomas,   *S1,923*
Que los Herculeos *troncos* haze breues: *S1,1049*
De'l huerto, en cuios *troncos* se desata   *S2,326*
Los rudos *troncos* oi de mis umbrales.   *S2,597*

Tropa   3
Sigue la femenil *tropa* commigo,   *S1,525*
La maritima *tropa*,   *S2,55*
Tropa inquièta contra el aire armada.   *S2,716*

Tropheo   4
Ostentacion gloriosa, alto *tropheo*   *P,238*
Delicias de aquel mundo, ya *tropheo*   *P,445*
Tropheo ia su numero es a un hombro,   *S1,307*
Purpureo son *tropheo*.   *S1,791*

Tropheos   2
Tropheos dulces de vn canoro sueño.   *S1,128*
De funerales barbaros *tropheos*,   *S1,956*

Tropicos   1
Appella, entre los *Tropicos* grifaños,   *S2,919*

Trueno   2
El *trueno* de la voz fulminó luego!   *P,359*
Zeloso *trueno* antiguas ayas mueue: *P,486*

Tu   32
Ahora que de luz *tu* NIEBLA doras,   *P,5*
Tu nombre oiran los terminos de'l mundo.   *P,24*
Ô *tu*, que en dos incluies las mas bellas.   *P,368*
Aunque pastor. Si *tu* desden no espera   *P,402*
Aluergue oy por *tu* causa al peregrino,   *P,431*
Ô *tu*, que de venablos impedido,   *SD,5*
La hasta de *tu* luciente jaualina;   *SD,21*
Del sitiâl a *tu* Deidad deuido,   *SD,25*
Templa en sus ondas *tu* fatiga ardiente: *SD,27*
A la Rèàl cadena de *tu* escudo: *SD,32*
Que à *tu* piedad Euterpe agradecida,   *SD,35*
Tu fabrica son pobre   *S1,102*
Tu, aue peregrina,   *S1,309*
Penda el rugoso nacar de *tu* frente   *S1,312*
Sobre el crespo zaphiro de *tu* cuello,   *S1,313*
Tu, cudicia, tu pues, de las profundas   *S1,443*
Tu, cudicia, *tu* pues, de las profundas   *S1,443*
Doblaste alegre; i *tu* obstinada entena   *S1,451*
Si tu neutralidad sufre consejo,   *S1,518*
Que de *tu* calidad señas maiores   *S1,528*
Crepusculos, vincule *tu* coiunda   *S1,777*
Fíelas de *tu* calma,   *S2,120*
De *tu* fortuna, aun mas que de su hado.   *S2,122*
O mar! O *tu* supremo   *S2,123*
Muera mi culpa, i *tu* desden le guarde   *S2,152*
Los lilios de *tu* Aurora,   *S2,602*
De tantos de *tu* madre vultos canos,   *S2,663*
Al peregrino por *tu* causa vemos   *S2,665*
Mientras perdona *tu* rigor al sueño.   *S2,676*
Con las palomas, Venus, de *tu* carro.   *S2,752*
Terror de *tu* sobrino ingeníòso,   *S2,788*

Tuia   1
Si vida me ha dexado que sea *tuia*   *S2,133*

Tumba   3
O *tumba* de los huessos de Tipheo;   *P,28*
Cerulea *tumba* fria   *S1,391*
Tumba te bese el mar buelta la quilla.   *S2,548*

Tumulos   1
En *tumulos* de espuma paga breue.   *S2,406*

Turba   7
Infame *turba* de nocturnas aues,   *P,39*
Qual de aues se calò *turba* canora   *S1,633*
Calarse *turba* de inuidiosas aues   *S1,989*
A la *turba*, que dar quisiera vozes   *S2,44*
La *turba* aun no de'l apazible lago   *S2,841*
Cenith ya de la *turba* fugitiua.   *S2,909*
Quantos da la cansada *turba* passos,   *S2,940*

Turbante   2
Ciñe, sino de purpura *turbante*:   *S1,296*

De quantos ciñen Libico *turbante*,   *S2,763*

Turbò   1
Preuista le *turbò*, o prognosticada: *P,303*

Turno   1
Mudos coronen, otros, por su *turno*   *S1,801*

Turquesadas   1
Turquesadas cortinas: *S1,418*

Turquesco   1
Cubren las que Sydon telar *Turquesco*   *S1,614*

Tus   14
Sobre *tus* huebos coronaba el dia,   *P,418*
I entregados *tus* miembros al reposo   *SD,28*
Tus vmbrales ignora   *S1,124*
A *tus* huessos desdeñas.   *S1,446*
Me dan, que de el Ocèano *tus* paños,   *S1,529*
Fie *tus* nudos ella, que los dias   *S1,810*
Rastro en tus ondas, mas que en *tus* arenas.   *S2,136*
Rastro en *tus* ondas, mas que en *tus* arenas.   *S2,136*
Si no ha dado su nombre á *tus* espumas,   *S2,140*
De *tus* remos ahora conducida   *S2,551*
Quando, de *tus* dos Soles   *S2,560*
De mis ceniças dieron *tus* riberas.   *S2,562*
I *tus* prisiones ia arrastraua graues: *S2,566*
Lee quanto han impresso en *tus* arenas   *S2,568*

Tutora   1
La rubia paja; i palida *tutora*   *P,79*

Tuya   2
Tuya serà mi vida: *S2,132*
Ià inuidia *tuya*, Dedalo, aue ahora,   *S2,789*

Tuyos   1
Tuyos seran mis años   *S2,125*

Tyranno   1
Tyranno el Sacre de lo menos puro   *S2,931*

Tyria   2
Purpura *Tyria*, o Milanes brocado.   *S1,166*
Cuyo pie *Tyria* purpura colora.   *S2,790*

Tyrio   2
El *Tyrio* sus matices, sì bien era   *P,314*
Ni de'l que enciende el mar *Tyrio* veneno,   *S2,558*

Uió   1
Qual otro no *uió* Phebo mas robusto   *P,407*

Umbrales   1
Los rudos troncos oi de mis *umbrales*.   *S2,597*

Una   6
De *una* encina embeuido   *S1,267*
Cisnes pues *una* i otra pluma, en esta   *S1,939*
El tercio casi de *una* milla era   *S1,1047*
Los cristales pisaua de *una* fuente: *S2,319*
De *una* laguna breue,   *S2,833*
A la solicitud de *una* atalaya   *S2,943*

Unas   1
Las sombras solicita de *unas* peñas.   *S1,359*

Undoso   1
El campo *undoso* en mal nacido pino[?] < , >
   S1,371

Unió   1
Que vario sexo *unió*, y vn surco abriga.   *P,480*

Uno   2
Vuestros corchos por *uno*, i otro poro   *S1,924*
Yedra el *uno* es tenaz de el otro muro: *S1,972*

Unos   1
Que torpe á *unos* carrizos le retira,   *S2,866*

Va   2
A reuelar secretos *va* à la aldea,   *S1,699*
Que en sonoro metal le *va* siguiendo)   *S2,852*

Vacia   1
Poca palestra la region *vacia*   *S2,902*

Vacilante   1
Declina al *vacilante*   *S1,57*

Vacios   1
Que los valles impido mas *vacios*,   *P,386*

Vacìos   1
Corcho, i moradas pobres sus *vacìos*   *S2,299*

Vadéàndo   1
I *vadéàndo* nubes, las espumas   *S1,952*

Vaga   1
Vaga Clicie de'l viento   *S1,372*

Vagas   2
Vagas cortinas de volantes vanos   *P,213*
Vagas el pie, sacrilegas el cuerno,   *P,467*

Vago   4
Emulo *vago* de'l ardiente coche   *S1,468*
Su *vago* pie de pluma   *S1,1031*
Reina la aueja, oro brillando *vago*,   *S2,294*
Al viento esgremiran cuchillo *vago*.   *S2,840*

Valelle   1
Sin *valelle* al lasciuo ostion el justo   *S2,83*

Valido   1
Bala el ganado, al misero *valido*   *P,171*

Valiente   4
Cyclope, à quien el pino mas *valiente*   *P,53*
(De Philódoces emula *valiente*,   *S2,448*
Que io al mar el que à vn Dios hizo *valiente*   *S2,582*
Galan siguio *valiente*, fatigando   *S2,766*

Valientes   2
De *valientes* desnudos labradores.   *S1,962*
Alterno impulso de *valientes* palas   *S2,925*

Vallenas   1
Conducir orcas, alistar *Vallenas*,   *S1,436*

Valles   1
Que los *valles* impido mas vacios,   *P,386*

Vallete   1
Verde era pompa de vn *vallete* oculto,   *S2,287*

Vana   4
Emula *vana*; el ciego Dios se enoja,   *P,110*
De ponderosa *vana* pesadumbre   *S1,169*
De Arachnes, otras, la arrogancia *vana*   *S1,838*
Que arrollò su espolon con pompa *vana*   *S2,71*

Vano   11
O tan mudo en la alcandara, que en *vano*   *P,11*
Su pecho inunda, o tarde, o mal, o en *vano*,   *P,63*
Sobre vna alfombra, que imitàra en *vano*   *P,313*
Por igualarme la montaña en *vano*;   *P,414*
Escalar pretendiendo el monte en *vano*,   *S2,13*
Solicitando en *vano*   *S2,148*
Quantas vozes le di! Quantas (en *vano*)   *S2,453*
Si fe tanta no en *vano*   *S2,605*
Negar pudiera en *vano*.   *S2,700*
Q < u > e en *vano* podra pluma   *S2,847*
(Bien que todas en *vano*)   *S2,962*

Vanos   3
Vagas cortinas de volantes *vanos*   *P,213*
Que el templo illustra, i á los aires *vanos*   *S1,648*
Por que? Por esculptores quiçà *vanos*   *S2,662*

Vaquera   1
De rustica, *vaquera*,   *S1,876*

Vaquero   3
Meta vmbrosa al *vaquero* conuecino,   *S1,581*
A vn *vaquero* de aquellos montes gruesso,   *S1,1004*
El adusto *vaquero*.   *S1,1022*

Vara   1
Sobre dos hombros larga *vara* ostenta   *S1,315*

Varada   1
Varada pende á la immortal memoria   *S1,479*

Vario   2
Que *vario* sexo unió, y vn surco abriga.   *P,480*
Por lo bello agradable, i por lo *vario*   *S1,484*

Vaso   1
I mucha sal no solo en poco *vaso*,   *S2,4*

Vasos   1
Quanto en *vasos* de abeto nueuo mundo   *S2,404*

Vasso   1

Por apurarle la ponzoña al *vasso*. *P,288*

Vazio 1

Bosteço el melancolico *vazio* *P,42*

Vazìos 1

Pequeños no *vazìos* *S1,955*

Vbres 1

No los que de sus *vbres* desatados, *P,389*

Vea 1

De las hijas de Tetys, i el mar *vea*, *P,370*

Veces 1

A la ausencia mil *veces* offrecida, *P,229*

Vedadas 1

A las *vedadas* ondas, *S2,623*

Vee 2

Estos arboles pues *vee* la mañana *S1,701*
Que qual la Arabia, madre *vee* de aromas *S1,922*

Veerla 1

Por *veerla* menos bella, *S1,666*

Vega 1

Lo que a Ceres, i aun mas, su *vega* llana; *P,146*

Vèìa 1

Quando en el cielo vn ojo se *vèìa*. *P,422*

Vela 1

Sordo huie el baxel a *vela*, i remo, *P,95*

Velera 1

Que *velera* vn Neptuno, i otro surca, *S2,565*

Veleras 1

Sino grullas *veleras*, *S1,606*

Vellones 1

Vellones les desnuda. *S1,918*

Veloces 1

(Cristal pisando azul con pies *veloces*) *S2,46*

Veloz 5

Dorado pomo a su *veloz* carrera. *P,132*
Veloz intrepida ala, *S1,50*
Torpe la mas *veloz* marino toro, *S2,427*
(Tremula, si *veloz*) les arrebata, *S2,514*
El *veloz* hijo ardiente *S2,724*

Velozes 2

(Pasos dando *velozes*) *S1,231*
Mancebos tan *velozes*, *S1,1027*

Vemos 2

Qual en los Equinoccios surcar *vemos* *S1,603*
Al peregrino por tu causa *vemos* *S2,665*

Ven 26

Si ya los muros no te *ven* de Huelua *P,7*
Ven, Hymeneo, ven, donde te espera *S1,767*
Ven, Hymeneo, *ven*, donde te espera *S1,767*
Ven, Hymeneo, ven; ven, Hymeneo. *S1,779*
Ven, Hymeneo, *ven*; ven, Hymeneo. *S1,779*
Ven, Hymeneo, ven; *ven*, Hymeneo. *S1,779*
Ven, Hymeneo, donde entre arreboles *S1,780*
Ven, Hymeneo, ven; ven, Hymeneo. *S1,792*
Ven, Hymeneo, *ven*; ven, Hymeneo. *S1,792*
Ven, Hymeneo, ven; *ven*, Hymeneo. *S1,792*
Ven, Hymeneo, i plumas no vulgares *S1,793*
Ven Hymeneo, ven; ven Hymeneo. *S1,805*
Ven Hymeneo, ven; *ven* Hymeneo. *S1,805*
Ven Hymeneo, *ven*; ven Hymeneo. *S1,805*
Ven, Hymeneo, i las volantes pias, *S1,806*
Ven, Hymeneo, ven; ven Hymeneo. *S1,818*
Ven, Hymeneo, *ven*; ven Hymeneo. *S1,818*
Ven, Hymeneo, ven; *ven* Hymeneo. *S1,818*
Ven Hymeneo, i nuestra agricultura *S1,819*
Ven, Hymeneo, ven; ven, Hymeneo. *S1,831*
Ven, Hymeneo, *ven*; ven, Hymeneo. *S1,831*
Ven, Hymeneo, ven; *ven*, Hymeneo. *S1,831*
Ven Hymeneo, i tantas le dè á Pales, *S1,832*
Ven Hymeneo, *ven*; ven Hymeneo. *S1,844*
Ven Hymeneo, ven; ven Hymeneo. *S1,844*
Ven Hymeneo, ven; *ven* Hymeneo. *S1,844*

Vena 1

De quien es dulce *vena* *S2,14*

Venablos 1

Ô tu, que de *venablos* impedido, *SD,5*

Venado 1

Registra en otras puertas el *venado* *P,425*

Venas 4

Vn temor perezoso por sus *venas*, *P,222*
Calçò el liquido aljofar de sus *venas*. *P,500*
Blanca, hermosa mano, cuias *venas* *S1,877*
De la purpura viendo de sus *venas*, *S2,429*

Venatorias 1

Nauticas *venatorias* marauillas *S2,421*

Venatorio 1

Al *venatorio* estruendo *S1,230*

Vence 1

Vence la noche al fin, i triumpha mudo *S1,687*

Vencedores 1

Vencedores se arrogan los serranos *S1,562*

Vencida 3

Vencida al fin la cumbre *S1,52*
Vencida restituye *S2,439*
Vencida se apeò la vista apenas, *S2,938*

Vencidas 1

Al Sol, calmas *vencidas*, i naufragios; *S1,456*

Vencido 2

De la cansada juuentud *vencido*, *S1,339*
El duro son, *vencido* el fosso breue, *S2,714*

Vencio 2

Vencio su agilidad, i artificiosa *S2,268*
Y milano *vencio* con pesadumbre) *S2,399*

Vença 1

Vença no solo en su candor la nieue, *S1,897*

Venda 1

El niño Dios entonces de la *venda* *P,237*

Vendado 1

Ô, de'l aue de Iuppiter *vendado* *S2,652*

Veneno 6

Lo mas dulce el Amor de su *veneno*: *P,286*
Sierpes de aljofar, aun maior *veneno*, *S1,599*
Manjares, que el *veneno*, *S1,865*
En lugar de *veneno*) *S2,322*
Ni de'l que enciende el mar Tyrio *veneno*, *S2,558*
El *veneno* de'l ciego ingenìoso, *S2,633*

Venera 4

Que sin fanal conduce su *venera*: *P,116*
Que acero sigue, idolatra *venera*, *P,198*
Venera fue su cuna. *S2,90*
Mora, y Pomona se *venera* culta. *S2,199*

Venerable 4

Su forastero, luego al *venerable* *S1,723*
Estas, dixo el isleño *venerable*, *S2,308*
Al *venerable* isleño *S2,315*
De'l *venerable* isleño, *S2,641*

Venerables 1

De'l tierno humor las *venerables* canas, *S1,514*

Veneradas 1

A las Quinas (de'l viento aun *veneradas*) *S2,377*

Venerado 1

Su deidad culta, *venerado* el sueño. *P,228*

Veneras 1

Las rugosas *veneras*, *S2,556*

Veneros 1

Sus ardientes *veneros*, *S2,378*

Venia 1

Venia al tiempo el nieto de la Espuma, *S2,521*

Venian 1

Quexandose *venian* sobre el guante *S2,972*

Venturoso 1

Al mancebo leuanta *venturoso*; *P,306*

Venus 5

El terno *Venus* de sus gracias summa: *P,100*
Pauon de *Venus* es, cisne de Iuno. *P,104*
Venus de el mar, Cupido de los montes. *P,464*
Casta *Venus*, que el lecho ha preuenido *S1,1085*
Con las palomas, *Venus*, de tu carro. *S2,752*

Veo 2

Quando entre globos de agua, entregar *veo* *P,441*
Caçar à Tethis *veo*, *S2,419*

Ver 1

Que á *ver* el dia buelue *S2,742*

Verano 1

De innumerables cabras el *verano*. *P,412*

Veràs 1

Veràs curioso, i honrraràs testigo *S1,526*

Verdaderos 1

Sino con *verdaderos* desengaños; *S2,366*

Verde 26

I entre el membrillo, o *verde*, o datilado, *P,82*
Verde el cabello, el pecho no escamado, *P,117*
Que la almendra guardò entre *verde*, i seca *P,202*
Confuso alcaide mas el *verde* soto. *P,248*
Raiò el *verde* obelisco de la choça. *S1,181*
Verde balcon de'l agradable risco. *S1,193*
De el *verde* margen otra las mejores *S1,247*
Verde muro de aquel lugar pequeño, *S1,523*
Que les miente la voz, i *verde* cela *S1,588*
Trençandose el cabello *verde* à quantas *S1,661*
De su frondosa pompa al *verde* aliso *S1,692*
Qual de el rizado *verde* boton, donde *S1,727*
Y al *verde*, jouen, floreciente llano *S1,824*
A la *verde* florida palizada: *S1,947*
Vn pardo gauan fue en el *verde* suelo; *S1,986*
De blancas ouas, i de espuma *verde* *S2,25*
Que á la fiesta nupcial de *verde* tejo *S2,31*
El *verde* robre, que es barquillo ahora, *S2,38*
Entre la *verde* juncia, *S2,258*
Hermana de Phaeton, *verde* el cabello, *S2,263*
Verde era pompa de vn vallete oculto, *S2,287*
Sino algun siempre *verde*, siempre cano *S2,460*
Verde no mudo choro *S2,720*
De'l Pyrineo la ceniza *verde*, *S2,759*
O entre la *verde* ierba *S2,877*
Verde poso occupando, *S2,888*

Verdes 13

I vn copo en *verdes* juncos de manteca: *P,204*
Dos *verdes* garças son de la corriente. *P,212*
Quando, a los *verdes* margenes ingrata, *P,219*
I *verdes* celosias vnas iedras, *P,311*
Sabe el tiempo hazer *verdes* halagos. *S1,221*
Ser menos las que *verdes* Hamadrias *S1,261*
De'l alamo, que peina *verdes* canas. *S1,591*
No ha sabido imitar *verdes* alfombras, *S1,615*
Texio de *verdes* hojas la arboleda, *S1,717*
Ser pallios *verdes*, ser frondosas metas, *S1,1037*
Entre vnos *verdes* carrizales, donde *S2,250*
Entre las *verdes* roscas de las iedras *S2,352*
Verdes hilos de aljofares risueños. *S2,862*

Verdugo 2

Verdugo de las fuerças es prolixo. *S1,679*
No al fiero Tiburon *verdugo* horrendo *S2,455*

Verdura 1

Infamò la *verdura* con su pluma, *S2,885*

Vergonçosa 1

Por bruxula concede *vergonçosa*. *S1,731*

Vergonçosas 1

De sus mexillas siempre *vergonçosas* *S1,790*

Vergonçoso 1

De el choro *vergonçoso*, *S2,243*

Versos 1

Quantos me dictò *versos* dulce Musa *SD,2*

Ves 1

Quando el que *ves* sayal fue limpio azero: *S1,217*

Vestida 7

Calçada Abriles, i *vestida* Maios, *S1,577*

Y nieue de colores mill *vestida*, *S1,627*

Matutinos de el Sol raios *vestida*, *S1,949*

La admiracion, *vestida* un marmol frio, *S1,999*

Echo *vestida* vna cauada roca, *S2,185*

Iaspes calçada, i porfidos *vestida*. *S2,671*

Cuia *vestida* nieue anima un ielo, *S2,865*

Vestidas 3

En las *vestidas* rosas su cuidado. *S1,355*

De sus *vestidas* plumas *S2,141*

Las horas ia de numeros *vestidas* *S2,677*

Vestido 8

Salamandria de'l Sol, *vestido* estrellas, *P,185*

Desnudo el jouen, quanto ya el *vestido* *S1,34*

Reconociendo el mar en el *vestido*, *S1,361*

A los ojos de Ascalapho, *vestido* *S1,990*

El Cenith escalò, plumas *vestido*, *S2,138*

De la cola *vestido*, *S2,476*

El Sacre, las del Noto alas *vestido*, *S2,750*

I al de plumas *vestido* Mexicano, *S2,780*

Vestidos 1

Pollos si de las propias no *vestidos*, *S2,954*

Vestir 1

Vestir un leño como viste un ala. *S2,848*

Vez 11

De las hondas; si en *vez* de'l pastor pobre, *P,167*

Do guarda en *vez* de azero *S1,103*

Limpio saial (en *vez* de blanco lino) *S1,143*

Tal *vez* creciendo, tal menguando lunas *S1,607*

Caracteres tal *vez* formando alados *S1,609*

O mar, quien otra *vez* las ha fiado *S2,121*

Bien que tal *vez* sañudo *S2,173*

Republica ceñida, en *vez* de muros, *S2,292*

Segunda *vez*, que en pampanos desmiente *S2,330*

Tal *vez* desde los muros de'stas rocas *S2,418*

En los campos tal *vez* de Meliona *S2,765*

Vezes 12

El que de cabras fue dos *vezes* ciento *S1,153*

Que quatro *vezes* auia sido ciento *S1,470*

Tantas *vezes* repita sus vmbrales, *S1,814*

Quatro *vezes* en doze labradoras, *S1,889*

Tres *vezes* ocupar pudiera vn dardo. *S1,998*

Dos *vezes* eran diez, i dirigidos *S1,1035*

Con siluo igual, dos *vezes* diez saetas. *S1,1040*

Dos *vezes* huella la campaña al dia, *S2,12*

Muchas eran, i muchas *vezes* nueue *S2,353*

Espada es tantas *vezes* esgrimida *S2,458*

Que algunas *vezes* despedido, quanto *S2,468*

Las *vezes* que en fiado al viento dada *S2,743*

Vezina 5

Luz poca parecio, tanta es *vezina* *S1,87*

Estrella á nuestro polo mas *vezina*: *S1,385*

Debajo aun de la Zona mas *vezina* *S1,455*

Vezina luego, pero siempre incierta. *S2,712*

Que en desatarse al polo ia *vezina* *S2,893*

Vezino 3

En cercado *vezino*, *S1,635*

Los nouios de el *vezino* templo santo: *S1,847*

Tan *vezino* a su cielo *S2,804*

Vezinos 2

Que *vezinos* sus pueblos, de presentes *S1,621*

Vezinos eran destas alquerias, *S2,956*

Vi 1

Miréme, i lucir *vi* vn sol en mi frente, *P,421*

Viàles 1

Mentir florestas, i emular *viàles*, *S1,702*

Vibrante 1

Harpon *vibrante* supo mal Protheo *S2,425*

Viciosa 1

A Pales su *viciosa* cumbre deue *P,145*

Victoria 1

Con nombre de *Victoria*. *S1,480*

Vid 1

Que de su nueuo tronco *vid* lasciua, *P,351*

Vida 5

Fiò, i su *vida* à vn leño. *S1,21*

Tuya serà mi *vida*: *S2,132*

Si *vida* me ha dexado que sea tuia *S2,133*

Contra mis redes ia, contra mi *vida*; *S2,459*

Hijo de'l bosque, i padre de mi *vida*, *S2,550*

Vides 3

Redimio con su muerte tantas *vides*) *S1,160*

I los olmos casando con las *vides*, *S1,828*

Qual duros olmos de implicantes *vides*, *S1,971*

Vidriera 1

Lux el reflexo, la agua *vidriera*. *S1,676*

Vidrio 1

Sino en *vidrio* topacios carmesïes, *S1,870*

Viejo 4

De'l *viejo* Alcimedon inuencion rara. *S1,152*

I el cielo con el poluo. Enxugò el *viejo* *S1,513*

Mientras el *viejo* tanta accusa tèa *S1,653*

Al *viejo* sigue, que prudente ordena *S2,244*

Viendo 7

Dulce Occidente *viendo* al sueño blando; *P,190*

A pesar luego de las ramas, *viendo* *P,269*

Viendo el fiero pastor, vozes el tantas, *P,470*

Viendo el fiero jayan con passo mudo *P,481*

I al garçon *viendo*, quantas mouer pudo *P,485*

Viendo pues que igualmente les quedaua *S1,630*

De la purpura *viendo* de sus venas. *S2,429*

Viento 34

Peinar el *viento*, fatigar la selua. *P,8*

Al *viento* que le peina proceloso *P,59*

Armò de crueldad, calzò de *viento*, *P,66*

A la de *viento* quando no sea cama, *P,215*

A mis gemidos son rocas al *viento*, *P,378*

Imponiendole estaua, si no al *viento* *P,439*

Quando la Fama no su trompa a'l *viento*. *SD,37*

Fue à las ondas, fue al *viento* *S1,12*

Hydropica de *viento*, *S1,109*

Que'l *viento* repelò a alguna coscoja: *S1,175*

En quanto á su furor perdonò el *viento*. *S1,349*

Vaga Clicie de'l *viento* *S1,372*

Sombra de'l Sol, i tossigo de'l *viento*, *S1,420*

Que'l *viento* su caudal, el mar su hijo. *S1,506*

A la que menos de el sañudo *viento* *S1,551*

Que negò al *viento* el nacar bien texido) *S1,887*

En cuia orilla el *viento* hereda ahora *S1,954*

Pisò de el *viento* lo que de el egido *S1,997*

A duro toro, aun contra el *viento* armado; *S2,21*

Los annales diaphanos del *viento*. *S2,143*

Que fingen sus dos alas, hurtó el *viento*. *S2,184*

A los corteses juncos (porque el *viento* *S2,233*

Conejuelos, que (el *viento* consultado) *S2,279*

(Redil las ondas, i pastor del *viento*) *S2,311*

A las Quinas (de'l *viento* aun veneradas) *S2,377*

Al *viento* quexas. Organos de pluma *S2,523*

Florida ambrosia al *viento* diò ginete; *S2,728*

Las vezes que en fiado al *viento* dada *S2,743*

Repite su prision, i al *viento* absuelue. *S2,744*

Al *viento* esgremiran cuchillo vago. *S2,840*

Entredichos, que el *viento*: *S2,871*

Breue esphera de *viento*, *S2,923*

Dexò al *viento*, si no restitúido, *S2,935*

(Injurias de la luz, horror dél *viento*) *S2,975*

Vientos 2

De *vientos* no conjuracion alguna: *S1,67*

(A pesar de los *vientos*) mis cadenas. *S2,569*

Vieras 1

Vieras intempestiuos algun dia *S2,414*

Vierte 1

El cuerno *vierte* el hortelano entero *P,158*

Vigilante 3

La bruxula de el sueño *vigilante*, *P,290*

El can ia *vigilante* *S1,84*

Cuio lasciuo esposo *vigilante* *S1,293*

Vigilantes 1

Vigilantes, aquellos, la aldehuela *S1,798*

Villana 2

Que la sinceridad burla *villana* *S1,120*

Villana Psyches, Nympha labradora *S1,774*

Villanage 1

Con todo el *villanage* vltramarino, *S2,30*

Villanas 2

Segunda primauera de *villanas*, *S1,619*

La nouia sale de *villanas* ciento *S1,946*

Villano 4

Qual, haziendo el *villano* *S1,68*

De el *villano* membrudo: *S1,694*

De gloria, aunque *villano*, solicita *S1,1003*

El pie *villano*, que grosseramente *S2,318*

Vimos 2

I aun el siguiente Sol no *vimos*, quando *S2,507*

En la riuera *vimos* conuecina *S2,508*

Vinculados 1

Si (*vinculados* todos á sus cargas, *S1,509*

Vinculan 1

Que mis huessos *vinculan*, en su orilla *S2,547*

Vincule 1

Crepusculos, *vincule* tu coiunda *S1,777*

Vinculen 1

Medianias *vinculen* competentes *S1,931*

Vinculo 2

Vinculo desatado, instable puente. *S2,48*

Que aun de seda no ai *vinculo* súaue. *S2,808*

Vinculò 1

Su nectar *vinculò* la Primauera. *P,208*

Vinos 1

No de humosos *vinos* agrauado *S1,167*

Vio 5

Leche, que exprimir *vio* la Alua aquel dia, *S1,147*

La sombra *vio* florida *S1,628*

Saludar *vio* la Aurora, *S2,39*

Herbir las olas *vio* templadamente, *S2,501*

Tales no *vio* el Meandro en su corriente. *S2,526*

Vió 3

Adora, que *vió* el Reino de la espuma; *P,98*

El vulto *vió*, i haciendole dormido *P,257*

Sufrir muros le *vió*, romper Phalanges. *P,456*

Violado 1

Torpe, mas toro al fin, que el mar *violado* *S2,428*

Vìolador 1

Vìolador del virginal decoro; *S2,462*

Vìolar 1

Sin *vìolar* espuma. *S1,1034*

Violaron 1

Violaron à Neptuno *S1,414*

Violas 1

Negras *violas*, blancos alhelies, *P,334*

Vìolas 2

De tantos como *vìolas* jazmines. *S1,721*

Sobre *vìolas* negras la mañana, *S2,70*

Violencia 2

A la *violencia* mucha *S2,23*

Ya á la *violencia*, ia à la fuga el modo *S2,491*

Vìolencia 1

Con *vìolencia* desgajó infinita *P,489*

Violentando 1

Al aire se arrebata, *violentando* *S1,1007*

Virgen 3

Abreuia su hermosura *virgen* rosa, *S1,728*

Virgen tan bella, que hazer podria *S1,783*

Vuelo 1

Que a la precisa fuga, al presto *vuelo*, *P,223*

Vuestra 2

Vuestra fortuna sea, *S1,927*

Vuestra planta impedida *S2,382*

Vuestras 3

De *vuestras* grangerias. *S1,903*

Dexe, que *vuestras* cabras siempre errantes, *S1,911*

Que *vuestras* bacas tarde, o nunca herradas. *S1,912*

Vuestro 1

Sea de oi mas a *vuestro* leño ocioso; *S2,374*

Vuestros 3

Albergues *vuestros* las auejas moren, *S1,920*

Vuestros corchos por uno, i otro poro *S1,924*

A *vuestros* descendientes *S1,932*

Vulcano 2

Bobeda, o de las fraguas de *Vulcano*, *P,27*

Que á *Vulcano* tenian coronado. *S1,93*

Vulgar 1

Fraude *vulgar*, no industria generosa, *S2,781*

Vulgares 1

Ven, Hymeneo, i plumas no *vulgares* *S1,793*

Vulgo 2

Vulgo lasciuo erraua, *S1,281*

(Entre vn *vulgo* nadante digno apenas *S2,415*

Vulto 5

El *vulto* vió, i haciendole dormido *P,257*

En lo viril desata de su *vulto* *P,285*

Niega el bello, que el *vulto* ha colorido: *S1,770*

Marino Dios, que el *vulto* feroz hombre, *S2,463*

El golpe solicita, el *vulto* mueue *S2,470*

Vultos 1

De tantos de tu madre *vultos* canos, *S2,663*

Xugo 1

O el *xugo* beua de los aires puros, *S2,295*

Y 29

Que vario sexo unió, *y* vn surco abriga. *P,480*

Y el Sol todos los rayos de su pelo) *S1,4*

Y luego vomitado *S1,23*

Y al Sol le estiende luego, *S1,37*

Montes de agua, *y* pielagos de montes, *S1,44*

Termino luminoso. *Y* recelando *S1,64*

Y la que desuiada *S1,86*

Y en box, aunque rebelde, à quien el torno *S1,145*

Y ciega vn rio sigue, que luciente *S1,198*

Y nieue de colores mill vestida, *S1,627*

Y el tronco mayor dança en la ribera; *S1,672*

Y los que por las calles espaciosas *S1,718*

Toros dome: *y* de vn rubio mar de espigas *S1,822*

Y al verde, jouen, floreciente llano *S1,824*

Y premiàdos gradùadamente, *S1,1024*

Y su fin (cristalina mariposa, *S2,6*

Y el baculo mas duro *S2,146*

Mora, *y* Pomona se venera culta. *S2,199*

Y de Berthumno al termino labrado *S2,236*

Y honestamente al fin correspondido *S2,242*

Y mientras dulce aquel su muerte annuncia *S2,257*

Y hueco exceda al alcornoque inculto, *S2,286*

Y aquellas que pendientes de las rocas *S2,309*

Y qual mancebos texen anudados *S2,332*

Y el mar que os la diuide quanto cuestan *S2,375*

Y milano vencio con pesadumbre) *S2,399*

Y à cada pesqueria su instrumento *S2,410*

Y al ceuarse en el complice ligero *S2,478*

Los dos reduce al vno *y* otro leño, *S2,675*

Ya 24

Si *ya* los muros no te ven de Huelua *P,7*

Talamo de Acis *ya*, i de Galathea. *P,336*

Delicias de aquel mundo, *ya* tropheo *P,445*

Alto don, segun *ya* mi huesped dixo *P,460*

Desnudo el jouen, quanto *ya* el vestido *S1,34*

En lo que *ya* del mar redimio fiero, *S1,47*

Con pie *ya* mas seguro *S1,56*

Rayos, les dize, *ya* que no de Leda *S1,62*

Ya que Nymphas las niega ser errantes *S1,273*

El que *ya* serenaua *S1,285*

Ya que zelosa bassa *S1,548*

Ya al formidable salto, ia á la ardiente *S1,564*

Centauro *ya* espumoso el Occéàno, *S2,10*

El tarde *ya* torrente *S2,15*

Naufragio *ya* segundo, *S2,158*

Campo *ya* de sepulchros, que sediento *S2,403*

O grutas *ya* la priuilegien hondas; *S2,433*

Ya hila, ia deuana su carrera, *S2,437*

Ya á la violencia, ia à la fuga el modo *S2,491*

Fulminado *ya*, señas no ligeras *S2,561*

De limpia consultada *ya* laguna. *S2,573*

Arrogante, i no *ya* por las que daua *S2,818*

Cenith *ya* de la turba fugitiua. *S2,909*

Atento, á quien doctrina *ya* cetrera *S2,944*

Yedra 1

Yedra el uno es tenaz del otro muro: *S1,972*

Yedras 2

Que el muro penetraron de las *yedras*. *P,472*

Visten piadosas *yedras*: *S1,219*

Yerba 3

La fresca *yerba* qual la arena ardiente *S1,597*

En breues horas caducar la *yerba*. *S1,826*

Que la *yerba* menuda, *S1,914*

Yerbas 2

Que en *yerbas* se recline, o en hilos penda, *P,454*

Glauco en las aguas, en las *yerbas* Pales. *S2,958*

Yo 1

Al insultar los aires? *Yo* lo dudo; *S2,778*

Zagala 2

Otra con ella montaraz *zagala* *S1,243*

Tanta offrecen los alamos *Zagala*, *S1,664*

Zagalejas 1

De *zagalejas* candidas voz tierna *S1,765*

Zagales 1

De tres sueltos *zagales* *S1,1051*

Zahareña 1

Mas agradable, i menos *zahareña*, *P,305*

Zampoña 1

Que ha preuenido la *zampoña* ruda *P,358*

Zaphiro 4

Quantas el celestial *zaphiro* estrellas. *P,367*

Que espejo de *zaphiro* fue luciente *P,419*

En campos de *zaphiro* pasce estrellas: *S1,6*

Sobre el crespo *zaphiro* de tu cuello, *S1,313*

Zelo 1

Inuidia conuocaua, si no *zelo* *S2,612*

Zelos 1

La segur de los *zelos* hará aguda. *P,356*

Zelosa 2

Ya que *zelosa* bassa *S1,548*

Donde *zelosa* arrulla, i ronca gime *S2,270*

Zelosas 1

Triunphador siempre de *zelosas* lides *S1,157*

Zeloso 4

Zeloso trueno antiguas ayas mueue: *P,486*

Zeloso Alcaide de sus trenças de oro, *S2,451*

Mentir cerdas, *zeloso* espumar diente. *S2,583*

Entre el confuso pues *zeloso* estruendo *S2,735*

Zephiro 3

El *Zephiro* no silua, o cruxe el Robre. *P,168*

Al *Zephiro* encomienda los extremos *S2,114*

De'l *zephiro* lasciuo, *S2,725*

Zephiros 2

El fresco de los *zephiros* ruìdo, *S1,536*

No *zephiros* en el, no ruiseñores *S1,592*

Zierço 1

Para el *Zierço* espirante por cien bocas, *S1,450*

Zodiaco 1

Zodiaco despues fue cristalino *S1,466*

Zona 1

Debajo aun de la *Zona* mas vezina *S1,455*

Zurron 2

De la fruta el *zurron* casi abortada, *P,74*

Erizo es el *zurron* de la castaña; *P,81*

Ysopete-Zaragoza, 1489

hic liber confectus est
Madisoni .mcmlxxxv.